듣기의
윤리

듣기의 윤리: 주체와 타자, 그리고 정의의 환대에 대하여

발행일 초판4쇄 2024년 11월 25일 | **지은이** 김애령

펴낸곳 봄날의박씨 | **펴낸이** 김현경 | **주소** 서울시 종로구 사직로8길 34 307호(내수동, 경희궁의아
침 3단지) | **전화** 02-739-9918 | **이메일** bookdramang@gmail.com

ISBN 979-11-90351-16-4 03100 이 도서의 국립중앙도서관 출판예정도서목록(CIP)은 서지정보
유통지원시스템 홈페이지(http://seoji.nl.go.kr)와 국가자료종합목록 구축시스템(http://kolis-net.
nl.go.kr)에서 이용하실 수 있습니다.(CIP제어번호: CIP2020014388)

듣기의
윤리

주체와 타자,
그리고
정의의 환대에 대하여

김애령 지음

봄날의박씨

2부.
'그림자를 드리운 말' — 듣기의 윤리

3부.
'떠도는 말'을 따라 ─ 응답하기

들어가는 말

이 책은 사유의 짧지 않은 여정을 담고 있다. 그것은 잘 그려진 지도를 들고 목적지를 향해 출발한 계획된 여정은 아니었다. 그저 매번 어떤 질문에서 촉발된 하나의 사유 과정이 작은 매듭을 짓고 나면, 다시금 그 매듭을 풀거나 끊어야 할 날카로운 질문이 떠올랐고, 그 질문으로부터 새로운 사유의 과정을 이어 가야 했다. 그렇게 이어진 길을 따라 지금 여기에 서 있다.

이 모든 작업을 시작하게 한 출발점은 언어, 더 정확히 말하자면 이야기에 대한 사유였다. "삶은 이야기다." 이야기는 삶을 의미화해 주고, 내가 누구인지, 내가 무엇을 하는 사람인지 설명할 수

[*] Donatella Ester di Cesare(2012), *Utopia of Understanding: Between Babel and Auschwitz*, Albany: State University of New York Press, p. xi.

있게 한다. 그렇게 나의 이야기를 통해 내 삶의 의미를 이해할 수 있게 되면, 나는 그것을 가지고 세계 안에, 사람들 사이에 한 명의 행위 주체로 등장할 수 있다. 표명되든 그렇지 않든, 하나의 이야기를 품지 않은 삶이 어디 있겠는가? 그러나 누구나 자기 삶을 이야기로 구성하여 말할 수 있는 것은 아니다. 누군가는 그 삶의 이야기 자체를 박탈당한다.

그래서 주변화된 삶이 있는, 말하지 못하는 경험이 있는 곳에서 '이야기할 수 있어야 한다'고, 세계에 드러나지 않아 존엄도 권리도 주장하지 못한 삶의 이야기들을 드러내야 한다고 생각하며 연구와 작업을 시작했다. 지식담론의 권력으로 재단하지도 말고, 감히 그들의 이야기를 대리(代理)할 수 있다고 오판하지도 말고, 타자/소수자/서발턴이 스스로 말할 수 있도록 언어를 돌려주어야 한다고 생각했고 그렇게 작업하고자 했다. 그리고 그 과정에서 새로운 질문과 만났다.

언어가 투명하고 중립적인 도구일 수 없다면, 권력의 작용으로부터 자유로운 말하기와 듣기가 있을 수 없는 것이라면, 그저 '말하라'라고 요구하는 것으로 충분할까? 들릴 수 있게 말하기 위해 승인된 담론 체계 중 하나를 선택하여 자기를 설명할 수밖에 없는 거라면, 그렇게 이미 담론 권력에 구속된 언어로 표현된 삶을 어떻게 들어야 할까? 말할 수 없는 경험, 표현을 초과하는 삶, 언설로 담기지 않는 고통을, 부족하고 편향된 언어라는 도구에 담아 이미 틀지어진 해석을 향해 내어놓으라고 요구할 수 있는가? 그렇다면 문제는 결국 타자/소수자/서발턴의 '스스로 말하기'가 아니라 그 말을 어떻게 들을 것인가에 있는 게 아닐까?

'듣기의 윤리'를 숙고하기 시작할 무렵, 그것은 비교적 자명해 보였다. 섬세한 듣기, 담론 권력을 성찰하고 이중구속된 언어를 해체하며 침묵까지도 헤아리는 깊은 경청, 쉽게 예단하지 않는 열린 과정적·맥락적 해석…. 그러나 그것은 결코 자명하지 않다. 잘 헤아려 듣는다는 것은 과연 무엇인가? 본의를 이해하는 것? 진실성을 의심하지 않는 신뢰? 확고한 지지와 연대의식을 가지고 인내하며 그 말을 있는 그대로 수용하는 것? 그것으로 충분한가, 듣기의 윤리라는 것은?

* * *

'듣기의 윤리'라는 주제로, 그간의 여정을 정리해서 한 권의 책으로 마무리하려는 계획이 처음부터 선명했던 것은 아니다. 그럼에도 이제 서서히 다른 주제로 옮겨가기 위해, 먼저 지금까지 진행해 온 연구 주제를 갈무리하고 정리할 필요가 있다고 생각했다. 그리고 흩뿌려져 있지만 그럼에도 일정한 주제 영역을 맴돌던, 지난 10여 년간 써온 글들을 모아 엮을 수 있을 거라고 생각했다. 그러나 그것은 가능하지 않은 일이었다. 이 책을 쓰는 작업은 이미 완결된 작업들을 정돈하고 배열하는 문제가 아니라, 아직도 진행 중인 문제의식을 다시 일깨우고 파헤쳐 고민을 지속하는 일이어야만 했다. 그래서 이 책은 여전히 마침표나 느낌표보다는 물음표나 말줄임표로 마무리될 수밖에 없는 많은 문장들을 담고 있다.

이렇게 이끌려 시작한 작업이 어디에서 출발해서 어디로 향하는지 가늠하지 못하는 채 길을 잃은 것처럼 느껴졌을 즈음, 파울 첼란(Paul Celan)의 시 「너도 말하라」(Sprich auch du)를 다시 만났다. 그리고 이 시를 통해 내가 어디에서 출발했고, 무엇을 찾고 싶은지 다시 확인할 수 있었다. 어쩌면 중요한 것은 말에 '충분히' 그림자를 드리우는 것, '그렇다'와 '아니다'를 가르지 않으면서, 그렇게 그 말에 의미(Sinn)를 부여하는 것이다. 그리고 훌륭한 경청은 그 말에 드리운 그림자를 빼앗지 않는 것이다.* "그림자를 말하는 자, 진실을 말한다."

공적 공간에서의 말하기와 듣기, 서사 정체성뿐 아니라 서발턴, 이방인, 환대에 대해서, 나아가 주체의 불투명성과 취약성, 타자와의 관계, 그리고 정의와 책임과 연대에 대해서 숙고하면서, 이 책은 여러 철학자들과 이론가들, 작가들의 글을 인용한다. 이 책이 인용하는 어떤 생각과 입장은 서로 일치하지 않고, 때로 갈등한다. 그러나 나는 이 책에서 이들의 생각이나 철학을 대립시키거나 종합하려고 시도하지 않았다. 다만 이 책의 작업에 담긴 고민, '그림자 드리운 말'에 조응하는 만큼씩만, 성실하게 읽고 재해석하여 연결하고 대화시키고자 했다.

이 책은 이 주제와 연관된 연구와 작업을 진행하는 동안 쓴 모든 논문들, 짧은 에세이들, 강의와 강연들, 세미나 토론의 내용들을 담고 있지만, 하나의 스토리로 정리하기 위해 모두 해체했고 새롭

---

* 『사람, 장소, 환대』의 프롤로그에서 샤미소의 소설 『그림자를 판 사나이』를 읽으면서, 김현경은 이야기 속 슐레밀이 엄청난 부를 얻기 위해 팔아 버린 '그림자'는 사람들 사이에서 사람으로 대접 받을 수 있는 '자격'을 비유한다고 읽었다. (김현경(2018), 『사람, 장소, 환대』, 문학과지성사.)

게 구성했다. 다만 2부의 「2장_다른 목소리 듣기」와 「3장_환대 공간의 언어」만은 각각 2012년 『한국여성철학』에 발표했던 「다른 목소리 듣기: 말하는 주체와 들리지 않는 이방성」과 2008년 『철학과 현상학 연구』에 발표했던 「이방인과 환대의 윤리」의 글쓰기를 유지하면서 수정·보완해 담았다. 그리고 '보론'으로 소개하는 「번역에 대하여」는 2012년 부산대학교 인문학연구소의 학술대회 〈문화 '사이'에서 번역과 소통을 보다〉에서 발표했던 글을 수정하여 수록한 것이다.

　마무리해야 할 시점에 이르러, 이 책의 글쓰기가 두 층위의 시간성을 담고 있다는 사실을 깨달았다. 하나는 앞서 언급한 대로 이 책을 쓴 저자의 사유가 경유했던 과정으로서의 시간이다. 도달했다고 느낀 자리에서 다시 출발해야 하고, 잠정적이나마 답이 주어졌다고 생각된 지점에서 다시 물음이 떠오르는 것을 경험하면서, 때로는 치열하게, 때로는 무심하게 사유의 시간이 흘렀다. 그리고 다른 한편, 이 책이 담고 있는 작업이 진행되는 동안, 사회적 시간이 흘렀고, 지식 담론의 관심과 토론 의제들도 부지런히 움직였다. 난민 문제, 비정규 파견 노동자의 죽음, '여성혐오'(misogyny)와 젠더 갈등, 페미니즘의 재부상, '#미투'의 연쇄, 적폐 청산이라는 명령, 드러난 불공정·불평등의 구조적 관행…. 이 시간들이 이 책의 작업을 빠르게 밀어 가기보다 주춤거리며 살피게 했다. 그러나 현실로부터 던져지는 날카로운 질문들은 피할 수 없이 박혔고, 그래서 또한 멈출 수 없게 하기도 했다.

* * *

"모든 철학책은 자전적이다." 개인적 삶의 이력과 연관된다는 의미는 아니지만, 이 책도 분명 '자전적'이다. 그러나 또한 그 말이 개인적으로 피할 수 없었던 관심과 물음에서 출발한 사유의 여정을 담고 있다는 뜻만은 아니다. 연구 공간에서, 강의실에서, 현장에서, 나를 지켜 준 우정의 공동체 안에서, 그동안 만났던 많은 이들과 나누었던 대화와 토론, 그들이 던진 질문과 도전이 여기 담겨 있다. "네가 철학에서 말하는 그 '타자'란 무엇인가?"를 집요하게 물으며 설명을 요구하고, 하나의 연구 주제에 천착할 수 있도록 자극했던 동료들, 공적 공간의 말하기에 대해서 고민하게 하고 '듣기의 윤리' 또는 '정의의 환대'라는 이념과 실제 사이의 간극을 성찰하게 했던 학생들—그들에게 답하기 위해 더 깊이 더 구체적으로 생각하고 고민했으나, 언제나 더 좋은 답이 선생 측에서 나온 것은 아니었다—, 기꺼이 자기 삶과 경험을 열어 환대해 주었던 '언니들', 묻고 비판하고 토론하고 격려해 주는 친구들, 그들은 모두 이 책의 어딘가에서 자기 자신을 발견할 것이다. 그 관계가 늘 행복하고 성공적인 소통이어서가 아니라, 갈등, 배반, 화해, 포기, 실패한 이해와 좌절까지도 함께한 것이었기에, 물음과 사유를 멈추지 않을 수 있었다. 그래서 "나는 언제 이것을 쓰기 시작했는지, 또 얼마나 오랫동안 이것을 써왔는지 말할 수 없다".

"다만 아주 어렵게 그 마지막 날짜를 기록할 수 있을 뿐이다." 그러나 마지막 날짜로 문제의식과 고민이 마무리될 것 같지 않다.

새로운 단계로 나아가기 위해 정리할 수 있기를 기대했던 이 작업은, 펼쳐 읽기 시작하는 사람이라면 누구나 곧 발견하게 되는 것처럼, 여전히 답이나 해결보다 더 많은 물음과 고민으로 남아 있기 때문이다.

너도 말하라

파울 첼란

너도 말하라,
가장 마지막 사람으로서 말하라,
너의 말(Spruch)을 하라

말하라 -
그러나 아니다를 그렇다와 가르지 마라.
너의 말에 의미를 부여하라:
그것에 그림자를 드리우라.

그림자를 충분히 드리우라,
그것에 충분히,
네 주위를 둘러싼
한밤과 대낮과 한밤 사이를 나누어 알 수 있을 만큼

주위를 둘러보라:
빙 둘러 얼마나 생생한지 -
죽음에서! 생생하게!
그림자를 말하는 자, 진실을 말한다.

그러나 이제 네가 서 있는 그 자리는 줄어들고 있다.
이제 어디로, 그림자를 벌거벗기운 자, 어디로?
오르라. 위를 향해 더듬어
너는 더 엷어지고, 더 흐릿해지고, 더 섬세해진다!
더 섬세하게: 한 올
빛을 타고 아래로 내려가려는, 그 별
밑바닥에서 헤엄치기 위해, 밑바닥,
별이 희미하게 빛나 보이는 곳: 물살 속에서
떠도는 말.

Sprich auch du

Paul Celan

Sprich auch du,
sprich als letzter,
sag deinen Spruch.

Sprich–
Doch scheide das Nein nicht vom Ja.
Gib deinem Spruch auch den Sinn:
gib ihm den Schatten.

Gib ihm Schatten genug,
gib ihm so viel,
als du um dich verteilt weißt zwischen
Mittnacht und Mittag und Mittnacht.

Blicke umher:
sieh, wie's lebendig wird rings–
Beim Tode! Lebendig!
Wahr spricht, wer Schatten spricht.

Nun aber schrumpft der Ort, wo du stehst:
Wohin jetzt, Schttenentblößter, wohin?
Steige. Taste empor.
Dünner wirst du, unkenntlicher, feiner!
Feiner: ein Faden,
an dem er herabwill, der Stern:
um unten zu schwimmen, unten,
wo er sich schimmern sieht: in der Dünung
wandernder Worte.

1부

'너도 말하라'

말하는 주체

"너도 말하라,
가장 마지막 사람으로서 말하라,
너의 말을 하라"

과울 첼란
Paul Celan

1장
말하는 인간,
호모 로쿠엔스(Homo Loquens)

1. 무엇이 우리를 인간으로 만드는가?

"오뒷세우스의 노래"

'인간임'이 우리의 본질이라면, 우리는 언제나 인간인가? '인간다움'은 자연스럽게 우리에게 주어지는가? '인간 이하'의 조건에서, 왜 우리는 더러 자기 자신에게나 타인에게 인간이기를 멈추는가? 우리는 언제 '인간'이 되는가? 우리는 언제까지 '인간'일 수 있는가? 폭력과 모욕의 비참함으로 내몰려 우리가 믿는 인간적 존엄의 한계가 실험되고 그 최저선이 끊임없이 갱신되며 주저앉을 때, 우리는 아직도 여전히 '인간'이라고 주장할 수 있는가? 아우슈비츠에서 '구조된 자' 프리모 레비(Primo Levi)는, 그곳에서의 경험을 기록하며 자기 자신과 동료들의 상황에 대해 "이것이 인간인가?"라고 묻는다.프리모 레비(2010), 『이것이 인간인가』, 이현경 옮김, 돌베개.

아주 짧은 시간 안에 인간은 '비인간'으로 내몰릴 수 있다. 가진 것 모두를 빼앗기고 머리를 박박 깎인 채 알몸으로 내던져져 한 치 앞을 예측할 수 없는 절망 앞에서 레비는 언어의 한계를 경험한다. "우리는 처음으로 우리의 언어로는 이런 모욕, 이와 같은 인간의 몰락을 표현할 수 없다는 것을 깨달았다."(레비, 2010: 34) 더 이상 내려갈 곳이 없는 바닥으로 떨어졌다는 느낌, 이보다 더 비참한 상태는 상상조차 할 수 없으리라는 절망감, 생존 이외의 그 어떤 것도 남지 않은 시간, 여기서 인간은 '아무것도 아닌 존재'가 된다. 그리고 이 첫 느낌은 수용소 생활에서 일상화되고, 끊임없이 변형되고, 심화된다. 추위, 강제노동, 그리고 무엇보다도 의식을 마비시키는 굶주림의 고통이 이 바닥 모를 심연을 열어 보여 줄 것이다.

유럽 각지에서 끌려온 해프틀링(Häftling, 포로)들은 필사적으로 명령하는 자의 언어인 독일어를 알아들어야 한다. 그래야 살아남을 수 있다. 말을 알아듣는다는 것은 무엇일까? 해프틀링들은 거의 동물적 감각으로 독일어 단어들에 반응해야 생존할 수 있다. 이것이 인간인가? 여기서 말은 부서진다.

우리가 말을 해도 그들은 우리의 말을 듣지 않을 것이다. 설사 들어 준다 해도 이해하지 못할 것이다. 그들은 우리의 이름마저 빼앗아갈 것이다.(레비, 2010: 34)

모든 에너지를 생존에 집중해야만 했던 그 비인간적 상황에서도 아주 잠깐의 맑은 공기처럼 '생존 이상의 어떤 것'이 주어진다. 프리모 레비가 전하는 짧은 에피소드 하나가, 바로 그 '생존 이상의 어떤 것'이 우리를 다시금 '인간'으로 회복시킬 수 있다는 사실을 상기시킨다. 레비에게 그 맑은 공기는, 그 절멸의 공간에 전혀 어울리지 않을, 절대로 어울릴 수 없을 단테의『신곡』, 그리고 거기 담긴 '오뒷세우스의 노래'였다. 그것은 전달하고 싶은 의미와 생각이 담긴 말, 다시 살아나는 인간적 언어에의 향수이다.

어느 봄날 레비는 작업장에서 빠져나와 피콜로 장과 음식을 배급 받으러 가는 길에 동행한다. 어쩌면 단 한 번뿐일 이 기회는 만끽되어야 한다. 그래서 "우리는 천천히 걸었다". 의심을 사지 않도록 조심하면서 가능한 한 길게 우회하여 시간을 벌고자 식당을 향해 천천히 걷는다. 그 길 위에서 그들은 '대화'를 나눈다. "우리는 집, 스트라스부르와 토리노, 우리가 읽은 책들, 공부 이야기를 나누었다." 그리고 서로 놀랍도록 닮은 각자의 "어머니들에 대해서도". 이 대화는 프랑스어로 이어진다. 레비의 프랑스어는 빈곤하다. 반면, 장은 자유자재로 독일어와 프랑스어를 한다. 그리고 그는 이탈리아어를 배우고 싶어 한다. "나도 그에게 이탈리아어를 가르치면 정말 기쁠 것이다. 우리가 그렇게 할 수 있을까? 할 수 있다. 당장이라도."(레비, 2010: 171) 어떻게 이탈리아어를 가르칠까? 어디에서 시작하면 좋을까? 프리모 레비는 단테의『신곡』을, 거기에서도 '오뒷세우스의 노래' 부분을 떠올린다. 이 이탈리아어로 된 고전을, 이 구절들을 이해하도록 전달하고 싶다. 그렇게 할 수 있을까? 장은 이해할 수 있을까? 이 의도치 않은 산책길에서 레비는 기억 깊은 곳에 잠겨 있던 단테의 구절들을, 그 아름다운 언어들을 끌어올린다. 그리고 그것을 자신의 형편없는 프랑스어로 전달하려고 애쓴다. 레비는 그렇게 인간적인 세계를 회복하고자 호소한다. "이거야, 잘 들어봐, 귀와 머리를 열어야 해, 나를 위해 이해해 줘야 해."

> 이거야, 잘 들어 봐, 피콜로. 귀와 머리를 열어야 해. 날 위해 이해해 줘야 해.

> 그대들이 타고난 본성을 가늠하시오.
> 짐승으로 살고자 태어나지 않았고
> 오히려 덕과 지를 따르기 위함이라오. (레비, 2010: 174)

그러나 기억은 파편적이고 어떤 구절들은 아무리 애써도 당장 생각나지 않는다. "용서해 줘, 피콜로. 최소한 네 줄은 잊어버렸어." 장은 괜찮다고, 계속하라고 격려한다. 그러나 애써 이어 가는 구절들을 어떻게 적절하게 번역해야 할지 모르겠다. 더욱이 마지막 행들이 어떻게 연결되는지 기억해 낼 수가 없다. 그걸 알 수 있다면, "오늘 먹을 죽을 포기할 수도 있을 것이다". (레비, 2010: 176)

안타깝게도 산책은 끝이 났고, 그들은 부엌에 도착한다.

> 나는 피콜로를 붙잡는다. 이 구절을 꼭, 그것도 빨리 들어야만 한다. 내일 그가, 아니면 내가 죽을 수도 있고 우리가 다시 만나

지 못할 수도 있으니 […] 그에게 말해야 한다. 중세에 대해, 그토록 인간적이고 필연적이고 그럼에도 불구하고 전혀 뜻밖인 그 시대착오에 대해 설명해야만 한다. 그리고 나 자신도 이제야 순간적인 직관 속에서 목격한, 이 거대한 무엇인가를, 어쩌면 우리의 운명을, 우리가 오늘 여기 있어야 하는 이유를 설명해야 한다…….(레비, 2010: 177)

이 짧은 빛은 곧 흩어진다.

우리는 이미 죽을 타려는 사람들, 다른 코만도에서 죽을 가지러 온 누더기를 걸친 지저분한 사람들 속에 있다. 새로 도착한 사람들이 우리 뒤로 모여든다. "Kraut und Rüben(양배추와 순무)?" "Kraut und Rüben." 오늘의 죽에는 양배추와 순무가 들었다고 공표된다. "Choux et navets." "Káposztaés répak."

마침내 바다가 우리 위를 덮쳤다.(레비, 2010: 177)

목소리(phone)와 말(logos) 사이의 간극

'생존 이상의 그 어떤 것'이란 무엇인가? 생존을 위해 필수적인 죽한 그릇을 기꺼이 포기할 수 있게 할 '그 어떤 것', 그토록 찾고 싶은 그것은 무엇인가? 단지 살아 있다는 것, 목숨을 부지하고 있다는 것 이상으로, 우리를 '인간'으로 만들어 줄 그 무엇….

말이 우리를 인간으로 만든다. 말함으로써, 우리는 인간적 존재가 된다. 그러나 그 말은 그저 세 가지 각기 다른 소리로 던져지는 '양배추와 순무' 같은 단어들이 아니다. 그 말은 뜻을 이해시키고자 시도하고, 어떤 생각이나 감정을 전달하고자 애쓰는 그런 언어이다. 초월과 자유를 표현할 수 있도록 말이 발화될 때, 기억과 의미가 소통될 수 있을 때, 우리는 다시 인간이 된다. "인간은 언어(logos) 능력을 가진 유일한 동물이다." 아리스토텔레스(2012), 『정치학』, 천병희 옮김, 숲, 21쪽.

아리스토텔레스는 『정치학』에서 인간이 쓰는 언어(logos)를 '단순한 목소리(phōnē)'와 구분했다. 인간 이외의 다른 동물들도 고통과 쾌감을 표현하는 소리를 가지고 있다. 그러나 그것은 '언어'가 아니다. 언어란 단순히 정념을 드러내는 즉자적인 소리 이상의 무엇이다. 즉 "언어는 무엇이 유익하고 무엇이 유해한지, 그리고 무엇이 옳고 무엇이 그른지 밝히는 데 쓰인다". 따라서, 언어를 쓰는 인간과 언어를 갖지 못한 동물 사이의 차이는, "인간만이 선과 악, 옳고 그름 등등을 인식할 수 있다"는 데에 있다.(아리스토텔레스, 2012: 21) 그리고 이 차이 위에 인간적 윤리와 공동체적 가치가 자리 잡는다.

인간이 내는 목소리가 모두 언어가 되는 것은 아니다. 물론 모든 인간은 말하기 능력을 가지고 있다. 그러나 그 능력은 특정한 방식으로 실현되어야 하는 잠재력으로 주어져 있을 뿐이다. 그 능력이 발휘되기 위해서 적절한 조건이 필요하다. 소리를 낸다고 다 말이 되는 것은 아니다. 목소리를 언어로 변형시키는 것은 무엇인가?

목소리는 언제, 어떻게 인간의 언어가 되는가?

로고스는 단순한 소리가 아닌 "조음된, 분절된 목소리"이다. 그것은 고통과 쾌감의 직접적인 표출이 아니라, 일정한 규칙에 따라 조음되어 발화되는 것이다. 인간적 언어는 어떤 질서 안에 자리 잡은 것이다. '한 명의 인간으로서 말한다'는 것은 바로 이 사회적인 질서 안에서 '성숙한' 언어로 말하는 것을 의미한다. 성숙한 언어란 개인적 경험을 객관화할 수 있는 언어를 말한다. 체험과 분리되지 않은, 즉자적이고 직접적인 소리의 표출은 유아기를 벗어나지 못한 미성숙의 표현일 따름이다.*

로고스의 언어가 의미를 생산한다. "로고스는 말의 합성을 통해 전적으로 의미 있는 문장이 되도록 단어들을 결합한 말이다."한나 아렌트(2004), 『정신의 삶 1』, 홍원표 옮김, 푸른숲, 153쪽. 로고스의 기준은 '의미'이다. 그리고 그 "의미의 탐구는 말하려는 충동 속에 내재"되어 있다.(아렌트, 2004: 153) 그렇게 의미 있는 언어, 사회적 질서 안의 성숙한 언어를 쓸 수 있다는 것, 선과 악, 옳고 그름을 가를 수 있는 언어를 사용할 수 있다는 것이 곧 인간다운 삶을 보장한다. 단지 생존하는 것만으로 인간은 다른 생명들과 구분될 수 없다. '인간다운 삶'은 단지 살아 있는 것 이상의 의미와 가치를 지닌다.

고대 그리스인들은 삶 또는 생명을 각기 다른 두 개의 용어로

---

* "인간의 유아기라는 경험은 인간적인 것과 언어적인 것 사이의 경계 바로 그것이다. 경험이란, 인간이 항상 말하는 자인 것은 아니라는 사실, 다시 말해 그가 한때는 어린아이였고 또(어떤 의미에서는 언제든 어린아이처럼 될 수 있다는 사실에서 성립하는 것이다)."(조르조 아감벤[2010], 『유아기와 역사: 경험의 파괴와 역사의 근원』 조효원 옮김, 새물결, 98쪽.)

표현했다. 그들은 물리적으로 살아 있음을 뜻하는 '조에'(zōé)와 사회적으로 의미 있는 삶이라는 의미의 '비오스'(bíos)를 구분했다. "조에(zōé)는 모든 생명체(동물, 인간 혹은 신)에 공통된 것으로, 살아 있음이라는 단순한 사실을 가리켰다. 반면 비오스(bíos)란 어떤 개인이나 집단에 특유한 삶의 형태나 방식을 가리켰다."조르조 아감벤 (2008), 『호모 사케르』, 박진우 옮김, 새물결, 33쪽. 살아 있음 그 자체에도 어떤 선(善)의 요소가 포함되어 있기는 하지만, "훌륭한 삶이야말로 공동체 전체에게도 개개인에게도 주된 목적(telos)이다. 그러나 인간은 단순히 물리적 생존을 위해서도 함께 모여 국가 공동체를 유지한다. 사는 것이 너무 괴롭지만 않다면 물리적인 삶에도 아마 어떤 선의 요소가 포함되어 있기 때문일 것이다."(아리스토텔레스, 2012: 149) '가치 있는 삶'이라는 특정한 삶의 양식은 단순히 살아 있다는 사실만으로는 획득되지 않는다. 아리스토텔레스에 따르면, 로고스가 비오스의 조건이다. 로고스가 인간을 단순히 살아 있는 상태에서 가치 있는 삶을 향유할 수 있는 상태로 변형시킨다.

2. 말하는 주체

활동적 삶(vita activa)의 인간적 조건

아렌트는 로고스 언어를 사용할 수 있는 가능성이 인간적인 삶

(bíos)의 조건이 된다는 아리스토텔레스의 주장을 따른다. 그러나 아렌트는 말할 수 있는 능력을 인간의 '본성'이나 '본질'로 설명하려고 하지 않는다. 아렌트에게 '인간 본성'의 문제는 "개인 심리학적 의미에서나 일반적인 철학적 의미에서나" 해결할 수 없는 문제이다. 인간 본성은 알 수 없는 것이다. "우리는 주변의 모든 자연적 사물의 본질을 인식하고 결정하고 규정할 수 있다. 그러나 우리 자신에 대해서는 결코 그렇게 할 수 없을 것이다. 그렇게 하고자 하는 것은 마치 우리가 자신의 그림자를 뛰어넘으려 하는 것과 같은 것이다."한나 아렌트(1996), 『인간의 조건』, 이진우·태정호 옮김, 한길사, 59쪽. '인간적인 것'의 특징은 인간이 이 세계에서 무엇을 하는지, 그의 활동을 통해서만 이해할 수 있다. "우리가 활동적일 때 우리가 진정 행하는 것은 무엇인가?" 그것만이 우리 인간이 어떤 존재인지를 알려 준다.

활동적일 때 우리는 무엇을 하는가? 이 세계 안에서 살고 누리고 깃들고 때로 초월하기 위해, 인간은 노동하고 작업하고 행위한다. 아렌트에 따르면, 노동(labor), 작업(work) 그리고 행위(action)가 인간의 가장 근본적인 활동들이다. 주어진 환경과 조건 안에서 가치 있는 삶을 향유하기 위해 인간은 이 세 가지 범주의 활동을 한다. 이 활동들의 기본 조건은 바로 인간의 시간적 한계, 즉 인간은 '반드시 죽는 존재'라는 사실, '필멸성'(mortality)에 있다.

"인간은 불멸하지만 영원하지 않은 우주 속에서 **유일하게 죽어야 하는 존재이다.**"[강조는 인용자](아렌트, 1996: 68) 살아 있는 모든 것, 모든 생명은 죽는다. 그런데 왜 인간만이 '유일하게 죽는 존재'라는 것인가? 그것은 "동물과 달리 인간은 자신의 불멸적 삶을 생식을 통해 보장받는, 오직 그러한 종의 구성원으로서 존재하지 않는다"는 이유 때문이다. 동물은 종적으로 존속한다. 생식이 보장하는 재생산을 통해 동물은 종적으로 영구히 존재한다. 아리스토텔레스는 인간도 종(種)적 차원에서는 다른 생물체처럼 '영구적 존재의 영역'에 속할 수 있다고 말했다. "아리스토텔레스는 인간이 자연적 존재이고 인류라는 종에 속하는 한 불멸성을 갖는다고 명쾌하게 확인해 준다." 그러나 종으로서의 불멸이 "인간 개개인을 불멸의 존재로 만들지는 않는다". 인간은 종적 생존 안에 머물지 못한다. 개별자로서 인간은 '죽을 운명의 존재'(mortals)이며, 그것도 "실존에 있어서 유일하게 죽는 존재"이다. "모든 것이 불멸하는 우주 속에 깊숙이 뿌리박고 있는 인간 실존의 상징이 된 것은 [바로 이] 필멸성(mortality)이다." 한나 아렌트(2005), 『과거와 미래 사이』, 서유경 옮김, 푸른숲, 63쪽. 인간은 살아 있는 동안 죽음을 의식하고, 죽음과 더불어 세계를 잃는다. 그렇게 탄생과 죽음 사이에서 인식 가능한 개체적 삶을 가지는 인간만이 자기 목적을 추구하며 목적 없이 움직이는 자연을 가로질러(아렌트, 2005: 64) 순환하는 세계의 시간 안에서 다른 모든 존재자와 구별되는 자기 자신만의 시간 형식인 "직선적 운동의 과정을 가진다".(아렌트, 1996: 68~69)

노동, 작업, 행위

죽을 운명의 인간은 살아 있는 동안 무엇을 하는가? 가장 기본적인 활동은 '노동'이다. 인간은 우선 생명 유지에 필수적으로 필요한 것들을 노동을 통해 생산한다. 노동함으로써 '삶에 유용한', '생존에 필요한' 사물들을 만들어 낸다. 노동의 산물은 소모되기 때문에 끊임없이 다시 생산되어야 한다. 의식주의 기본적인 필요는 살아 있는 한 끊임없이 요구되는 것이기에 "어떠한 노동의 성과도 노동하는 동물을 항상적인 노동의 반복으로부터 결코 해방시키지 못하며, 따라서 노동은 '자연이 부과하는 영원한 필연성'으로 머문다".(아렌트, 1996: 158)

그러므로 노동한다는 것은 필연성의 노예가 되는 것을 의미한다. 노동은 자연 상태에 가장 가까운 활동에 속한다. 그렇기 때문에 그것은 결코 위대한 영웅적 행위가 될 수 없다. "인간의 신체가 세계를 유지하고 그 부패를 막기 위해 치르는 일상적 싸움은 영웅적 행위와 전혀 유사하지 않다. 어제 어질러 놓은 것을 매일 다시 정돈하기 위해서 필요한 인내는 용기가 아니다. 그리고 이 노력을 고통스럽게 만드는 것은 위험하기 때문이 아니라 늘 반복해야 한다는 지겨움 때문이다."(아렌트, 1996: 156)

한편, 인간은 생존을 위해 소모되는 필수품 이상의 것들, 뭔가 더 오래 지속하는 것, 필요의 필연성을 넘어서는 것들을 만드는 활동을 한다. '작업'은 한 개별자의 죽음 이후에도 지속될 수 있는 '인공적 세계'를 산출하는 활동이다. 노동의 산물은 생리적 순환 안에서 반복적으로 소모되지만, 작업의 결과로 산출되는 사물들은 개별 삶보다 오래 지속한다. 그렇게 제작인(homo faber)은 작업을 통해 '인공세계'를 만들어 낸다. 작업의 산물들은 대개 지속성과 독자적인 가치를 갖는다. 그리고 그것은 세계에 견고성을 부여한다. "이런 지속성과 견고성이 없다면 인공세계는 불안정하게 되어 죽을 운명인 인간의 거처가 되지 못한다."(아렌트, 1996: 194) 물론 작업에 의해 만들어진 인공세계의 지속성은 절대적이지 않고 사용을 통해 마모되어 가는 지속성이다. 그러나 이 상대적으로 지속적인 인공세계 안에서 인간은 자기 동일성과 안정성을 확보할 수 있으며, 자신의 주관성에 대립하여 놓여 있는 세계의 객관성을 생각할 수 있다.

그러나 인간의 모든 활동이 물질을 산출하는 것은 아니다. 어떤 사물을 생산하는 노동이나 작업과 달리 '행위'는 물질적 매개 없이 인간들 사이에서 벌어지는 활동이다. 정치적 활동이나 공적 세계를 구성하여 거기에 참여하는 것 같은 활동이 행위에 속한다. 인간들 사이에서 벌어지는 활동인 행위에는 반드시 언어가 수반된다. 언어 능력은 행위의 필수조건이다. "말과 행위로 우리는 인간세계에 참여한다. […] 이 참여는 노동처럼 필연성에 의해 강요된 것이 아니고 작업의 경우처럼 유용성 때문에 추진된 것도 아니다."(아렌트, 1996: 237) 행위는 필연성이나 유용성에서 벗어난, 자유의 영역에 속한다. 자유의 영역에 속하는 행위는 정치적 공간을 건설하고 보존하는 활동이다.

아렌트는 인간의 세 가지 기본 활동을 다음과 같이 정리한다.

세 가지 활동 그리고 이에 상응하는 조건들 모두는 인간 실존의 가장 일반적인 조건과 밀접하게 연관되어 있다. 탄생과 죽음, 탄생성과 사멸성. 노동은 개인적 생존뿐만 아니라 종(種)의 삶까지도 보장한다. 작업과 그 결과물인 인간의 인공품은 유한한 삶의 덧없음과 인간적 시간의 떠도는 성격에 영속성과 지속성을 부여할 수 있는 수단을 제공한다. 정치적 조직체를 건설하고 보존하는 데 참여하는 행위는 기억함, 즉 역사의 조건을 창출한다.(아렌트, 1996: 57)

필멸하는 인간의 잠재적 위대성은 "존재할 가치가 있고 어느 정도 영속적으로 존재하는 것을 산출하는 것, 즉 작업, 행위, 언어의 능력을 가진다는 점에 있다".(아렌트, 1996: 69) 그렇게 아렌트는 시간을 축으로 노동을 작업과 행위에 대립시킨다. 노동은 반복적으로 끊임없이 소모되는 것을 생산하는 반면, 작업과 행위는 죽을 운명을 가진 인간들의 수명을 초월하는 세계의 영속성을 만들어 낸다. 노동의 산물은 사라지지만, 작업과 행위의 산물은 쉽게 사라지지 않으면서 세계에 지속성을 부여한다. 그렇게 작업과 행위를 바탕으로 세계가 구축된다. "세계는 미래로도 과거로도 우리의 수명을 초월한다. 세계는 우리가 오기 전에 이미 있었다. 우리는 거기에서 잠깐 체류할 뿐이지만, 세계는 그것을 넘어 지속한다."(아렌트, 1996: 108)

그러나 다른 측면에서 노동은 작업과 더 가까이 자리 잡으며, 이 두 활동은 행위와 대립된다. 노동과 작업은 필연성의 영역에 속하는 반면, 행위는 자유의 영역에 속하기 때문이다. 행위는 노동이나 작업과 달리 물질적 매개 없이, 인간들 사이에서 직접 수행된다.

그것은 물질적 생산물을 산출하지 않고 공동체적 공간 안에서 벌어진다. 행위는 질료적 한계라는 필연성의 영역을 초월하는, 자유의 영역에 속하는 인간적 활동이다.*

행위와 언어의 장소: 사람들 사이(in-between)

인간의 활동 중에서 유일하게 자유의 영역에 속하는 '행위'(action)는 근본적으로 언어와 함께한다. 아렌트에 따르면, "행위자는 그가 동시에 말의 화자일 경우에만 행위자일 수 있다". 말이 없는 행위는 행위 주체를 상정할 수 없게 한다. 말이 행위들을 한 주체에 귀속시킨다. 말과 행위의 관련성은 우연적인 것이 아니며, 말 없는 행위는 불가능하다. "현재 행하고, 이전에 행했고, 장차 의도하는 것을 알려주는 말을 통해서만 행위는 적절한 것이 된다."(아렌트, 1996: 239) 아렌트는 노동이나 작업에서 말은 부차적이라고 생각한다. 말 없는 노동이나 작업은 가능하다. 반면 행위에는 반드시 말이 필요하다. 인간은 말과 행위를 통해 "자신을 세계에 전달할 수 있다".

---

* 세 종류의 활동들의 시간성과 매개성은 아래 표와 같이 정리해 볼 수 있다.

활동의 종류	시간성	매개성
노동	반복적 소멸	필연성의 영역
작업	개인적 사멸 이후의 영속성	
행위		자유

아렌트에 의하면, 행위의 기본조건은 바로 인간의 다원성 (plurality)이다. 다원성 때문에 인간은 행위한다. 다원성이란 보편적 인간(Man)이 아닌 복수의 인간들(men)이 이 세계 안에 거주하고 있음을 말한다. 다원적 존재자로서 인간들은 동등성과 차이라는 이중적 성격을 동시에 가지고 있다. 인간은 모두 '인간'이지만 (동등성), 인간인 한 각기 다르다(차이성). 인간은 모두 죽는 존재이지만, 모두 각기 개별자로서 자기 자신의 고유한 삶과 죽음을 갖는다. "어떤 누구도 지금껏 살았고, 현재 살고 있으며, 앞으로 살게 될 다른 누구와 동일하지 않다는 방식으로만 우리 인간은 동일하다."(아렌트, 1996: 57) 이것이 인간의 '다원성'이 의미하는 바이다.

동등성과 차이의 이중성 때문에 인간에게는 언어가 필요하다. 인간은 동등하기에 서로를 이해할 수 있다. 그러나 또한 인간은 서로 다르며 각기 다르기 때문에 자신을 이해시키기 위해, 그리고 타인을 이해하기 위해 말이 필요하다.

말과 행위는 인간 개개인의 유일한 차이성을 드러낸다. "사람은 말과 행위를 통하여 다른 사람과 단순히 다르다는 것을 넘어 능동적으로 다른 사람과 자신을 구분한다."(아렌트, 1996: 236) 말과 행동은 인간이 인간으로서 세계 안에, 서로에게 자신을 드러내는 양식이다. 말과 행동을 통해 인간은 다른 인간들과 구분되는 '유일한 존재'로 살아간다. 그렇게 "말과 행위로써 우리는 인간 세계에 참여한다".(아렌트, 1996: 237) 참여는 노동처럼 필연성에 의해 강요된 것도, 작업처럼 유용성 때문에 추진된 것도 아니다. 세계에의 참여는 자유의 원리와 창발성에 의존한다. 말과 행위의 자유와 창발성이 세계를 변화시키는 힘이다.

아렌트에 따르면, 말과 행위가 이루어지는 장소, 즉 한 개인이 '인간'으로 등장하고 출현하게 되는 공간은 바로 사람들 '사이'(in-between)다. "말과 행위는 사람들 사이에서 이루어지며 사람을 지향한다." 관심(interest)이라는 말은, "이 단어의 문자 그대로의 의미에서 존재-사이(inter-est), 사람들 사이에 놓여 있는 어떤 것"이며, 서로를 관련시키고 묶는 어떤 것이다. 따라서 "대부분의 행위와 말은 사람들의 집단만큼이나 다양한 이 중간 영역[공동의 관심 interest]과 연관된다".(아렌트, 1996: 243)

말과 행위의 장소는 사람들 '사이'(in-between)다. 그것이 아렌트가 말하는 '공적 공간'(public space)이다. '공적'이라는 말은 "세계가 우리 모두에게 공동의 것"이라는 뜻이다. "모든 사이(in-between)가 그러하듯이 세계는 사람들을 맺어 주기도 하고 동시에 분리시키기도 한다."(아렌트, 1996: 105) 이 공동 세계를 구성하는 사람들 '사이'에는 수많은 관점과 입장이 공존한다. 그것은 불가피한, 인간적인 의미의 조건이다. "타자에게 보여지고 들려진다는 것이 의미가 있는 것은 각자 다른 입장에서 보고 듣기 때문이다. 이것이 공적 삶의 의미이다."(아렌트, 1996: 111) 공존하는 서로 다른 관점들과 다양한 입장들이 공동 세계의 실재성을 보증한다. 관점과 입장의 차이를 드러내는 말과 행위가 사람들 '사이'에서 "언제 어디서든 자신의 적당한 위치를 발견할 수 있는 공간"을 창조한다. "이 공간에서 나는 타인에게, 타인은 나에게 현상한다. 그리고 거기서 사람은 다른 유기체나 무기체처럼 단순히 존재하는 것이 아니라, 뚜

렷이 현상한다."(아렌트, 1996: 261) 이 공간을 소유하기 위해, 그 공간 안에서 자리 잡기 위해, 그리고 그 안에서의 가치 있는 삶을 보증받기 위해 정치적 의미의 주권을 획득해야 한다. 아렌트는 "모든 사람들이 행위하고 말할 수 있다 하더라도 그들의 대부분은——노예나 외국인 그리고 미개인, 근대 이전의 노동자나 장인, 우리 시대의 직업인이나 상업인들처럼—— 그 공간에 살지 않는다"는 사실을 지적한다. "더욱이 어떤 인간도 항상 그 공간에서 살 수 없다. 그 공간을 박탈당했다는 것은, 인간적이고 정치적으로 말하자면, 현상과 동일한 것인 실재를 박탈당했음을 의미한다."(아렌트, 1996: 261) 공적 공간에서 존중받는 개인으로 등장하기 위해서 말(logos)은 가장 중요한 조건이다.

사멸하는 인간의 불멸하는 이야기

아렌트에 따르면, 고대 그리스인들은 필멸하는 인간 존재의 취약성을 극복할 해결책으로 '폴리스(polis)의 구축'과 '시(詩)와 역사'라는 두 가지 가능성을 제시했다. 원래 말과 행위는 그것의 주인인 필멸하는 인간과 함께 시간 안에서 무상하게 사라질 운명에 처해 있는 것이다. 이 사라질 운명의 말과 행위를 보존하기 위해 고대 그리스인들은 폴리스를 구축했고, 시인과 역사가는 시와 이야기를 남겼다.

아렌트는 고대 폴리스의 기능이 두 가지였다고 지적한다. 첫번째 기능은 사람들이 어떤 일을 지속할 수 있게 하는 터전으로서, "'불멸의 명예'를 얻을 기회"를 제공하는 것이다. 폴리스 안에서 사람들은 '불멸의 명예'를 얻을 기회를, 즉 "말과 행위로 그가 누구인가를 자신의 유일한 차이성을 통해 보여 주는 기회"를 가질 수 있었다. 폴리스의 두번째 기능은, 공동의 기억으로 "행위와 말의 무상함을 치료"하는 것이다. "폴리스의 조직체는 일종의 조직화된 기억체이다. 이것은 가멸적 행위자의 지나가 버리는 실존과 유동적 위대성이 결코 현실성을 상실하지 않도록 보증해 준다."(아렌트, 1996: 260) 이렇게 폴리스에서 공유된 위대한 말과 행위의 기억은 '시인과 역사가'에 의해 기록되고, 시와 역사를 통해 불멸성을 얻는다.

오직 이야기만이 허망한 인간의 말과 행위를 삶보다도 더 오래 지속시킬 수 있다. 말과 행위의 위대성은 시인과 역사가에 의해 이야기로 남겨질 때, 비로소 '불멸의 명성'을 얻을 수 있다. "시인과 역사편찬가의 임무는 기억을 통해 사물의 존재를 지속시키는 것"이다.(아렌트, 2005: 67) 그렇게 개별적 사건들은 이야기로 남겨지면서 역사의 일부가 된다. "탄생과 죽음 사이의 모든 개별적 삶이 결국에는 시작과 끝을 가진 하나의 이야기로 말해진다는 사실은, 시작도 끝도 없는 커다란 이야기인 역사의 전정치적(pre-political)이고 전역사적(pre-historical)인 조건이다."(아렌트, 1996: 245) 이야기가 인간의 유한한 삶을 역사 안에 새긴다. 그가 죽은 후에도 이야기는 남겨져 그 행위자가 누구인지 알려준다. "이야기는 그 인격이 행위와 언어를 통해 사후에 구체적으로 표출될 수 있는 유일한 매체이다."(아렌트, 1996: 247) 이야기를 통해 필멸하는 인간의 행위와 말은 불멸성의 일부가 된다.

시간의 무상함에 대항하여 위대한 행적을 보존하기 위해 언어가 필요하다. 언어를 매개로 인간은 무상한 시간의 흐름 안에서도 지속하는 의미를 산출하는 역사적 존재가 된다. 아렌트는 호메로스의 『오뒷세이아』에서 이러한 주장을 뒷받침할 장면을 발견한다.

귀향길에 오른 오뒷세우스는 난파를 당해 표류하던 중에 파이아케스 족의 땅에 당도한다. 그리고 거기서 알키노오스 왕의 환대를 받는다. 이름이 없는, 이름을 잃은 이 방랑자는 왕의 궁정 연회에 초대 받아 말석에 자리를 잡는다. 그리고 그 자리에서 눈먼 가인(歌人) 데모도코스의 노래를 듣게 된다. 데모도코스는 "남자들의 위대한 행적들을, 당시 그 명성이 넓은 하늘에 닿았던 이야기 중의 한 대목을, 오뒷세우스와 펠리우스의 아들 아킬레우스 사이의 말다툼을 노래"하기 시작했다. 그러자 그것을 듣던 이방인 남자는 "억센 두 손으로 큼직한 자줏빛 겉옷을 움켜쥐더니 그것을 머리에 뒤집어쓰고" 비통하게 눈물을 흘리기 시작한다. "눈물이 그의 눈꺼풀 밑 두 볼을 적셨다." 마치 가족을 잃고 애통해하는 여인처럼 오뒷세우스의 눈썹 밑으로 눈물이 쏟아졌다.호메로스(2007), 『오뒷세이아』, 천병희 옮김, 숲, 188쪽. 아렌트는 이 대목을 '역사와 문학 모두의 모범'이 되는 장면이라고 평가한다. 이 장면이 '문학과 역사의 모범'이 되는 첫번째 이유는, 이 장면에서 고통은 '현실과의 화해', 즉 카타르시스(catharsis)를 성취하기 때문이다. 오뒷세우스가 자신의 행적과 수난의 이야기를, 즉 "이제는 자기 외부의 것이며 모든 사람들이 보고 들을 수 있는 '대상'인 자신의 삶에 관한 이야기를 들었던 [바

로 그] 순간", '카타르시스'가 성취된다.(아렌트, 2005: 67) 카타르시스는
오로지 이야기를 통해 가능해졌다. "오뒷세우스는 전에는 절대 눈
물을 흘리지 않았으며, 이야기로 듣던 일이 실제로 발생했을 때는
더욱이나 눈물을 흘리지 않았다." 그러나 자기 삶을 이야기로 들었
을 때, 비로소 그는 그것의 의미를 자각하게 된다.(아렌트, 2004: 202)

그의 비통한 눈물을 이상하게 여긴 알키노오스 왕은 그에게
"당신은 누구인가?"라고 묻는다. 당신은 누구인가? 당신은 왜 이
이야기를 듣고 눈물을 흘리는가? 이 질문에 답하기 위해 자기 이
야기를 하기 시작하면서 오뒷세우스는 자기 이름을 되찾는다. 무
명의 방랑자에게 '트로이전쟁의 영웅 오뒷세우스'라는 이름을 되
돌려 준 것은, 그가 시작하는 말, 그의 이야기이다. 모험, 말과 행적
을 하나의 이야기로 구성하여 타인들에게 전달할 수 있게 되면서,
오뒷세우스는 더 이상 '아무도 아닌 자'(nobody)가 아니라 바로 '그
사람', 그 구체적이고 특별하며 고유한 행적과 말의 주인공으로 존
중되고 기억될 수 있게 된다. 이렇게 이 장면은 아렌트에 의해 '역
사'의 본질을 보여 주는 모범적인 장면으로 해석된다.

공적 영역에서 살아남고 기록을 통해 영속화될 수 있는 행위
나 언설을 가려낼 척도로, 아렌트는 '위대함'을 내세웠다. 그녀에
따르면, '위대한 행위와 언설'만이 인간의 필멸성이 지닌 무상함을
이기고 시인과 역사가의 기록이 남겨 주는 불멸성을 획득할 수 있
었다. 고대인들에게 "위대한 것은 불멸성을 지닐 만한 가치가 있는
것들이었으며, 다른 무엇도 능가할 수 없는 위엄으로 인간의 허망
함을 둘러싸고 있는 영원히 지속되는 사물 군(郡)에 포함되어야만

했다". 아렌트는 시인 호메로스, 이야기꾼 헤로도토스, 역사가 투키디데스에 의해 이와 같은 "역사편찬의 표준"이 세워졌다고 말한다.(아렌트, 2005: 71)

그렇다면 불멸할 삶, 시와 역사로 기록되는 이야기는 곧 영웅들의 이야기뿐인가? 영웅들의 이야기만이 불멸할 가치가 있는가? 아렌트가 그것을 주장하는 것 같지는 않다. 그녀는 "이야기가 드러내는 주인공은 어떤 영웅적 자질도 필요 없다"고 부연한다.(아렌트, 1996: 247) 오히려 그녀는 불멸성을 획득할 위대함은 용기와 대담성, "기꺼이 행위하고 말하려는 의지"에 있다고 지적한다. "용기와 대담성은 사적인 은신처를 떠나 자기가 누구인가를 보여 줄 때, 즉 자아를 개시하거나 노출할 때 이미 현존한다."(아렌트, 1996: 248) 그렇다면 이야기하기 자체가 곧 용기와 대담성의 표출이며, 세계에서의 출현 자체가 곧 가치 있는 삶, 한정된 사적 필멸성의 영역을 벗어나는 자유를 의미하게 된다.*

---

* 불멸성과 영원성은 같지 않다. "불멸성은 시간 안에서 영속하고 지상과 이 세계에서 죽지 않는 삶을 의미한다." 반면, "영원한 것에 대한 철학자의 경험, 플라톤에게는 '말할 수 없는'(arrhēton) 것으로, 아리스토텔레스에게는 '(해당하는) 말이 없는'(aneu logou) 것으로, 이후에는 역설적으로 '정지한 지금 시간'(nunc stans)으로 개념화되었던 이 경험은 인간사의 영역 밖에서만 그리고 인간의 다원성 밖에서만 발생할 수 있다". 그것은 형이상학적 관조의 대상이다. 그것은 활동의 시간성을 초월한다. 따라서 "불멸적인 것의 경험과는 매우 달리 영원한 것의 경험이 어떤 상응하는 활동도 갖지 않고 어떤 활동으로도 변형될 수 없다는 점은 중요하다."(아렌트, 1996: 67쪽; 70~71쪽)

3. 말할 수 있는 자격

언어의 공공성과 말 없는 경험

한나 아렌트는 공적 발화에서 출발한다. 아렌트에게 사적인 느낌이나 생각은 비가시적인 것이며, 그런 만큼 공적인 실재성을 획득할 수 없는 것이다. 공적인 언어는 개별자의 모든 경험을, 특히 사적인 경험의 모든 결을 드러낼 수 없다. 내밀한 사적 경험은 공적 언어를 거부한다. 개인의 소중한 감정이나 내면적 체험은 공적 언어에 취약하다. 그것은 공적으로 말해지면 망가지고 훼손되기 쉽다. 아렌트는 공적인 말하기를 강조하지만, 공적 언어로 표명되지 못하는 사적 경험을 무의미하고 무가치하다고 주장하는 것은 아니다. 어떤 소중한 것들은 오로지 사적인 영역에서만 고스란히 지켜질 수 있다. 아렌트는 다음과 같이 적는다. "이것은 사적인 관심이 일반적으로 부적절하다는 것을 의미하지는 않는다. 반대로 우리는 매우 중요한 문제들이 오직 사적 영역에서만 살아남을 수 있다는 것을 안다. 예를 들어 사랑은 우정과는 달리 공적으로 드러나는 한 끝나거나 없어진다."(아렌트, 1996: 104)

사적이고 개인적이며 내밀한 경험의 '고유한' 의미를 인정한다 하더라도 아리스토텔레스를 좇아 아렌트가 강조하는 바는 로고스의 언어로 말할 수 있는 자만이 사람들 '사이', 즉 공적 공간에 행위 주체로 출현할 수 있다는 것이다. 공적 공간에 출현하기 위해서는 말할 수 있어야 하고, 그것도 로고스로 말할 수 있어야 한다. 말하지 못하는 자는 행위의 주체가 될 수 없다. 따라서 말할 수 있어야 하고, 말해야 한다. 이러한 전제는 두 가지 효과를 낳는다. 말할 수 없는 경험을 박탈하는 효과가 그 첫번째이고, 공적 공간에서의 출현 자체를 원천적으로 배제당한 자에게서 로고스를 빼앗아 그들의 말을 소리로 떨어뜨리는 역전 효과가 그 두번째이다.

언어가 주체를 구성한다는 전제는 역으로 언어로 인해 주체로서의 경험을 박탈당할 수 있다는 것을 의미한다. 따라서 언어의 가능성이 경험의 세계에서의 가시성과 비가시성을 경계 짓는다. 언어화될 수 있는 경험만이 경험으로 인정된다. 그러나 모든 경험이 언어화될 수 있는 것은 아니다. 그러나 이 로고스의 체계 안에서 말 없는 경험은 경험으로서의 지위를 박탈당할 위험에 처한다.

공적 공간에서의 로고스의 사용이 인간을 단순히 살아 있는 상태(조에)에서 가치 있는 삶을 향유하는 상태(비오스)로 변형시킨다. 공적 공간이란 말이 공유되는 사람들 사이의 공간을 말한다. 공적 공간에서 벌어지는 상호작용이 '가치 있는 삶'을 가른다. "말과 행위가 없는 삶은, 문자 그대로 **세계에 대해서** 죽은 삶이다. 더 이상 **인간 사이에서** 살지 않기 때문에 인간의 삶이 아닌 것이다."[강조는 인용자](아렌트, 1996: 237) 따라서 "벌거벗은 생명과 정치의 관계는 '언어를 가진 생명체'라는 형이상학적 인간 정의가 포네(phōné)와 로고스(logos)의 관계에서 찾아내려는 것과 동일한 것이다".(아감벤, 2008: 44) 로고스를 가지고 선과 악, 옳고 그름을 갈라 인식하고, 그 인식을 공유할 수 있을 때 인간들 사이에 공동체가 생성되고, 그 안에서 타인과 함께 의미 있는 말을 나눌 수 있을 때 인간은 '가치 있

는 삶'(bios)의 주인이 될 수 있다.(아리스토텔레스, 2012: 21)

언어와 가치 있는 삶, 로고스와 비오스 사이의 내적 상관성이, 개인이 어떻게 한 공동체의 경계 안팎에서 '인간' 혹은 '비인간'으로 취급될 수 있는지 보여 준다. "서양 정치의 근본적인 대당 범주는 동지-적이 아니라 벌거벗은 생명-정치적 존재, 조에-비오스, 배제-포함이라는 범주 쌍"이다.(아감벤, 2008: 45) 여기서 포함과 배제를 경계 짓는 것은, 말할 수 있는 능력과 자격이다. 말할 수 없을 때, 공적 언어를 가질 수 없을 때, 그 생명은 배제된다. 반면 공적 공간에서 언어로 말할 수 있을 때, 그렇게 자기 자신을 드러낼 수 있을 때, 인간은 '가치 있는 삶'을 향유할 수 있는 주권자가 된다. 말할 수 있는 능력과 권한, 말할 수 있는 공간의 보증이 주권의 토대이다. 말하는 사람만이 주권자가 될 수 있다.

수행적 발화와 참여의 경계

말하는 사람이 주권자가 될 수 있다. 아니다, 주권자만이 말할 수 있다. 『전체주의의 기원』에서 아렌트는 소수민족을 추방하고 그들의 권리를 박탈하는 민족국가(nation-state)에 반대했다. 그녀는 민족국가에 반대하여, 모든 인간이 자신의 민족적 계보나 문화적 기원에서 벗어나 자유롭고 동등하게 참여하고 발화할 수 있는 정치적 공간을 상상한다.

아렌트의 이 제안은 근대 민족국가에 내재된 모순과 그로 인해 야기되는 인권의 난제를 해결하기 위한 것이다. 국가가 법의 도구가 아니라 한 지배민족의 도구로 전환되면서, "민족은 국가를 정복했고 […] 민족의 이익은 법보다 우선권을 가지게 되었다".한나 아렌트(2006), 『전체주의의 기원 1』, 이진우·박미애 옮김, 한길사, 501쪽. 국가와 민족이 동일시되면서, 내부의 소수민족들은 시민권을 위협받는다. 그들은 '무국적의, 국가가 없는 상태'에 처하게 되면서 자국 정부로부터 보호를 상실하고 법적 지위를 박탈당할 위기에 처하게 된다. 제2차 세계대전 당시 독일의 나치 정권이 보여 준 것처럼, 민족국가는 '다른' 소수민족의 구성원들에게 동등하게 주어져 있던 시민권을 박탈할 수 있다. 그렇게 추방된 무국적 난민들은 그들이 도달한 국가에서도 '인권'을 보장받기 어렵다. "국적 없는 민족들은 소수민족처럼 국민의 권리를 상실하는 것이 인권의 상실이나 마찬가지이고, 전자는 필연적으로 후자를 따라 다닌다."(아렌트, 2006: 526) 무국적자들은 '권리를 가질 권리'를 박탈당한다. 그들의 기본적 인권을 보호해 줄 국가가 그들에게는 없다. 또한 "인권 상실은 언어의 타당성 상실을 수반하며, 모든 인간관계의 상실, 달리 표현하면 인간 생활의 가장 기초적인 몇 가지 특징들의 상실을 동반한다". 무국적 상태, 국가 없음은 개인에게 한 민족국가 내에서의 '특별한 권리(시민권)'의 상실뿐 아니라, 민족국가들로 구성된 국제사회에서 어떤 권리도 보장받을 수 없는 근본적인 상실을 의미하게 된다. 어디에서도 그의 '인권'은 보장되지 않는다. 그렇게 "정치 조직의 상실이 그를 인류로부터 추방한 것"이다.(아렌트, 2006: 543)

이러한 현실을 직시하면서, 아렌트는 민족적 동질성에 토대를 둔 민족국가의 대안으로 모든 개인이 동등하게 참여할 수 있는 정치체를 생각한다. 그 정치체는 개개인의 구체적이고 자연적인 차이가 아니라, 추상적이고 이념적인 동등성에서 출발하는 평등의 법칙에 기반을 두어야 한다. 아렌트는 여기서 다시금 사적 영역과 공적 영역의 구분을 강조한다. 개인들의 차이와 구분에 민감한 사적 영역과 달리, 공적 영역은 동등성과 평등의 법칙에 기반을 두고 있어야 한다. 따라서 고도로 발달한 정치 생활은 사적 영역을 깊이 불신한다.(아렌트, 2006: 539~540) 평등은 우리에게 그저 주어지는 것이 아니다. 우리는 평등하게 태어나지 않았다. 오직 "우리가 상호적으로 동등한 권리를 보장하겠다는 **우리의 결정에 따라** 한 집단의 구성원으로서 평등하게 되는 것이다."[강조는 인용자](아렌트, 2006: 540)

내부의 '무국적자'

그러나 아렌트는 평등하고 동등한 공적 영역에의 참여가 보장되지 못한 채, 사적 영역에 밀어 넣어지는 특정 집단들의 존재를 고려하지 않고 있다. 버틀러(Judith Butler)는 "사적인 영역, 즉 정치 이전의 영역에 특정 집단을 밀어 넣지 않고서 공적 영역을 구성할 수 있을지" 묻는다.주디스 버틀러·가야트리 스피박(2008), 『누가 민족국가를 노래하는가』, 주해연 옮김, 산책자, 29쪽. 아렌트에게 사적 영역은 정치의 영역이 아니다. 그리고 사적 영역은 비가시화된다. "아렌트에게 정치의 영역이란 바로 이러한 권리의 박탈과 무임금 노동 그리고 거의 인식되지 않거나 인지할 수 없는 인간 존재들의 영역을 가정함으로써 성립되며 이들을 배제함으로써 구성"된다.(버틀러·스피박, 2008: 24)

공적 영역에서 자유로운, 혹은 정치의 작용으로부터 자유로운 사적 영역이 있는가? 아렌트는 공적 영역을 친밀성, 소속, 사적 감정으로부터 거리를 둔, 추상적이고 보편적인 행위자들의 세계로 그리면서, 사적 영역과 공적 영역을 전혀 다른 원리가 지배하는 공간으로 표상한다. 그러나 2세대 페미니스트들의 '개인적인 것이 곧 정치적인 것이다'라는 자각은, 어떤 사적인 관계나 친밀성의 감정도 지배적인 이데올로기와 정치, 권력관계, 위계로부터 자유롭지 않음을 간파한 것이다. 그런 의미에서 아렌트의 공사의 이분법은 두 영역을 오가는 개별 행위자들의 현실을 추상화한 것이라는 비판을 피할 수 없다.

당초 『인간의 조건』에서 아렌트가 주장하는 공사의 구분은 고대 그리스 도시국가를 사유하면서 도입한 것이다. 아렌트는 공적인 정치 영역과 구분되는 "사적인 영역을 유색인종과 노예, 아동, 그리고 참정권이 없는 외국인이 물질적 삶의 재생산을 책임지는 암흑의 영역으로 이해"했다.(버틀러·스피박, 2008: 23) 이렇게 공적 영역에서의 권리가 박탈된 존재들에 대한 규정은, 이후 아렌트가 분석하는 근대적 민족국가 체계에서 배제당하고 권리를 박탈당하는 '무국적자'들의 현실과 정확히 부합한다.*

버틀러는, 박탈은 공동체 외부로의 추방이 아니라, 내부적 배제라는 점을 강조한다. 권리의 박탈은 개인을 권력의 외부로 밀어내는 것이 아니며, 난민은 한 국가에서 떠나 다른 국가에 도착하는 집단이 아니다. 버틀러에 따르면, '국가 없음'은 결코 정치 공간의 '외부'일 수 없다. 무국적의 상태가 놓인 자리는 정치의 '외부'가 아니다. 오히려 무국적 상태는, "정치 공간이 구성되기 위해 필수적인 외부, 즉 내부에 존재하는 외부"이다.(버틀러·스피박, 2008: 25) 그런 의미에서 버틀러는, 아렌트와 달리 권력에 의해 추방되고 봉쇄된 생명을 '벌거벗은 삶'(zōē)으로 볼 수 없다고 주장한다. 생명 권력의 관점에서, 삶은 이미 불가역적으로 정치적 장에 깊숙이 개입되어 있다. 삶을 벌거벗은 것으로 만드는 것은 권력이다. 따라서 삶과 권력은 그렇게 간단하게 배타적인 것으로 성립하지 않는다. 권력 안에 머물러서 비오스가 되는 것이 아니라, 권력에 의해 어떤 삶은 조에가 된다. 삶과 권력은 그렇게 얽힌다.

말할 수 있기 위해서 먹어야 한다는 것

아렌트에 대한 버틀러의 또 다른 비판은, 그녀의 제안이 '경제 정의'를 포함하지 못한다는 점을 향한다. 아렌트에게 경제는 정치라는 공적 영역과 차단된 것처럼 보인다. 버틀러는 아렌트의 사상에서 "경제적 영역이 생략되거나 주변화되고, 심지어 정치에 대한 위

---

* 버틀러는 다음과 같이 말한다. "이처럼 [정치 영역 밖에서] 존재감이 결핍되고, 최소한의 인정을 받기 위해 요구되는 사회적 인식 가능성이라는 시험을 통과하지 못한 유령 같은 인간 존재의 경우, 나이나 성별, 인종, 국적, 그리고 노동 상태 등이 시민권 획득 기준에 미달될 뿐 아니라, 적극적으로 '국가 없음'의 기준에 '부합'하게 됩니다."(버틀러·스피박, 2008: 24)

협으로 취급되는 부분"을 문제 삼는다.(버틀러·스피박, 2008: 33) '수행적 발화'에 근거한 아렌트의 선구적이고 선도적인 정치 이론*을 한계 지으며 위협하는 것은, 바로 '말할 수 있는 능력'은 언제나 '먹고 생존할 수 있는 가능성'에 기반해야 한다는 사실을 간과한다는 점이 다.진은영(2011), 「소통, 그 불가능성의 가능성」, 『소통을 위한 인문적 상상』, 이화여자대학교출판부 참조.

먹는 것은 생존에 필수적이다. 생명을 유지하기 위해서 먹어야 한다. 그것은 생존의 최소조건이다. 그러나 그것은 단지 최소한의 것만은 아니다. '먹을거리'를 보장받는 것은 언제나 생존 이상의 의미를 지닌다. 그러나 또한 그저 단지 생존을 유지할 수 있을 만큼 먹는 것으로는 생존조차 보장받기 어렵다. 역설적이게도, 생존 이상의 여지를 보장할 때에만, 인간적인 생존이 가능하다.

함순(Knut Hamsun)의 소설 『굶주림』크누트 함순(2011), 『굶주림』, 우종길 옮김, 창.의 주인공에게는 이름이 없다. 그는 이름 불리지 않는다. 온종일 거리를 헤매며 먹을거리를 찾는 그의 몸에 굶주림이 엄습한다. 한 개체의 모든 시간을 지배하는 게걸이 이 소설의 진정한 주인공이다. 남자를 지배하는 굶주림은 그의 판단력을 빼앗는다. 그는 제정신이 아니다. 정신을, 체면을, 사회적 얼굴을 추스를 여유가 없다. 어렵사리 얻은 돈을 탕진하고, 게걸에 쫓겨 소화하지도 못할 음식을 폭식하고 토해 버린다.** 가진 모든 것, 모든 에너지, 얄팍하게

---

* "아렌트는 20세기 정치이론가들 중에서 수행적 발화에 대한 설득력 있는 분석을 내놓은 선구자일 것입니다. 여기서 수행적 발화란 사회적, 정치적 삶에 새로운 가능성의 토대를 마련하거나 그 가능성을 수립하는 발화를 말합니다."(버틀러·스피박, 2008: 33)

남아 있던 정신력이 고갈될 때까지 끊임없이 엄습하는 굶주림. 굶주리는 남자가 상실하는 것은 단지 음식을 섭취해서 얻을 수 있는 신체적인 에너지만이 아니다. 그는 정체성과 관계를 상실한다.

굶주림에 사로잡히는 과정은 곧 인간으로서의 언어를 잃어버리는 과정이기도 하다. 그의 언어는 부서진다. 그는 굶주림에 사로잡히고 "모든 것을 잃는다". 그의 정체성은 사라지고, 이름도 잃는다. "그는 모르기 때문에 자신이 누구인지 말할 수 없다. 그의 이름은 거짓이며, 그 거짓과 더불어 그의 세계의 현실은 사라져 버린다." 폴 오스터(1999), 『굶기의 예술』, 최승자 옮김, 문학동네, 16쪽.

그리고 이 상태에서 그의 현실은 이름 없는 사물들의 세계로 변한다. "자아와 세계의 연관은 끊어져 버렸다." 굶주림은 언어를 박탈한다. 따라서 말하기 위해서, 말하는 자리로 가기 위해서 먼저 먹을 수 있어야 한다.

** 헤르타 뮐러의 『숨그네』에도 판단력과 존엄을 앗아가는 '굶주린 천사'가 등장한다. 이 소설의 배경은 제2차 세계대전 직후의 소련의 강제수용소이다. "1944년 여름 붉은 군대가 루마니아를 깊숙이 점령해 들어가고 파시즘을 신봉하던 독재자 안토네스쿠는 체포되어 처형당했다. 소련에 항복한 루마니아는 그때까지 동맹국이었던 나치 독일을 향해 급작스레 전쟁을 선포했다. 1945년 1월 소련의 장군 비노그라도프는 스탈린의 이름으로, 나치에 의해 파괴된 소련의 '재건'을 위해 루마니아에 거주하는 독일인들을 넘겨달라고 요구했다. 루마니아에 살던 17세에서 45세 사이의 독일인은 남녀를 불문하고 빠짐없이 소련의 강제수용소로 유형을 갔다."(헤르타 뮐러[2010], 『작가후기』 『숨그네』 박경희 옮김, 문학동네, 333쪽.) 이 소설에 담긴 수용소의 모습은 나치의 강제수용소와 너무나 유사하다. 배경을 모르고 읽는다면, 나치의 유대인 수용소를 묘사한 것으로 착각할 수도 있다. '민족'이라는 정체성이 시민권과 동일시되는 근대 전체주의적 국가의 폭력은 이렇듯 동일하게 순환한다. 이 소설에 담긴 '10루블'이라는 에피소드는 굶주림에 시달리는 소설의 주인공이 우연히 얻게 된 10루블을 허망한 폭식으로 탕진하고, 굶주린 위에 부어 넣은 음식을 모두 게워 내는 장면을 묘사한다. 이 장면은 함순의 소설 『굶주림』을 연상시킨다.

* * *

그러나 다른 한편 삶은 먹는 것을 넘어서는 잉여의 자리에서 품위를 찾는다. 함순의 주인공에게 굶주림을 결정짓는 것은, 그가 갖지 못한, 그가 상실해 버린 사회적 관계이다. 사회적 관계가 그에게 생존을 가능하게 하고, 그것을 통해 인간적 품격의 상실을 막아 주었을 것이다. 먹는 것은 삶, 조에를 유지하기 위한 최소 조건이다. 그러나 먹는 것만으로 가치 있는 사회적 삶, 비오스는 충족되지 않는다. 삶의 품위를 유지하기 위해 다시 '말'이 필요하다. 먹을 것과 말을 함께 나누는 것, 그것이 인간적 품위의 조건이 된다. 이러한 사정을 벤야민(Walter Benjaman)은 다음과 같은 장면에서 포착한다.

셀프서비스 식당 "아우게이아스"*
혼자서 식사를 한다는 것. 이것은 독신으로 사는 것에 대해 제기되는 가장 강력한 이의다. 혼자서 하는 식사는 삶을 힘겹고 거칠게 만들어 버린다. 혼자서 식사하는 것에 익숙해진 사람은 영락(零落)하지 않기 위해 엄격하게 살아야 한다. 은둔자들은, 이것 때문만인지는 모르겠지만, 검소한 식사를 했다. 음식은 더불어

---

* "Augias: 영어로 Augeas. 그리스 신화에서 가축이 많았던 엘리스(Elis)의 왕. 헬라클레스(Herakles)의 과제 중 하나는 아우게이아스 왕의 우리를 단 하루 만에 깨끗이 청소하는 것이었는데 헤라클레스는 알페우스 강물을 이용해 이를 수행했다. 이후로 '아우게이아스의 축사'는 타락하거나 더러운 일 혹은 사건을 지칭하게 되었다."(발터 벤야민[2009], 『일방통행로, 사유이미지』 김영옥·윤미애·최성만 옮김, 길, 141쪽, 각주 42)

먹어야 제격이다. 식사하는 것이 제대로 효과를 내기 위해서는 나누어 먹어야 한다. 누구와 나누어 먹는가 하는 것은 그다지 중요하지 않다. 예전에는 식탁에 함께 앉은 거지가 매 식사시간을 풍요롭게 만들었다. 중요한 것은 나누어 주는 것이었지 식사를 하면서 나누는 담소가 아니었다. 그러나 놀랍게도 음식을 나누지 않은 채 이루어지는 사교 또한 문제가 된다. 음식을 대접함으로써 사람들은 서로 평등해지고 그리고 연결된다. 생 제르망 백작은 진수성찬으로 차려진 식탁 앞에서 음식을 탐하지 않은 채 있을 수 있었고 이렇게 함으로써 이미 대화의 주인이 될 수 있었다. 그러나 모든 사람이 각자 혼자서 식사를 하고 자리를 일어서는 곳에서는 경쟁의식이 싸움과 함께 일어나기 마련이다.(벤야민, 2009: 141~142)

따라서 나누어 먹을 수 있어야 한다. 그리고 다시, 나누어 먹기 위해 말할 수 있어야 한다.

2장
서사 정체성

> 우리가 이렇게 누워 있는 동안
> 버나드가 우리에게 재잘재잘 이야기하게 하자.
> 우리 모두가 본 것을 하나의 이야기로 꾸며 내게 하자.
> 버나드의 말에 의하면 이야기는 항상 있는 것이니까.
> 나도 하나의 이야기, 루이스도 하나의 이야기지.
> 구두닦이 소년 이야기, 외눈박이 남자 이야기,
> 바다 고동 파는 여인 이야기.
> — 버지니아 울프*

1. 삶과 이야기의 관계

"삶은 이야기다"

경험은 이야기를 통해서만 의미화될 수 있다. 삶은 이야기다.Julia Kristeva(2000), *Hannah Arendt: Life Is a Narrative*, Toronto: University of Toronto Press. 그렇지만 이야기는 살아 있는 경험의 투명한 반영일 수는 없다. 경험은 이야기되기 위해 선별되어 줄거리로 엮이어야 하고 그 과정에서 경험은 하나의 스토리로 구성되어야 한다. 구성은 해석이고 따라서 경험들은 이야기 안에서 때로 과장되거나 미화되거나 왜곡

---

* 버지니아 울프, 『파도』, 박희진 옮김, 솔, 55쪽.

될 수 있다. 한편 삶의 다양한 경험들이 이야기의 소재로만 의미를 갖는 것은 아니다. 삶의 풍요로움은 늘 이야기보다 넘친다. 말할 수 없는 경험, 이야기되지 못하는 실재가 언제나 남겨진다.

삶과 이야기, 경험과 텍스트, 실천적 행위와 언어기호는 분리된 두 개의 세계에 속하는 것처럼 보인다. 경험은 신체적이고 시간적이고 유동하는 생생한 것인 반면, 텍스트는 상징적이고 기호들로 고정된 것이며 현실의 흐름에서 거리를 두는 것이다. 텍스트는 살아 있는, 흘러가며 사라지는 담화(discours)를 기호로 묶어 고정시킨다. 담화 상황에서 화자와 청자는 대면하여 서로 주고받은 말의 의미를 묻고 답하거나 직접 대상을 지시하여 보여 주면서 확인할 수 있다. 그렇게 그들은 담화가 벌어지는 '지금, 여기'의 시공간을 공유할 수 있지만, 텍스트는 저자 없이 독립적으로 생존해야 한다. "독자는 글쓰기 행위에 부재하고, 작가는 글 읽기 행위에 부재한다."** 그렇게 담화 상황으로부터 떨어져 나와 그 대화의 직접성으로부터 거리를 두면서 텍스트는 의미론적 자율성을 획득한다.

그러나 이야기와 경험은 서로 얽혀 있음이 분명하다. 모든 경험은 언제나 이미 이야기를 담고 있고 또 모든 이야기는 경험

** 폴 리쾨르(2002), 『텍스트에서 행동으로』, 박병수·남기영 편역, 아카넷, 162쪽. 플라톤은 글쓰기에 대한 불신을 다음과 같이 밝힌다. "글쓰기에는 뭔가 이런 기이한 점이 있으니, […] 자네에게는 그것들[쓰여진 글들]이 마치 무언가 생각을 가지고 말하는 것처럼 보일 수도 있겠지만, 그 글에 담긴 것들 가운데 무언가 배우고 싶은 것이 있어서 질문을 던지면 글은 언제나 똑같이 하나만을 가리킨다네. 일단 글로 쓰이고 나면, 모든 말은 장소를 가리지 않고 그것을 이해하는 사람들 주변과 그 말이 전혀 먹히지 않는 사람들 주변을 똑같이 맴돌면서, 말을 걸어야 할 사람들과 그렇지 않은 사람들을 가려 알지 못하네."(플라톤[2004], 『파이드로스』, 조대호 옮김, 문예출판사, 143~144쪽)

을 형상화한 것이기 때문이다. 『시간과 이야기』에서 리쾨르(Paul Ricœur)는 언어가 어떻게 경험세계와 관계 맺는지 밝히고자 한다. 텍스트를 경험세계와 분리된 독자적인 대상으로 다루는 구조주의 기호학에 맞서, 리쾨르는 경험세계와 텍스트 사이에 내재된 모종의 연관성을 해명함으로써 해석학의 존재론적 가능성을 다시 세우고자 한다.

행동의 묘사, 미메시스(mimesis)

리쾨르에 따르면, 이야기와 경험 사이에는 필연적인 상관관계가 있다.폴 리쾨르(1999), 『시간과 이야기 1: 줄거리와 역사 이야기』, 김한식·이경래 옮김, 문학과지성사, 125쪽. 이야기와 경험 사이의 초문화적인 상관성을 해명하기 위해 리쾨르는 '미메시스'(mimesis) 개념에 주목한다. 미메시스는 플라톤적 전통에서 통상 '모방하기, 흉내 내기'를 지칭하는 개념으로 협소하게 이해되어 왔다. 그러나 원래 미메시스는 보다 포괄적인 의미망을 가지고 있는 개념이다. "실제로 '미메시스'는 인간에 의해 만들어지는 독자적인 어떤 세계가 선행하는 실제의 세계, 또는 가정되거나 표상된 세계와 맺는 가능한 관계들의 넓은 스펙트럼을 지칭하는 일반적인 명칭이다.군터 게바우어·크리스토프 불프(2015), 『미메시스』, 최성만 옮김, 글항아리, 27쪽. 리쾨르는 아리스토텔레스의 해석 전통에 따라 미메시스를 재개념화한다.

　아리스토텔레스는 『시학』에서 비극을 설명할 때 이 개념을 사용하는데, 여기서 '미메시스'는 플라톤의 그것과는 다른 의미 연관을 갖는다. 아리스토텔레스에 따르면 비극은 행동의 모방(미메시스)이다. "비극은 진지하고 일정한 크기를 가진 완결된 행동을 모방(mimesis)한 것"이다.아리스토텔레스(1996), 『시학』, 천병희 옮김, 문예출판사, 47쪽. 곧 다시 보게 되겠지만, 아리스토텔레스의 미메시스는 단지 모사한다는 의미의 '모방'이 아니다. 미메시스는 행동을 언어로 전환하여 '묘사로 가져옴'을 의미한다.

'행동의 모방'이자 '행동자의 모방'으로서 비극은 일정한 형식적 틀을 따라야 한다. 비극은 장르로 성립하기 위해 여섯 가지의 구성 부분을 가지고 있어야 한다. "플롯(mythos)과 성격과 조사(措辭, lexis)와 사상과 장경과 노래가 그것이다."(아리스토텔레스, 1996: 49) 이 여섯 요소 중에서도 플롯(줄거리, mythos)*은 경험세계와 이야기를 연결하는 미메시스의 가장 중요한 부분이다. 플롯, 즉 뮈토스는 개별 행위들을 하나의 전체로 결합하여 질서 짓는 구성적 행위이다.

아리스토텔레스에게 미메시스는 이미지적인 반영물, 모사적 모방이 아니다. 플라톤은 미메시스를 모사적 모방으로 이해했다. 플라톤의 존재론적 체계 안에게 "모방[미메시스]은 사물이 아니라 사물의 이미지를 생산해 내는 능력이기 때문에 결함을 드러낸다. [...] 이데아의 인식이라는 관점에서 볼 때 미메시스를 통해 만들어진 가상은 기만적이고, 결함이 있으며, 그에 따라 가치가 떨어

---

* mythos는 영어로는 플롯(plot)으로 번역된다. 리쾨르는 이 번역의 예를 좇아 고대 그리스어 mythos를 '줄거리 구성'(mise en intrigue)으로 이해한다.

진다."(게바우어·불프, 2015: 35) 이에 반해, 아리스토텔레스에게 미메시스는 묘사하는 행위이자 활동이다. "그러므로 자연 안에서 모방은 있을 수 없다. 왜냐하면 자연의 움직임의 원칙은 행위의 그것과 달리 내적이기 때문이다. 또한 이데아의 모방도 있을 수 없다. 행위는 언제나 개별적인 사태의 생산물이기 때문이다."Paul Ricœur(1986), *Die lebendige Metapher*, München: Wilhelm Fink Verlag, 48f. 아리스토텔레스에게 미메시스는 실천이자 실천할 수 있는 능력이다. 그리고 이 실천으로서의 미메시스가 경험을 줄거리로 엮어 이야기로 구성한다. 아리스토텔레스에 따르면 미메시스는 인간의 본성적이고 내재적인 능력이다. 그는 다음과 같이 쓴다. "모방한다는 것은 어렸을 적부터 인간 본성에 내재하는 것으로, 인간이 다른 동물들과 다른 점도 인간이 가장 모방을 잘하며, 처음에는 모방에 의하여 지식을 습득한다는 점에 있다. 또한 모든 인간은 날 때부터 모방된 것에 대하여 쾌감을 느낀다."(아리스토텔레스, 1996: 35)

따라서 경험이 이야기될 수 있는 것은 인간의 내재적인 능력인 '미메시스' 덕분이다. 미메시스는 경험과 언어라는 이질적 세계를 연결하는 능력이다. 미메시스를 통해 경험은 이야기가 된다. 뮈토스(줄거리 구성)는 파편적이고 분산적인 사건과 경험들, 그 안에 개입된 다양한 요소들과 계기들을 하나의 스토리로 엮는다. 파편적인 사건들을 하나의 일관된 스토리를 가진 전체로 구성하는 것은 미메시스 활동이다. 리쾨르는 이렇게 아리스토텔레스의 전통을 따라 미메시스를 '경험을 줄거리로 구성(mythos)하여 묘사하는 언어적 활동'으로 파악한다.

아리스토텔레스에게 미메시스는 단순한 모방이 아니라 어떤 보편성을 발견하는 작업이다. 그것은 모범을 따르는 것이다. 미메시스는 대상의 외면을 복제하는 것이 아니라, '어떤 내적 이미지', 정신적 모범을 형상화하여 새로운 것을 탄생시키는 것이다.(게바우어·불프, 2015: 39) 아리스토텔레스에 의하면, 시인은 행위나 사건을 묘사하고 스토리를 구성할 때 개연성과 필연성의 법칙에 따른다. 개연성이 없는 스토리는 설득력이 없고 쾌감을 만들어 내지 못한다. "따라서 시(詩)는 역사보다 더 철학적이고 중요하다. 왜냐하면 시는 보편적인 것을 말하는 경향이 더 많고, 역사는 개별적인 것을 말하기 때문이다."(아리스토텔레스, 1996: 61) 이런 맥락에서 미메시스는 단순한 경험의 모사에 머물지 않고, 그것을 더 위대하고 고귀한 양식으로 묘사하는 활동을 의미하게 된다.

텍스트의 전후: 세 층위의 미메시스

경험과 이야기 사이의 필연적 상관성을 입증하고자 리쾨르는 아리스토텔레스의 미메시스 개념을 확장한다. 리쾨르에게 미메시스는 언어적 형상화의 장소인 텍스트 영역에만 한정되지 않는다. 리쾨르는 언어적 형상화의 전후로도 미메시스가 작동하고 있음을 보여 준다. 미메시스는 언어적 형상화의 안과 밖, 전과 후 모두를 아우르는 실천으로 이해된다. 그는 이 포괄적 실천을 확인하고 경험과 텍스트의 연관성, 나아가 세계와 언어 사이의 상호관계를 포착하기 위해 미메시스 개념을 세 층위로 구분한다. 첫번째 층위는 언어적 형상화 이전(prefiguration) 단계이고, 두번째 층위는 언어적 형상화(configuration) 단계이며, 마지막 층위는 형상화된 텍스트를 변용하는(transfiguration) 단계이다. 언어적 형상화와 그 전후를 포함하는 세 단계의 미메시스 활동을 리쾨르는 편의적으로 각각 미메시스 I, 미메시스 II, 미메시스 III이라고 부른다. 이 세 계기의 중심축은 물론 경험을 언어 텍스트로 만드는 실천인 형상화의 단계, 즉 미메시스 II이다. 형상화의 단계가 경험과 언어의 관계, 행위와 텍스트의 연관성을 분석하는 전 과정의 중심축을 이룬다. 바로 이 형상화 단계에서 다종다양한 분산적 경험들은 언어 텍스트로 변환되어 이해할 수 있는 전체, 즉 틀 잡힌 서사(narrative)를 구성하게 된다. 그러나 리쾨르에게 서사의 이해와 해석 작업은 텍스트만으로 한정될 수 없고, 텍스트 이전과 이후로 확장되어야 한다.

리쾨르는 이야기 텍스트를 언어 기호의 차원에 한정하여 다루는 것에 반대한다. 구조주의적이고 기호학적인 텍스트 내재적 읽기에 반대하여* 이야기의 세계 연관을 다층적으로 파악하고자 시도한다. 기호학은 형상화 작업(미메시스 II)의 결과인 텍스트만을 추상화하여 형상화 활동의 맥락과 배경, 활성화의 장(場)을 고려하지 않고 텍스트의 코드와 법칙, 서사의 구조만을 참조한다. 반면 리

---

* 리쾨르는 구조주의적 기호학을 텍스트를 '설명'하는 중요한 방법론으로 활용할 수 있음을 인정한다. 그러나 텍스트의 설명은 해석학적 이해 없이는 불충분하다. 기호학적 설명과 해석학적 이해는 텍스트 해석을 향한 상보적 활동들이다. 폴 리쾨르(2001), 『해석의 갈등』, 양명수 옮김, 아카넷. 이 책의 1장 「해석학과 구조주의」를 보라.

퀴르가 추구하는 해석학은 형상화의 전(全)과정을 복원한다. 리쾨르에게 이야기 텍스트의 해석은 실천 영역에서 벌어지는 전(前)형상화와, 작품 텍스트 수용 단계에서 벌어지는 재(再)형상화를 텍스트 이해에 함께 포괄해야 하는 과제이다.

텍스트 형상화 이전(以前): 경험세계의 이야기적 특징

리쾨르에 따르면, 텍스트화된 이야기가 있기 이전에 이미 경험세계는 이야기를 포함하고 있다. 아직 언어화되지 않았지만 경험세계는 그 자체로 이야기다. 우리가 사는 세계는 이야기로 가득 차 있다. 우리는 이야기가 있는 세계에 도착하고, 이야기를 통해 세계를 배운다. 인간의 행동은 이미 의미구조, 상징적 요소들, 그리고 시간적 특성에 의해 서사적으로 틀 지어져 있다. 실천의 장에 포함되어 있는 이러한 특성이 경험을 '이야기할 수 있는 것'으로 만들어 준다. 우리는 아직 언어화되지 않았지만 이미 이야기가 떠도는 '의미로 가득 찬 세계' 안에 경험을 축적하며 살고 있다.**

** 이와 유사한 생각을 "세계는 책"이라는 전통적인 은유에서 발견할 수 있다. 젊은 시절 데카르트는 배움을 위해 '세상이라는 커다란 책'(le grand livre du monde)을 탐구한다.(르네 데카르트 [2001], 『방법서설·정신지도를 위한 규칙들』 이현복 옮김, 문예출판사, 156쪽.) 그런가 하면 낭만주의 시대, 자연은 '살아 있는 책'으로 받아들여졌다. "이 세상이야말로 우리 모두가 읽을 수 있도록 펼쳐져 있는 책, 그 이상도 이하도 아니었기 때문이다. 1774년에 괴테는 이렇게 노래했다. '자연이 얼마나 생생하게 살아 꿈틀거리는 책인지 보라. / 잘못 이해할 수 있을지언정 우리의 이해 범위를 넘어서지는 않지 않은가'"(알베르토 망구엘[2005], 『독서의 역사』 정명진 옮김, 세종서적, 241쪽.)

인간의 행동은 다른 물리적 운동과 다르게 '의미'로 파악된다. 손을 들어 올리거나, 한쪽 눈을 깜빡이거나, 고개를 숙이는 것 같은 움직임들은 특정한 문화 안에서 하나의 의미로 읽힌다. 행동을 어떤 의미로 이해하고 인식하기 위한 문화적 의미 구조가 선행한다. 리쾨르는 이것을 '행동의 의미론'이라고 부른다. 행동의 의미론이 인간의 행동을 다른 물리적 운동과 구별할 수 있게 한다. 행동에는 일정한 의미론적 '개념망'이 개입한다. 각각의 행동에 포함된 목적, 동기, 행위하는 주체, 배경적 상황, 상호작용 그리고 일정한 행위의 결말 등이 이 개념망에 포함된다. 이 각 요소들의 상호관계 안에서 우리는 개별적인 행동의 의미를 이해할 수 있다. 이러한 능력을 리쾨르는 '실천적 이해'라고 부른다. 그리고 실천적 이해는 이야기의 이해와 쌍방향적으로 관계를 맺는다. 실천적 이해와 이야기의 이해 사이의 관계는 이중적이다. 행위의 실천적 이해는 이야기 이해의 전제조건이다. 반면 하나의 이야기가 세계에 주어지면 그것이 행동의 의미론 자체를 변형시킬 수 있다. 이 둘은 서로를 전제하는 동시에 서로를 변형시킨다. 어떠한 경우이든 하나의 이야기를 이해하기 위해서는, 먼저 행동이 기반하고 있는 실천적 의미론의 개념망에 익숙해 있어야 한다. "어떤 스토리를 이해한다는 것은 줄거리의 유형론을 낳은 문화적 전통과 동시에 '행동'의 언어를 이해하는 것이다."(리쾨르, 1999: 133); 클리퍼드 기어츠(1998), 『문화의 해석』, 문옥표 옮김, 까치 참조.

실천적 이해를 가능하게 하는 두번째 근거는 실천 영역에 담긴 '상징적 요소'들이다. 리쾨르에 의하면, 행동은 이미 상징적으로 매개되어 있다. "기실 행동이 이야기될 수 있다는 것은, 그 행동이 이미 기호, 규칙, 규범을 통해 연결되었기 때문이다. 즉 행동은 언제나 **상징적으로 매개된다**."[강조는 원저자](리쾨르, 1999: 133) 행동에 내재하는 상징체계는 의미를 활성화하는 특질을 가지고 있다. 여기서 상징성이란 정신 속에 존재하는 심리적 활동이 아니라 "행동에 통합됨으로써 사회적 유희의 다른 당사자들이 해독할 수 있는 의미 작용"을 말한다.(리쾨르, 1999: 135) 상징적 매개는 행동이 텍스트(text)가 되기 전에 이미 어떤 짜임새(texture)를 가지고 있다는 사실을 보여 준다. 그것을 토대로 우리는 어떤 행동을 전체적인 맥락 안에서 이런저런 의미로 해석한다. 즉 행동의 상징성이 행동에 독해 가능성을 부여한다. "해석체로 이해된 상징이 의미작용의 규칙을 제공한다는 점에서 우리는 행동이 텍스트와 거의 같은 것이라고 말할 수 있다."(리쾨르, 1999: 136)

리쾨르는 상징체계가 단지 행동의 해석 규칙을 제공할 뿐 아니라, 규범의 의미도 지니고 있음을 지적한다. 상징체계 덕분에 우리는 문화적 규범에 근거하여 행동을 평가할 수 있다. 가치 평가로부터 자유로운 행동은 없다. "행동은 결코 윤리적으로 중립적일 수 없다."(리쾨르, 1999: 138) 행동의 독해에는 상징구조뿐 아니라 한 문화에 유효한 사회적 가치평가도 함께 작용한다.

행동에 대한 이해를 제공하는 전형상화의 세번째 특질은 인간 경험의 '시간적 특성'이다. 행동은 시간 안에서 이루어진다. 행동의 시간적 특성은 언어적 형상화의 전제조건이다. 리쾨르는 하이데거(Martin Heidegger)의 실존적 시간 분석을 도입하여 경험의 시간적 특성을 해명한다.Paul Ricœur(1987), "Narrative Funktion und menschliche Zeiterfahrung", *Romantik. Literatur und Philosophie. Internationale Beiträge zur Poetik*, hg. von Volker Bohn, F/M:Suhrkamp. 리쾨르가 이야기 구성과 연결해서 검토하는 하이데거의 시간 구조는 전치사 'in'(안에)으로 표현된 '내시간성'(Innerzeitigkeit)이다. 현존재는 '시간-안에-있음'(In-der-Zeit-sein)이다. 그리고 '현존재가 시간 안에 있다'고 할 때, 그 현존재의 시간은 추상적이고 균질적인 선적(線的) 시간이 아니다. 현존재에게 시간은 '~를 하는' '배려의 시간', 행위하고 염려하는, 질적인 내용으로 가득 찬 시간이다. 현존재는 그런 시간 안에 있고, 그런 시간 안에서 행동한다. 내시간성의 존재 방식으로 인해, 시간을 묘사하는 '이제', '그러면', '지금' 등과 같은 부사들은 이야기 안에서 그 의미를 획득하며 행동들을 시간적으로 정돈할 수 있게 한다. 이 시간의 특질이 서사적으로 형상화되는, 이야기의 시간 형태와 결합된다. "서술적 형상화와 그에 상응하는 보다 정제된 시간성의 형태는 바로 내적-시간성을 초석으로 서로 결합되어 세워질 것이다."(리쾨르, 1999: 146)

미메시스 I은 경험의 형상화 가능성을 보증한다. 행동을 언어로 묘사하고 재현할 수 있는 이유는 행동이 이미 이야기로 이해될 수 있는 특정 구조, 즉 행동의 의미론, 상징체계, 그리고 시간성을 가지고 있기 때문이다. 인간의 행동과 실천은 이미 유사 텍스트(quasi-text)이다. 그것은 이야기되기 이전에 이미 이야기이다.

형상화 이후(以後): 이야기 읽기

경험은 미메시스 II의 형상화 작업을 통해 텍스트의 세계로 들어선다. 형상화 작업인 미메시스 II는 형상화 이전과 이후를 매개한다. 미메시스 II의 이야기 구성은 세 가지 매개적 기능을 갖는다. 첫째, 미메시스 II는 개별 사건들을 하나의 스토리로 엮는다. 사건들은 개별적이며 분산적이다. 그 분산적인 개별 사건들은 하나의 스토리로 엮여야 의미를 획득한다. 스토리 안에서 개별 사건은 그저 하나의 특수한 예외적 경우에 머물지 않고, 전체적인 이야기 전개에 기여하는 한 부분이 된다. 따라서 스토리를 갖는다는 것은 사건들의 열거 이상의 의미를 갖는다. 스토리 안에서 사건들은 이해 가능한 전체적 짜임새 안에 놓이고 일정한 서사적 논리를 획득한다. 둘째로 미메시스 II는 행위자, 목적, 수단, 상호작용, 배경, 의외의 결과 등과 같은 이질적 요소들을 하나의 통일적인 전체 서사로 종합한다. 이것을 리쾨르는 '불협화음을 내포한 화음'이라고 부른다.(리쾨르, 1999: 164) 마지막으로 미메시스 II는 에피소드적 시간을 형상화된 시간적 전체로 연결한다. 다시 말해 미메시스 II의 형상화를 통해 이야기는 '시작'과 '중간', 그리고 '끝'을 갖는 완결된 시간 통일체를 구성할 수 있게 된다. 세계 안에서 시간의 연쇄는 끝이 없지만, 이야기는 줄거리 구성을 통해 처음과 끝이 있는 닫힌 단위(entity)가 된다. 이야기된 시간을 하나의 종결된 전체로 고찰하게 되면, 우리는 처음을 끝에, 끝을 처음에 읽을 수 있다. "시작 속에서 결말을, 그리고 결말 속에서 시작을 읽음으로써 행동의 흐름을 구성하는 최초의 조건을 그 최종적인 결과를 통해 다시 돌이켜보듯이, 우리는 시간 그 자체를 거꾸로 읽는 법을 배우게 된다."(리쾨르, 1999: 154) 결국 미메시스 II의 형상화는 개별 사건들을 하나의 스토리로, 사건의 이질적인 요소들을 서사적 통일성으로, 에피소드적 시간을 통합된 시간적 전체로 정돈하고 질서 짓고 주제화하는 활동이다. 이 주제화를 통해 개별 사건과 경험은 '이해할 수 있는 것'이 된다.

개별적이고 분산적인 경험과 사건들을 이야기를 통해 하나의 전체로 만드는 미메시스 II의 형상화는 그 '이후'의 미메시스적 활동, 즉 미메시스 III의 재형상화를 통해서 비로소 온전히 완성된다. 형상화의 결과로 만들어진 텍스트는 읽기를 통해 살아나야 한다. 경험이 형상화의 과정을 거쳐 언어기호로 고정되어 텍스트가 되면 그것은 경험세계로부터 일정한 거리를 두는 독립적인 텍스트의 세계에 머물게 된다. 언어기호로서 텍스트는 읽히지 않는 동안은 되살아나기를 기다리는 기호에 불과하다. 텍스트는 읽기를 통해 다시 일깨워져야 살아 있는 이야기가 된다. 그렇게 재형상화에 이르러 형상화의 순환적 관계는 완성된다.

재형상화는 서사 텍스트를 다시금 외부적 시간의 흐름으로 노출시킨다. 독서와 해석을 통해 재형상화될 때 텍스트는 새로운 사건이 되고 새로운 의미 형성의 출발점이 된다.김애령(2002a), 「시간의 이해, 이해의 시간: 리쾨르의 시간의 재형상화 논의」, 『해석학연구』 제9집, 171쪽. 미메시스 활동은 재형상화를 통해 다시 경험세계로, 형상화된 이야기가 보태져 보다 풍요로워진 경험세계로 돌아온다. 재형상화는 텍스트의 세계와 독자의 경험세계가 교차하는 지점에서 시작되는 미메시스 활동이다. 거기서는 독자의 독서 활동이 이야기의 줄거리 구성을 완성한다. 모든 텍스트는 독서 활동을 통해서만 온전한 의미를 획득할 수 있다. 텍스트는 읽히기 전까지는 그저 기호에 갇혀 있는 잠재성에 불과하다. 서사 텍스트는 언어적 형상화의 결과물이지만, 그것의 의미를 실현하는 것은 오직 읽는 행위이다. 읽히지 않는 텍스트는 가능성에 머물 뿐이며, 재형상화 활동만이 매 순간 텍스트를 새롭게 생산할 수 있다. 텍스트는 고정되어 있는 것이지만, 읽기가 텍스트의 의미를 변화시킬 수 있다. 읽기가 텍스트를 살아가게 한다.

고정된 텍스트, 죽어 있는 기호를 활성화하는 독서를 미메시스의 마지막 단계로 포함함으로써, 리쾨르는 텍스트를 내부와 외부로 분리하는 대립적 사고를 극복한다. 리쾨르에 따르면, 텍스트의 내부와 외부라는 대립은 글쓰기를 현실세계의 재현(representation)으로 인식하는 '재현의 환영'에서 유래한 것이다. 사건이나 경험이 재료이고 텍스트는 그것을 반영한다는 생각은 환영에 불과하다. 텍스트는 현실을 반영하는 것이 아니라, 형상화한다. 텍스트는 현실을 복제하는 것이 아니라, 줄거리 구성을 통해 묘사한다. 현실과 텍스트 사이에는 구성의 활동이 개입되어 있다. 이 관계를 단순한 재현적 관계로 인식하는 것은 오류다.

또한 리쾨르는 텍스트를 내부로, 삶과 경험의 세계를 외부로 보는 관점을 거부한다. 읽는 행위, 즉 잠들어 있던 텍스트의 기호들을 되살려 내는 재형상화 활동은, 텍스트의 의미와 주제를 독자의 세계에 개방한다. 하나의 텍스트가 읽기를 통해 활성화되면, 그것은 독자의 경험세계의 일부가 된다. 이야기가 살아 있는 세계에서 삶의 의미는 달라진다. 텍스트 이후, 세계는 변화한다. 하나의 이야기가 더 보태진 세계는 그 이전의 세계와 같지 않다. 독자는 읽기를 통해 자기 경험세계를 계속해서 갱신한다.

이렇게 세 단계의 미메시스는 원환(圓環)을 완성한다. 형상화 이전 단계에 속하던 경험세계는 재형상화 활동을 통해 변화하고, 그렇게 변화한 경험세계는 다시금 형상화의 이전 단계를 구성하며 새로운 언어적 형상화를 기다린다. 이 원환은 상호적으로 연결되어 움직일 뿐 아니라, 언어적 형상화를 닫힌 기호체계 안에 머물지 못하도록 개방한다. 각기 다른 시간에, 매번 새롭게 이루어지는 미메시스 III의 활동은 텍스트를 재창조하는 행위이다. 그러므로 경험은 텍스트로 형상화되어 고정되지만, 고정된 것으로 고착되는 것은 아니다. 그것은 다시 살아나는 것, 다시 살아나야 하는 것이다. 그렇게 경험과 이야기, 또는 세계와 텍스트는 미메시스의 세 층위에서 서로 연관되어 순환한다.

2. 서사 정체성

실존의 조건: 시간의 아포리아(aporia)*

삶의 불안정성과 신비는 그것이 시간 안에서 흔들리고 있다는 사실에 기인한다. 기억과 망각, 기대와 좌절, 탄생과 성장과 노화와 죽음, 변화와 소멸, 쇠퇴… 이 세상 안에 그 어떤 것도 시간이 만들어 내는 변전(變轉)을 피할 수 없다. 인간은 의지나 노력으로 시간이라는 실존의 근본 구조로 인한 위기를 극복할 수 없다. 시간은 인간에게 알 수 없는 것이자, 할 수 없는 것이다. 시간 앞에 인간은 무능하고 무기력하다. "시간이란 대체 무엇인가?" 아우구스티누스는 『고백록』에서 신의 영원성과 비교하여 '인간의 시간'에 대해 묻기 시작한다.아우구스티누스(2015), 『고백록』, 김희보·강경애 옮김, 동서문화사, 317쪽.

아우구스티누스에게 이 질문을 촉발시킨 것은, 신의 존재를 회의하고 의심하는 자들이 던진 질문이었다. "하느님은 천지창조 이전에 대체 무엇을 하셨는가?"

> 그들은 이렇게 말합니다. "만일 하느님께서 아무 일도 하시지 않았다면, 왜 하느님은 그 이후에도 계속 그렇게 아무 일도 하지 않고 계시지 않았는가?" 만일 하느님이 그때까지 결코 만드신 일이 없는 창조물을 창조하려 하는 새로운 운동이 하느님 안에서 생겨났다고 한다면, 그 안에 그때까지 존재하지 않았던 의지가 생겨나는 것을 가리켜 어찌 참된 영원이라고 할 수 있겠습니까?(아우구스티누스, 2015: 313~314)

신은 왜 창조를 '시작'했는가? 무엇이 신에게 의지와 행위를

---

* 어원적으로 '길 없음'(a-poria)에서 유래한 '아포리아'(aporia)라는 말은 풀 수 없는 문제, 풀리지 않는 '난제'(難題)를 말한다.

촉발했는가? 이 질문에 답하기 위해 숙고하는 과정에서 아우구스티누스는 신은 시간 안에 있지 않다는 것, 신의 영원성은 인간의 시간과 다르다는 것을 깨닫는다. 회의주의자들의 질문은 잘못 제기된 것이다. 신의 영원성은 인간의 시간과 비교할 수 있는 것이 아니다. 신에게는 영원한 현전만이 있을 뿐이다. "주님의 햇수는 가는 일도 없고 오는 일도 없습니다. 그러나 우리의 햇수는 모든 햇수가 연속적으로 올 수 있도록, 오고 또 가게 마련입니다."(아우구스티누스, 2015: 316) 오고 가고, 연속되면서 사라지는 것은 오직 인간의 시간일 뿐이다.

인간에게 주어진 그 시간이란 대체 무엇인가? 우리는 일상적으로 깊이 생각할 필요조차 없이 시간을 당연하게 여기고 그것에 대해 친숙하게 말하지만, 정작 누가 그것에 대해 물어 오면, 그래서 그것이 무엇인지 설명하려고 하면, 그것이 무엇인지 알 수 없게 된다. 당혹감 속에서 아우구스티누스는 그것이 무엇인지 알지 못하노라고 고백한다.

시간이란 무엇인가? 그것은 보이지 않고, 잡히지 않는다. 다만 한 가지 확실한 것이 있다면, 시간은 오직 흘러가는 것으로만 확인된다는 사실이다.

바로 그 무엇이라도, 지나가는 것이 없다면 과거라는 시간은 존재하지 않고, 그 무엇도 오는 것이 없다면 미래라는 시간은 존재하지 않으며, 그 무엇도 존재하는 것이 없다면 현재라는 시간은 존재하지 않습니다. 나는 그 사실만은 알고 있다고 할 수 있습니다. 그렇지만 그 두 가지 시간, 즉 과거와 미래의 경우, 과거는 이미 존재하지 않고, 미래는 아직 존재하지 않을 때, 그 과거와 미래는 어떻게 존재하는지요? 또한 현재는 항상 현재로서 과거에 옮겨지지 않는다면 그런 현재는 이미 시간이 아니고 영원일 것입니다. 때문에 현재는 단지 과거로 옮겨 감으로써만 시간이라 할 수 있을 것입니다. 그렇다면, 우리는 어떻게 지금 이 현재도 '있다'고 말할 수 있겠습니까?(아우구스티누스, 2015: 317)

아우구스티누스는 '시간이란 무엇인가'라는 질문을 던지자마자 첫번째 아포리아, 즉 시간의 존재에 대한 근원적 회의에 봉착한다. "과거는 이미 존재하지 않고, 미래는 아직 존재하지 않을 때, 그 과거와 미래는 어떻게 존재하는지요?" 도대체 흘러가는 것으로만 확인되는 시간은 과연 존재하기는 하는가? 미래는 아직 오지 않았고, 과거는 이미 지나갔으며, 현재는 흘러가는 것으로서 머무르지 않는다면? 시간은 흘러가는 것으로 과거나 현재 혹은 미래라는 형태로만 현상하지만, 그 모든 것이 오지 않거나 이미 지나갔거나 머무르지 않아 사라진다면, 시간의 실재는 의심스러운 것이 된다. 시간은 어디에도 없는 것 같다.

그러나 이렇듯 시간의 존재를 확인하기 어려움에도 불구하고 우리는 시간이 존재하는 듯이 말한다. "우리는 다가올 일은 존재할 것이고 지나간 일은 존재했으며 현재의 일은 지나가고 있다고 말함으로써 마치 시간이 실재하는 것처럼 말한다. 지나가는 것이라 할지라도 무(無)는 아니다."(리쾨르, 1999: 33) 그렇게 일상적 언어가 잠정적으로 시간의 비존재 주장에 대항하는 버팀목 노릇을 한다. "시간의 존재와 비존재 간의 불확정성에도 불구하고, 우리는 시간에 대해 의미 있게 이야기한다."김애령(2002b), 「이야기로 구성된 인간의 시간: 리쾨르의 서사 이론」, 『보살핌의 현상학』, 한국현상학회 편, 철학과현실사, 274쪽. 그러나 일상적 언어 사용이라는 버팀목은 시간의 존재와 비존재의 아포리아를 해결해 주지는 못한다.

시간의 존재에 대한 아포리아를 해결하지 못한 채, 아우구스티누스는 시간에 대한 물음을 다른 자리로 옮긴다. 아우구스티누스는 일상적 언어 사용이라는 잠정적 버팀목을 축으로 물음의 지평을 바꾼다. 이제 그는 시간의 본질에 대한 물음('시간이란 **무엇**인가?')을, 시간의 존재 방식에 대한 물음('시간은 **어떻게** 존재하는가?')으로 이동시킨다. 시간의 실재는 쉽게 확인되지 않지만 그럼에도 불구하고 우리가 시간을 실재하는 것처럼 말한다면, 그리고 흘러가는 것조차 '무'는 아니라면, 시간은 어디엔가에 어떤 방식으로 있어야 한다. 그렇다면 시간은 어디에 **어떻게** 있는 것일까? "과거가 이미 존재하지 않고 미래가 아직 존재하지 않으며 현재가 항상 존재하지 않는다면 시간은 어떻게 존재할 수 있는가?"[강조는 원저자]

(리쾨르, 1999: 34)

이미 지나간 과거와 아직 오지 않은 미래가 어떻게든 존재하는 것이라면, 그것은 '현재' 안에서만 존재할 수 있다. 현재는 지나가지만 지나가는 것조차 '무'는 아닐 것이므로, 그 현재 안에 과거와 미래가 어떻게든 존재할 것이라고 아우구스티누스는 추론한다. "그들이 [과거와 미래가] 어디에 존재하는지 알지 못한다 하더라도,

그리고 그들이 어디에 존재하든 간에 그 사건들은 미래 또는 과거로서 존재하지 않고, 현재로서 존재함을 알고 있습니다."(아우구스티누스, 2015: 321) 이미 지나간 과거 사건들의 영상은 마음속에 흔적으로, 미래에 대한 예상은 징후로 흘러가는 현재 안에 현존한다. 아우구스티누스에 따르면 과거와 미래는 현재 안에 있다. 어떻게? 그것은 각각 마음의 작용으로 존재한다.

시간의 자리, 현재

이상과 같은 고찰로 명료해진 사실은, 바로 미래도 과거도 존재하지 않으며, 또한 세 가지 시간들, 즉 과거, 현재, 미래가 존재한다는 말도 올바르지 못합니다. 그보다는 오히려 세 가지 시간들, 곧 과거 일의 현재, 현재 일의 현재, 미래 일의 현재가 존재한다는 편이 올바를 것입니다. 사실 마음속에는 이들 세 가지가 존재하며, 마음 이외의 곳에서는, 나는 그들을 인식하지 못합니다. 즉 과거의 일의 현재는 기억이요, 현재의 일의 현재는 직관이며, 미래의 일의 현재는 기대입니다.(아우구스티누스, 2015: 322~323)

시간은 세 가지 형태의 현재로 존재한다. 과거의 현재, 현재의 현재, 그리고 미래의 현재. 그리고 그것은 각각 마음 '속'에, 기억, 직관, 그리고 기대의 형태로, 즉 정신적 작용으로 존재한다. 시간의 존재와 비존재의 아포리아에 대한 아우구스티누스의 이와 같은 해결 시도는 세련된 것일지는 몰라도 그리 온전한 것은 아니다.

이 "우아하지만 힘겨운 해결책"(리쾨르, 1999: 42)은 시간 측정의 문제를 해결하지 못한다. 아우구스티누스가 주장했고 또 우리가 관찰할 수 있는 것처럼, 시간이 마음속에 기억과 직관과 기대와 같은 작용으로 있다고 하자. 그 시간을 어떻게 측정할 수 있는가? 심리적시간 체험은 주관적이다. 상황과 환경에 따라, 정서와 감정과 조건에 따라 시간은 아주 다른 속도로 흐르는 듯 느껴진다. 미지의 목적지를 향해 어떤 길을 처음 걸을 때와 그 같은 길을 되돌아올 때, 같은 거리를 걷는 시간이 전혀 다르게 느껴진다. 시간이 오직 마음속에 있는 것이라면, 이 각기 다른 시간 체험을 객관적으로 측량할 수 있을까? 아우구스티누스는 시간을 마음 안에서 측정한다. "곧 사물이 지나갈 때 네 속에 남겨 둔 인상이 남아 있으므로 나는 측정한다"고 말한다.(아우구스티누스, 2015: 331) 그러나 시간을 측정할 마음 바깥의 확고한 준거점이나 측량의 척도가 있어야 하지 않는가?

또한 아우구스티누스에게 '현재'는 거의 존재를 갖지 않는 '점'(點), 즉 연장(延長)을 갖지 않는 것으로 표상된다. 현재라는 시간은 급히 미래에서 과거로 흘러가 버리기 때문에 지속 기간이 없는 틈새이다. 만일 조금이라도 지속 기간이 있다면 그것은 과거와 미래로 나누어진다. 그러나 현재는 그 어떤 공간도 가지고 있지 않다.(아우구스티누스, 2015: 319) 과거는 기억으로, 미래는 기대로, 현재는 직관으로, 시간은 그렇게 인식된다. 결국 시간은 영혼의 활동으로 현재 안에 거주한다. 그런데 그 현재는 지속 기간이 없는 '점'과 같은 것이다.

이 지점에서 아우구스티누스는 영혼의 능동성과 수동성, 즉 영혼의 적극적으로 펼쳐 가는 활동과 수렴되는 집중 사이에서 흔들린다. "영혼은 기대하고 기억한다. 그리고 기대와 기억은 인상들로, 영혼 '안'에 있다. 그러나 이 세 층위의 현재가 고립적으로 존재하고 있는 것은 아니다. 오히려 하나의 활동을 통해서 서로 연결된다."(김애령, 2002b: 277) 여기서 긴장과 이완의 아포리아가 등장한다. "정신은 '긴장'됨에 따라 '이완'된다." 점과 같은 현재, 연장을 가지지 않는 틈새로서의 지금 안에서, 과거의 기억과 미래의 기대와 현재의 직관이라는 마음의 작용이 펼쳐진다. "이처럼 그는 기다림, 주의력, 그리고 기억의 지향점들이 이루는 **화음**(concordance)으로부터 끊임없이 **불협화음**(discordance)이 태어나고 또 태어난다고 생각한다."[강조는 원저자](리쾨르, 1999: 61)

영혼의 집중과 이완은 지속적으로 작용하는 모순이다. 현재는 영혼의 활동으로 세 방향으로 확산되면서 점점 더 심한 불협화음으로 이행한다. 그런 의미에서 신의 영원성과 반대로 시간 안에 놓인 인간 현존재의 특징은 흘러가는 시간에 노출된 '집중의 결여'에 있다. 영혼의 이완은 "영원한 현재의 안정성을 박탈당한 정신의 균열"이다.(리쾨르, 1999: 72) 그리고 아우구스티누스는 이러한 결핍을 탄식한다. 인간의 시간 안에서는 그 어떤 것도 견고하게 영속하는 것으로 지켜질 수 없다. 모든 것은 흘러가며 변화한다. 과거는 사라지고, 미래는 불확실하다. 이것이 '유한자의 슬픔'이다. 보로스(Stanislas Boros)는 아우구스티누스가 묘사한 '인간의 시간'의 이미지를 네 가지로 분류하여, 그것이 지닌 결핍과 균열이라는 부정적 속성을 가시화한다. 그에 따르면, "붕괴, 사라짐, 점진적인 함몰, 채

워지지 않는 종말, 분산, 변질, 넘쳐흐르는 빈곤의 이미지들은 '해체'로서의 시간성에 결부되며, 죽음을 향한 걸음, 질병과 허약함, 내적 갈등, 눈물 속에 갇힘, 늙음, 메마름의 이미지들은 '고통'으로서의 시간성에 속한다. '추방'으로서의 시간성은 고난, 유배, 허약, 유랑, 향수, 헛된 욕망의 이미지들을 규합하며, 마지막으로 '밤'의 주제는 눈멂, 어둠, 흐릿함의 이미지를 이끈다."(리쾨르, 1999: 76)

서사 정체성

시간은 어떤 것도 그대로 지속하지 못하도록 변화를 야기하고, 그런 의미에서 안정을 위협한다. 그러나 아우구스티누스와 아리스토텔레스의 독자로서 리쾨르는 "불협화음이 화음을 깨뜨리는 생생한 [시간적] 체험과 화음이 불협화음을 메우는 탁월한 언어적 활동 ['줄거리 구성'] 사이에서" 이 둘을 연결할 가능성을 발견한다.(리쾨르, 1999: 81) 우리는 이야기하기를 통해 시간이 야기하는 결핍과 불안정성을 극복할 수 있다.

시간에 대한 존재론적 물음은 시간을 '현재'라는 순간의 연속으로 이해하게 했다. 아우구스티누스는 오직 현재 안에서 시간이 존재할 수 있는 자리를 발견했다. 그러나 그 현재는 거의 존재를 갖지 않는 점과 같은 것으로 표상되었다. 이 점과도 같은 현재 위에서 영혼은 세 가지 서로 다른 방향의 활동으로 분산된다. 현재의 안정성은 분산된 시간 경험으로 인해 계속 위협받는다. 아우구스티누스가 남긴 이 시간 형이상학의 아포리아를 해결할 가능성은 시간 현상학의 내부가 아니라, 그것의 바깥, 즉 이야기에서 찾아질 수 있다. 시간의 아포리아는 인간 경험의 다양한 요소들을 통합하는 '이야기할 수 있는 능력'을 통해 해결될 수 있다고 리쾨르는 생각한다. 영혼이 안정적인 조화 안에 머무는 것을 방해하는 시간 경험의 불협화음적 요소를 다시 통합할 가능성은, 이야기를 통해 시간적 사건들을 줄거리로 구성하고 그 안에서 다양한 경험적 요소들을 통합하는 형상화 능력(미메시스) 안에 있다는 것이다. 리쾨르에 따르면, 인간의 시간은 '이야기된 시간'으로만 이해될 수 있다. 이야기가 인간의 시간경험을 이해 가능한 것으로 만든다.

"이야기는 과거의 경험들과 미래에 대한 기대를 나의 '현재의 관심을 중심으로 이야기함' 안에서 구성해 내면서 '나의' 역사를, 나의 정체성을 형성하게 한다. [그러나] 시간 안에서 인간의 경험은 그 자체로 폐쇄된 것은 아니다."(김애령, 2002b: 290) 죽음으로 삶의 경험이 마감되기 전까지 서사 정체성은 폐쇄되지 않고 새로운 경험으로 열린다. 서사는 죽음에 이르기까지 마무리되지 않는다. 그런 의미에서 "이야기의 완전한 의미는 이야기가 끝이 났을 때만 알 수 있다".(아렌트, 1996: 253) "이야기는 그 인격이 행위와 언어를 통해 사후에 구체적으로 표출될 수 있는 유일한 매체이다. 어떤 사람이 누구였고 누구인지를 알 수 있는 것은 그 자신이 주인공인 이야기를 알 때에만 가능하다."(아렌트, 1996: 247) 그러나 현재 시점에서 경험과 기대를 하나의 통일성으로 구성할 수 있을 때, 그 서사는 정체성의 거점이 된다. 또한 서사는 시간의 흐름이라는 추상적 무한성을 넘어

'활동하고 느끼는 인간의 시간'을 살아갈 수 있게 한다.

이야기가 나의 경험을 하나의 주제를 가진 줄거리로 엮을 수 있을 때, 그 시간은 나의 시간이 되고 그 경험은 나의 역사가 된다. "인간 실존의 의미는 세계를 변화시키거나 지배하는 권력일 뿐 아니라, 이야기 담론 속에서 기억되고 회상되는 능력, **잊혀지지 않게** 되는 능력이기도 하다. 이야기성의 이러한 실존적·역사적 함의들은 매우 멀리까지 미치는데, 그것들은 문화적 의미에서 그 과거와 그 '정체성' 속에서 '보존'되고 '영속화'되어야 할 것을 결정하기 때문이다."[강조는 원저자]폴 리쾨르. 리처드 커니(1998), 「폴 리쾨르:언어의 창조성」, 『현대 사상가들과의 대화』, 김재인 외 옮김, 한나래, 299쪽에서 인용. **아렌트를 좇아 리쾨르는 이것을 '서사 정체성'**(narrative identity)이라고 명명한다.

나는 누구인가? 나는 나의 이야기이다. 나의 이야기가 내가 누구인지를 알려준다. 시간이 야기하는 불안정성에도 불구하고, 나는 나의 이야기를 간직함으로써 정체성을 유지하고 내가 누구인지 이해하고 설명할 수 있다.

말하기의 에토스

> 타인에게 정당해야 한다면, 자신에게는 진실해야 한다.
> 이는 정직한 사람이 자신의 고유한 존엄성에 보여야 할 존중이다.
> ─ 장-자크 루소

신경과 의사 올리버 색스(Oliver Sacks)가 소개하는 심한 코르사코프 증후군*의 사례에서 환자 톰슨은 어떤 일이든 몇 초만 지나면

잊어버리는 장애를 가지고 있다. 어느 것도 안정적으로 유지할 수 없는 기억상실의 무시무시한 심연을 건너기 위해 그는 끊임없이 이야기를 지어낸다. 아무것도 기억하지 못하는 기억상실의 늪에서 "그는 온갖 거짓 혹은 가짜 이야기를 능숙하게 지어내면서 그 심연에 다리를 놓아 한시바삐 건너가려 했을 것이다".올리버 색스(2016), 『아내를 모자로 착각한 남자』, 조석현 옮김, 알마, 211쪽. 사라지는 경험들을 메우기 위해서 그는 끊임없이 거짓 이야기를 지어낸다.

우리가 안정적인 자아상을 가질 수 있는 이유는, 자신의 역사를 기억하고 그것을 말할 수 있기 때문이다. "우리는 각자 오늘날까지의 역사, 다시 말해서 과거라는 것을 지니고 있으며 연속하는 '역사'와 '과거'가 각 개인의 인생을 이룬다. 우리는 누구나 우리의 인생 이야기, 내면적인 이야기를 지니고 있으며 그와 같은 이야기에는 연속성과 의미가 있다. 그리고 그 이야기가 곧 우리의 인생이기도 하다. 그런 이야기야말로 우리 자신이며 그것이 바로 우리의 자기 정체성이기도 한 것이다."(색스, 2016: 214) 그러나 색스의 환자 톰슨에게는 그 연속성이 끊임없이 부서지고 사라진다. 이 폐허에서 그를 그나마 살아갈 수 있게 해주는 위태로운 줄타기가 끊임없이 거짓 이야기를 지어내는 것이었다. 그는 기꺼이 거짓 이야기들을 끊임없이 배설하는 이야기광이 되었다. 의미를 상실해 가는 세계 안에서 필사적으로 의미를 만들어 내기 위해, "자신의 발밑에

---

* 심각한 기억력 장애로, 주로 새로 발생하는 일들을 기억하지 못하는 순행성 기억상실증을 말한다.

서 항상 입을 쩍 벌리고 있는 무의미라는 심연, 그 혼돈 위에 '의미'라는 다리를 놓아야" 하기 때문에, 그는 거짓 이야기를 지어낸다.(색스, 2016: 215) 이 사례는 개인의 정체성은 오직 이야기를 통해서만 유지될 수 있다는 것을 보여 준다. 기억이 망가져 자기 이야기를 전할 수 없을 때, 거짓으로라도 그것을 만들어 내야만 하는 절박한 위기가 톰슨을 거짓된 이야기꾼으로 만들었다. 그렇게라도 그는 자신을 지탱해야만 한다.

그러나 그 거짓 이야기들이 그를 자아 상실로부터 지켜 주지는 못했다. 그 가짜 이야기들은 '그의 것'이 아니며, 그 어떤 진정성도 담고 있지 않기 때문이다. 또한 그 지어내는 거짓의 이야기들은 일관성 없이, 계속해서 만들어지고 사라지는 신기루였기 때문이다. 스토리를 갖는다는 것은, 일관성 있는 자기 의미를 갖는 것이다. 톰슨은 그 일관된 스토리를 가질 수 없다. 색스는, 공중에 떠 있는 징검다리처럼 유지되지도 지켜지지도 못하는 공허한 거짓 이야기들이 그의 감정, 현실감, 영혼과 인격의 상실을 막아 주지 못했다고 기록한다.

흘러가는 시간, 인간 실존의 결핍과 불안정성 속에서 이야기가 나의 정체성을 지켜 준다. 나는 나의 이야기이다. 일관된 나의 스토리가 내가 누구인지를, 내가 무엇을 하는 사람인지를, 내가 어떤 과거를 가지고 어떤 현재를 살며 어떤 미래를 꿈꾸는지를 알려 준다. 나의 시간은 이야기된 시간이다. 과거의 경험들을 기억하고 그 기억을 하나의 스토리로 엮어 보존하고, 앞으로 다가올 미래에의 전망을 담은 하나의 주제로 자기 삶을 이해할 수 있을 때, 그런 이야기가 나를 내 인생의 주인공, 삶의 주인, 인격적 주체로 만들어 준다.

서사는 다양한 경험, 그 자체로서는 아무런 논리도 정합성도 가지고 있지 않은 경험들을 종합하여 하나의 스토리로 구성하는 미메시스적 활동이다. 서사 정체성의 적극적 의미를 주장하는 리쾨르도 '플롯 구성'의 복합성을 의식한다. 서사 정체성은 말하는 사람의 자기 경험에 대한 해석이며, 그가 자기 삶을 어떻게 주제화하는가를 보여 주는 구성적 행위의 결과이다. 그렇다면 이야기의 진실성, 스토리의 의미에 대해 다음과 같은 합리적인 의심이 가능하다. "그(녀)는 진실을 말하고 있는가? 그(녀)의 기억은 정확한가? 그것은 믿을 만한가? 그(녀)의 경험은 지나치게 부분적이거나 에피소드적이지 않은가? 그(녀)의 경험이 어떤 상황/집단/조건의 대표/대리가 될 수 있는가? 그(녀)의 이야기는 삶의 경험들을 미화하거나 축소하거나 과장하거나 왜곡하고 있지 않은가?" 이에 대해, 리쾨르는 한 개인의 삶에 대한 이야기가 실증주의적 의미에서의 '사실'(fact)은 아님을 기억해야 한다고 지적한다. 서사 정체성에서 중요한 것은 경험의 실증성이 아니라, 그 스토리를 말하는 개인의 '삶의 의미'에 대한 이해라는 것이다. 이야기는 실증적 사실을 지시하는 것이 아니라, 개인의 삶의 의미를 구성한다.

또한 서사 정체성은 고정되어 불변하는 것이 아니다. 그것은 현재적 관심과 기대지평(horizon of expectation, Erwartungshorizont)에 따라 재구성될 수 있는 것이다. 리쾨르는 사소한 얘깃거리들로부터 여러 가지 플롯이 구성될 수 있는 것처럼, 삶의 경험도 여러 가지 서로 다른 스토리로 엮이는 것이 가능하다는 사실을 인정한다. 그렇게 개인의 서사 정체성은 만들어지고 해체되고 재구성되는 것이다. 이야기에는 삶의 국면들마다 만들어지고 해체되는 의미들이 담겨 있다. 언제, 누구에게, 어떤 조건에서 말하는가에 따라, 이야기의 스토리는 변형될 수 있다. 따라서 구체적 경험 맥락들과 이야기하기의 상황을 고려하면서, 경험 이야기는 매번 다르게 해석되어야 한다.

그렇기 때문에 우리는 이야기하는 사람에게 '진정성'을 요구한다. 우리는, 그가 의도적으로 거짓을 말하는 것은 아닌지, 자기 자신과 듣는 사람을 기만하는 것은 아닌지, 그의 이야기가 충분히 참인지, 묻는다. 우리는 참된 이야기를 기대한다. 참된 말을 하는 것, 진실을 말하는 것은 '말하기'에 내재된 규범이다.

칸트(Immanuel Kant)는 진실을 말하는 것을 '의무'로 보았다. "진실만을 말해야 하고, 어떤 순간에 어떤 가정에서 어떤 대가를 치르더라도 역사적 상황이 어떻든 간에 참돼야만 한다"고 주장한다.자크 데리다(2019), 『거짓말의 역사』, 배지선 옮김, 이숲, 49쪽. 그에게 '유용한 거짓말', '배려를 위한 거짓말' 따위는 결코 용인되지 않는다. 진실된 발화는 인간의 의무이다. 칸트는 거짓은 타자에게 '늘' 해를 끼친다고 주장한다. '하얀 거짓말' 같은 것은 없다. "설령 남에게 해를 끼치지 않더라도 거짓말은 법적 권리 근거의 가치를 훼손함으로써 인류 전반에 해를 끼친다."(데리다, 2019: 51에서 재인용) 거짓말은 인류 전체에, 그리고 무엇보다도 인간의 말하기 자체에 해를 끼친다. "조건 없이 거짓말을 몰아내지 않으면 인류의 사회적 관계를 그 원칙으로부터 무너뜨리고, 사회의 존립을 불가능하게 한다."(데리다, 2019: 52) 말을 한다는 것은 곧 진실을 말하는 것이어야 하기 때문이다. 우리는 진실을 말하기로 약속할 때만 타인에게 말을 걸 수 있다. 진실의 약속은 언어의 본질이다. 따라서 거짓말의 용인은 인간 상호간의 말하기를 손상시킨다.

그러나 어떻게 진실을, 진실만을 말할까? 어떻게 진실만을 말할 수 있는가? "현실과 마찬가지로 진실 또한 그저 확인하거나 적합한 방식으로 사고하기만 하면 되는, 미리 주어진 대상은 아니다."(데리다, 2019: 92) 따라서 말하기의 '진정성'은 모든 형태의 거짓을 거부하는 강한 윤리적 태도를 의미할 수는 없다. 그리고 '거짓말(하기)'도 언제나 진리를 아는 사람이 목적을 가지고 거짓을 말하는 의도적이고 의식적인 행위로 한정하여 볼 수는 없다. 우리는 때로 무지로 인해, 편견으로 인해, 경솔함으로 인해, 의도치 않게, 진정성을 가지고 진실을 약속하면서도 거짓을 말하기도 한다. 따라서 말하기와 듣기에서 전달하고 찾아내야 할 것은 이미 주어져 있는 대상으로서의 진실이 아니다. 그것을 가려내어 진실만을 말할 수 있을까?

그렇다면, 진실을 확신하여 말하고 그 진실에 동의하거나 거짓을 밝히기 위해 듣는 것이 아니라, 오류를 함께 교정할 가능성을 회피하지 않으며 대화할 수 있는 것, 그것이 말하기와 듣기의 첫번째 에토스가 되어야 하는 게 아닐까?

3. 윤리적 주체화

서사 정체성의 윤리적 의미

서사는 단지 경험을 종합하여 자기 자신의 삶의 의미를 이해하고 해석하고 전달할 수 있게 하는 기능만을 갖는 것은 아니다. 리쾨르에 따르면, 모든 이야기는 일정한 윤리적 가치를 함축한다. 전승하는 이야기들은 "경험들의 관찰이 아니라 실천적 지혜의 민중적 실현"이며, 따라서 "서사 이야기가 실현시키는 경험들의 교환에서 행동들은 동의받거나 동의받지 못하게 되어 있으며, 행동자들은 찬양받거나 비난받게 되어 있다".폴 리쾨르(2006a), 『타자로서 자기 자신』, 김웅권 옮김, 동문선, 221쪽. 그렇기 때문에 자기 삶을 이야기하는 어떤 개인도 삶을 종합할 줄거리를 선택할 때, 윤리적 가치판단으로부터 초월하여 이야기를 구성하지 않는다. 그런 의미에서 삶을 이야기하는 그 자리는 언제나 이미 윤리적인 자기 평가가 개입된 자리이다. 정체성을 구성하는 서사는 그저 이야기된 텍스트가 아니다. 그것은 자기 삶에 대한 해석이며, 모든 해석이 그러하듯 가치 판단을 함축한다. 그런 의미에서 자기 서사는 곧 자기 평가의 수행이다.

서사 정체성은 "누가 말하는가? 누가 행동하는가/했는가? 누가 책임의 주체가 되는가/되어야 하는가?"라는 물음에 답할 그 '누구'를 규정한다. 자기가 누구인지 말하는 자는 자기의 경험과 행동을 구성하여 전달하는 자이자, 동시에 자기의 행동과 자기 서사를 평가하는 자이기도 하다. 그렇다면 여기에 개입하는 윤리적 가치 판단의 기준은 무엇인가? 우리는 어떤 기준에서 자기 삶의 이야기를 판단하고 평가하는가?

리쾨르에 따르면, '윤리'와 '도덕'의 구분은 확고하지 않고, 역사적이거나 어원학적으로 그 구분을 근거 지을 수는 없다. 그러나 관례적으로 그리스어로부터 기원한 윤리(éthique)는 "완성된 삶의 목표"를 지칭하는 말로, 라틴어로부터 기원한 도덕(morale)은 이 목표에 도달하기 위해 행위를 구속하는 규범들을 지칭하는 말로 해석되어 왔다.(리쾨르, 2006a: 230) 리쾨르는 이 관례적 구분을 받아들인다. 거기에 덧붙여 리쾨르는 윤리를 아리스토텔레스의 유산과 연결된 목적론적 관점으로 특징짓고, 도덕을 칸트의 유산과 연결된 의무론적 관점으로 정의한다. 물론 윤리적 목표는 도덕적 규범의 형태로 실천의 지침을 구체화해야 한다. 윤리적 목표는 지향적이고 이념적이지만, 규범의 틀을 거쳐 실천되어야 하기 때문이다. 그러나 리쾨르는 근본적으로 도덕에 대한 윤리학의 우위를 확립해야 한다는 점을 분명히 한다. 그리고 서사 정체성에 대한 평가는 윤리, 즉 '삶의 목표'에 의거한다. '좋은 삶'이라는 윤리적 목표에 대한 감각이 서사 정체성 구성 및 평가에 작용한다는 것이다.

서사와 행위를 평가하는 기준이 될 윤리적 목표는 무엇인가? 누구나 동의할 수 있는 보편적인 윤리적 목표를 제시할 수 있을까? 리쾨르는 잠정적으로 보편적이고 누구나 동의할 수 있을 '윤리적 목표'를 "정의로운 제도들에서 타인과 함께하는 그리고 타인을 위한 '좋은 삶'의 목표라고 부르자"고 제안한다.(리쾨르, 2006a: 232) 이 정의(定意)의 구체적인 의미는 사유를 통해 해명되어야 할 것이다. 여기 담겨 있는 '좋은 삶', '타인과 더불어 그리고 타인을 위한'이라는 규정, 그리고 '정의로운 제도들'이라는 각각의 요소들은 결코 자명하지 않다. 그것들은 각기 지속적인 고찰을 필요로 하는 것들이다.

'좋은 삶'이라는 목표와 '더불어 살기'라는 조건

우리의 삶은 이야기를 통해 이해할 수 있는 하나의 통일적 단위가 된다. 그리고 그것을 통해 자기 자신에 대한 평가의 시선을 돌릴 수 있게 된다. 소크라테스는 "검토되지 않은 하나의 삶은 삶이라는 이 이름을 받을 자격이 없다"고 말한다. 삶은 검토되기 위해, 먼저 하나의 단위로 구성되어 이해되어야 한다. 그렇게 이야기의 통일성 안에서 삶의 실천들을 평가하고 검토할 수 있다. '이야기적 통일성'은 "이야기가 행동들에 적용되는 평가들과 인물들 자신의 평가들 사이에 실현시키는 결합이다".(리쾨르, 2006a: 241) 삶의 이야기가 주는 통일성 안에서 한 개인은 윤리적 주체가 된다.

리쾨르에게서 '좋은 삶'이라는 윤리적 목표는 자기 해석과 연관 지어진다. "'좋은 삶'은 각자에게 완성의 이상들과 꿈들로 이루어진 성운(星雲)이고, 이것에 준해서 하나의 삶은 다소간 완성되거나 미완성된 것으로 간주된다."(리쾨르, 2006a: 242) 삶의 궁극적 목표와 삶의 실천 사이에서, 우리는 자기 자신에 대해 그리고 자신의 행동에 대해 반추한다. 삶의 매 순간, 매 국면에서 만나는 선택과 결정들은, '좋은 삶'이라는 궁극적 목표를 준거로 평가되고 해석된다.

리쾨르는 테일러(Charles Taylor)를 따라 "인간은 자기 해석적 동물"이라고 주장한다. 우리는 삶의 이상들과 우리의 구체적이고 개별적인 결정들 사이의 일치를 추구하며, 그 추구에 따라 자기 행동을 판단한다.

'좋은 삶'이라는 이상에 근거한 행동의 해석과 반성은, 넓은 지평으로 개방되지 않으면 자폐적인 것이 될 수 있다. 자기 자신에 대한 해석과 판단은 언제나 매 순간 내 것이 아닌 관점의 매개를 필요로 한다. 리쾨르에 따르면, 아리스토텔레스가 우정에 대해 찬양하는 것은 바로 이 매개적 역할 때문이었다. 좋은 친구는 나를 돌아보게 한다. 우정은 애착의 감정에 관한 심리학이 아니라, 하나의 윤리학에 속한다. 그것은 상호적 관계 안에서 주체의 한계를 직시하게 하고, 그의 자기 평가를 타인과의 관계 안에 개방한다. 우정은 상호적 관계를 향하며, '더불어-살기'의 공동모색으로 나아간다. "상호성은 자기 안에서, 친구에게서, 우정에서 선과의 관계 없이는 생각될 수 없으며, 그리하여 자기 자신의 반성성은 폐기되는 것이 아니라 '좋다/선하다'라는 술어, 다시 말해 행동자들과 행동들에 동시에 적용되는 술어의 통제 속에서 상호성과 겹치는 것처럼 나타난다." 그리고 "상호성을 통해 우정은 정의와 인접한다".(리쾨르, 2006a: 248)

우정은 개인적인 삶의 목표와 다수의 사람들 사이에서의 정치적 정의를 연결해 주는 매개 고리이다. "아리스토텔레스 자신의 경우 우정은 한편으로 '좋은 삶'의 목표, 다시 말해 우리가 자기의 긍정 평가 속에 반영되는 것을 보았던 것으로서 외관상 고독한 미덕인 그 목표와, 다른 한편으로 정치적 성격을 띤 인간적 다양성의 미덕인 정의를 중간에서 연결해 준다."(리쾨르, 2006a: 245)

우정은 정의와 인접한다. 그러나 우정은 정의와 다르다. 우정은 상호간의 관계를 지배하고, 정의는 제도들을 지배한다. 우정은 평등을 전제하지만, 국가 제도에서 평등은 도달해야 할 목표이다. 공사의 영역을 나누는 아렌트와 마찬가지로, 리쾨르도 정의는 평등한 제도 안에서 공적으로 추구되어야 하는 것이라고 본다. 반면, 우정은 함께 나누는 사적인 삶의 내밀함을 목표로 한다고 주장한다. 따라서 우정은 정의와는 다른 영역에 속한다. 그러나 우리는 우정을 통해 좋은 삶이라는 개인의 윤리적 목표와 타자와의 상호 관계를 연결 지을 수 있다.

좋은 삶이라는 윤리적 목표에 '정의로운 제도'가 포함되어야 할 필연성은 '더불어 살기' 안에 함축되어 있다. 따라서 좋은 삶은 단지 개인적인 상호 관계에 국한되는 것이 아니라, 제도들로 확대되어야 한다.(리쾨르, 2006a: 261) 타인과 함께하는 그리고 타인을 위하는 좋은 삶이라는 윤리적 목표는 개인적인 차원에 머물지 않는다. 그것은 공적 세계의 정의로운 제도를 요구한다.

2부

'그림자를 드리운 말'
—
듣기의 윤리

"너의 말에 의미를 부여하라:
그것에 그림자를 드리우라.

그림자를 충분히 드리우라,
그것에 충분히,
네 주위를 둘러싼
한밤과 대낮과 한밤 사이를 나누어 알 수 있을 만큼"

파울 첼란
Paul Celan

1장
전달
(불)가능성

1. 말할 수 없는 경험

폭력의 재현 불가능성

이야기가 공동체와 개인의 역사를 기억할 수 있게 하고, 그 정체성을 구성하여 보존할 수 있게 한다. 분산적이고 파편화된 경험과 사건들은 이야기 안에서 하나의 전체적인 통일성을 획득하고, 기억되고 영속될 만한 문화적 의미를 얻게 된다. 그러나 과연 이야기는 경험을 드러내기에 충분한가? 경험을 고스란히 생생하게 언어화할 수 있는가?

오카 마리(岡眞理)의 『기억·서사』*는 전쟁, 학살, 추방 등과 같이 혹독한 상흔(trauma)을 남기는 폭력적 사건에 노출되었던 개인들이, 스스로도 납득할 수 없는 자신의 고통스러운 경험을 타인과 나누는 것이 과연 가능한지 묻는다. 폭력으로 갈기갈기 찢긴 개인의 삶과 끔찍한 고통의 경험들이 하나의 공동체적 서사로 구성될 때, 그것은 국가주의나 민족주의 같은 이데올로기에 포획되어 왜곡될 수 있다. 우리는 지난 역사에서 그러한 경우들을 여러 차례 목도했다. 전형적인 서사 틀 안에서 하나의 이데올로기적 해석이 개인과 집단을 지배하는 경우들은 허다하다. 이 과정에서 생생한 경험적 실체는 삭제되고, 개인의 기억은 선별된다. 오카 마리는, 언어는 체험의 모든 측면을 말하기에 부족하고, 이야기는 벌어진 사건을 일정한 서사 틀 안에 가두게 된다는 점을 지적한다.

오카 마리에 따르면, 모든 역사적 사건은 서사 텍스트에 담기지 못하는 잉여의 부분을 지닌다. 사건은 늘 언어의 표현 가능성을 넘어선다. 사건은 언어화되기 이전에 있었고, 서사 너머에 그 자체로 있다. 그녀에게 역사적 사건은 그것을 포획하는 전형적 서사들을 뚫고 들어가 탐색해야 할 순수한 실체적 대상으로 상정된다. 사실, 언어는 경험을 묘사하기에 부족한 도구임이 분명하다. 더욱이 어떤 경험들은 언어화 자체를 거부한다. 차마 말할 수 없는 것, 말로는 다할 수 없는 것, 말이 되기를 거부하는 것들이 있다. 그런 의미에서 언어는 늘 부족하다. 더욱이 언어는 사건의 생생함과 치열

---

* 오카 마리(2003), 『기억·서사』, 김병구 옮김, 소명출판. 오카 마리는 이 책에서 나치의 유대인 학살(홀로코스트), 팔레스타인 난민 학살과 추방, 일제하의 군 위안부 동원, 지진 등의 자연 재해로 인한 참사 등의 사건이 다양한 소설, 인터뷰, 다큐멘터리, 영화, 보고문 등에서 어떻게 전달되고 있는지, 그리고 독자이자 청자인 우리는 그 서사들을 어떻게 전달받고 있는지 분석한다.

함을 일정한 틀 안에 고정시킨다. '채택된' 서사는 조작적이고 구성적이다. 폭력은 늘 예측과 상상력을 뛰어넘는 데 반해, 서사는 줄거리라는 체계화를 피하지 못한다. 또한 서사는 늘 해석된 것이기에 실상을 왜곡한다. 과연 언어로 경험을 묘사할 수 있을까? 서사로 역사적 사건을 온전히 담을 수 있을까? 누구의 경험이 담길 것인가? 누구의 기억이 역사로 기록될 것인가? 특정한 개인 혹은 특정한 집단의 경험과 기억이 역사적 폭력을 대표할 수 있을까? 개인 혹은 공동체에게 서사는, 그들의 말과 기록은, 경험을 기억하게 하고 영속화하기에 충분한 것일까? 서사 정체성 자체가 그 개인 혹은 그 공동체의 기억을 재단하여 어떤 부분을 강화하고 또 다른 부분을 억압하는 기제로 작동하는 것은 아닐까? 오카 마리는 말과 경험, 언어와 사건 사이의 뛰어넘을 수 없는 간극을 비판적으로 직시한다.

그럼에도 말해야 한다는 책무와 불안

그러나 말과 경험 사이에 놓인 깊은 심연을 가로질러 말해야만 한다는 요청이 프리모 레비를 움직였다. 수용소를 세우고 대량학살을 자행한 나치의 '최종 해결책'(final solution) 작전의 목적은 그 역사를 망각으로 몰아가는 것이었다. 누구도 증언하지 못할 것이다. 아무도 살아남지 못할 것이므로…. 그러나 만일 이 몰살의 계획이 실패하여 누군가 살아남아 증언하게 된다 하더라도 아무도 그를 믿지 않을 것이다. 그들의 증언은 실제라고 믿기에는 너무 엄청난 것이어서, 생존자들조차 자신의 증언이 다른 사람들을 믿게 할 수 있을지 확신하지 못했다.프리모 레비(2018), 『가라앉은 자와 구조된 자』, 이소영 옮김, 돌베개, 15~17쪽. 사람들은, 그들의 말을 듣는다 해도 듣지 못할 것이다. 그 이야기들은 이해 가능성의 한계를 넘어서는 것이기 때문이다. 이 무시무시한 심연을 앞에 두고, 그럼에도 불구하고 수용소의 진실을 전할 남겨진 자료가 생존자들의 기억뿐이라면, 생존자들은 자신의 상흔을 안고, 고통을 감수하며, 듣는 이들의 불신을 뚫고, 전달 불가능성이라는 절망을 딛고, 기억을 일깨워 그 엄청난 일을 말해야만 한다.

『이것이 인간인가』를 발표하고 나서 이야기를 듣고자 요청하는 수많은 청중들 앞에서 자신의 수용소 경험을 증언하던 레비는 자신의 의무를 깊이 새기고 있었다. 역사적 사건의 실체를 그 가해자들이 기대했던 것처럼 망각 속에 묻어 둘 수 없다는 것, 그래서 그것을 증언하기 위해 말해야만 한다는 책무가 생존자들에게 주어졌다. 그러나 첫 책 발간 후 40년의 세월이 흐른 뒤 『가라앉은 자와 구조된 자』를 쓰면서 레비는 기억을 서사화했던 자신의 '기록'과 그 당시의 경험적 실체 사이에 존재하는 간극, 혹은——오카 마리가 경계했던 것 같은—— 채택된 서사와 경험적 실체 사이의 깊은 심연을 다시 날카롭게 의식했다. 그는 "인간의 기억은 놀라운 도구인 동시에 속이기 쉬운 도구"라는 점을 잘 알고 있었다.(레비, 2018: 23)

기억은 "돌 위에 새겨진 것이 아니"어서 지워지고 변형된다.

"대뇌의 외상 외에도 여러 트라우마들, '경쟁적인' 다른 기억들의 간섭, 의식의 비정상적인 상태, 억제, 억압 등, 특수한 조건들 속에서 기억을 왜곡시키는 몇몇 기제들은 알려져 있다."(레비, 2018: 23~24) 더욱이 기억은 반복적으로 이야기되면 '굳어지고 화석화'된다. 범죄자뿐 아니라 희생자들에게서도 '기억의 표류'가 관찰된다. "고통스런 순간들은 기억의 저장소에서 기꺼이 불러내지지 않고, 시간이 가면서 흐릿해지고 윤곽을 잃어버리는 경향이 있다."(레비, 2018: 35) 제주 4·3 학살을 겪으며 무고한 죽음을 목격하고 가족을 잃고 그 후 '빨갱이'라는 오명에 숨죽이며 자식을 키워 온 '홀어멍'(홀어머니)들의 구술 자료를 다룬 김은실의 연구는 폭력 피해자들의 '침묵의 이유'를 보여 준다. "피해자들의 경험이나 기억의 재현은 파편화되어 있고 부분적이며, 말할 수 없음과 듣는 자에 대한 의심, 그리고 경험을 설명할 언어의 부족으로 인해 항상 문제적이다." 그들은 말을 피한다. 자녀들조차 그들의 말을 이해하지 못할 거라고 생각한다. 그리고 사회적 억압 때문에 침묵했던 오랜 세월이 그들의 말과 기억을 망가뜨린다.김은실(2016), 「4·3 홀어멍의 "말하기"와 몸의 정치」, 『한국문화인류학』 49-3, 320쪽.

증언이 반복될수록 기억은 선별되고 정제되고 고착화된다. 가해자와 피해자가 사라지고, 남은 증언자들은 "점점 더 흐릿하고 정형화된 기억을 갖게 된다". 더욱이 이 기억들은 "종종 자신도 모르는 사이에 책을 읽거나 타인들의 이야기를 듣거나 하면서 나중에 알게 된 정보로부터 영향을 받은 기억들이다".(레비, 2018: 19) 이 기억이 나의 것인가? 내 기억은 온전한가? 증언의 책무를 강하게 의식하면 할수록, 레비는 자신의 기억을 더 깊이 점검한다. 그는 이 불완전한 기억을 가지고, 홀로코스트의 존재를 부정하는 수정주의자들과 싸워야 하기 때문이다.

생존자들의 기억이 어떤 왜곡을 피할 수 없는 것이라면, 그들의 증언은 역사의 실재를 드러내는 '객관적인' 자료가 될 수 있을까? 대다수의 생존자들은 그 당시 벌어지던 상황을 객관적으로 조망할 수 없었다. 생각해 볼 여유도, 되돌아볼 거리도, 넓은 시야도 허락되지 않았다. 그들에게는 상황을 성찰하고 기록하고 판단할 여력이 없었다. 상황을 판단할 수 있는 여유는커녕, 생존에 매달려야 하는 비인간적인 폭력의 일상 안에서 그것을 들여다볼 자아 자체를 상실했다. 레비가 날카롭게 의식하는 이 경험주체들의 관점적 한계를 우리는 어떻게 생각해야 할까? 벌어진 사건의 실체를 증언할 수 있는 유일한 자료인 생존자들의 증언이 이와 같은 의심들로부터 자유로울 수 없는 것이라면, 이 재현 불가능성과 전달 불가능성을 어떻게 극복해야 할까?

문채(figure)와 실증성

"서사는 문채(figure)를 경유하여 전개되고, 문채는 아이러니와 생략을 포함한다." 주디스 버틀러(2016), 「프리모 레비와 현재」, 『지상에서 함께 산다는 것』, 양효실 옮김, 시대의창, 338쪽. 문채는 모든 서사적 기록의 필수 조건이다. 문채 없이 언어적 표현, 플롯의 구성, 경험의 형상화는 불가능하다.

문채 없이 서사도 없다는 이러한 명백한 사실은 분명 경험적 사실을 기록할 때 직면하게 되는 위험이다. 다른 한편, 역사를 부인하는 자들에 의해 흔히 악용되는 증언 서사의 약점이기도 하다. 이들은 생존자의 증언이 왜곡이라고, 역사적 실체와 거리가 있다고 공격한다. 이들은 또한 어떤 생존자의 증언도 충분히 객관적이지 않다고 공격한다. 이와 같은 공격을 의식하면서, 증언의 기록과 경험의 서사가 지닌 약점을 인정하면서, 프리모 레비는 자신의 증언과 기록이 '투명한 과학적 실재'가 되기를 고집했고, 그것이 불가능하다는 사실을 알고 있었기 때문에 절망했다.

버틀러는 프리모 레비가 직면했던 이 성찰과 갈등을 다루면서, 문채가 서사의 실증성을 위협하거나 부정할 수는 없다고 주장한다. 증언을 하는 생존자는 사건하고만 관계 맺는 것이 아니다. 그는 '듣는 이'와의 관계에서 말을 하고 글을 쓴다. 생존자는 사건에 대해 청자들에게 들리도록 전달해야 한다. 어떻게 들리도록 말할 수 있을까? "레비는 이야기를 들을 만한 것으로 만들기 위해 고투해야만 했다. 이 싸움은 형식의 차원에도 등재된다."(버틀러, 2016: 356) '믿을 수 없는' 사건을 '믿지 못하는' 청자들에게 설명하기 위해서, 그는 어떻게 말해야 할까? 상흔을 남긴 사건을 온전히 전달하는 것은 기억의 차원에서도, 언어의 차원에서도, 정치적·심리적 억압의 차원에서도 가능하지 않다. 설명 불가능성과 서사의 한가운데 도사리고 있는 오류 가능성을 인정하면서, '완전한' 폭로는 불가능하다는 것을, 그리고 '온전한' 실체의 전달은 이상에 불과하다는 것을 인정해야만 하는가?

"'설명하기'는 […] 일어났던 것의 진실을 폭로하거나 은폐하는 (언어로 그리고 언어에 의해 내용을 정교화하는) 일로만 보기 어렵다."(버틀러, 2016: 340) 그러나 우리는 언어가 지시하는 것만을 전달받는 것은 아니다. 오히려 아이러니와 생략을 포함하는 문채를 통해서, '말해지지 않은 것', '말을 넘어선 진실'이 함께 전달된다. 문채는 말하지 않은 것을, 실증적 내용 전달과는 다른 방식으로 전달한다. 문채가 '일어났던 것'의 윤곽을 더 정교하게 전달할 수 있다.

헤이든 화이트(Hayden White)는 '형상적 리얼리즘'(figural realism)이라는 개념을 통해 "증언이 지시체(referent)를 생산한다"고 주장한다. 레비의 증언 기록을 분석하면서 그는 다음과 같이 쓴다. "문채가 없었다면, 레비의 수용소 세계에 대한 설명은 그 어떤 구체성도, 그 어떤 정확성도 갖지 못하고, 그가 정당하게 찬양받았던 그 신랄함도 갖지 못했을 것이다."Hayden White(2004), "Figural Realism in Witness Literature", *Parallax*, vol. 10, no. 1, p.115. 화이트는 사건들이 청자에게 전달되기 위해서 언어는 지시해야 할 그 사건을 명료하게 만들고 의미를 부여할 수 있는 수사적 용어의 중계를 필요로 한다고 주장한다. 모든 언어적 표현이 그러하듯이, '실제 상황을 포착하려면' 문채가 필요하다.

우선 지시체를 보존하려면 우리는 지시체에 영향을 끼쳐야 한다. 지시체에 영향을 준다는 것은 지시체를 어떤 식으로건 바꾸는 것이다. 지시체에 영향을 주지 않으면 기록이 보존될 수 없다. 둘째, 실재가 소통될 수 있으려면 언어는 사실이 포착 가능

한 실재로서 생산될 수 있도록 영향을 끼쳐야만 한다.(버틀러, 2016:
358~359)

화이트는, 문학적 글쓰기는 그것이 지닌 형상화하는 힘(power
of figuration)이라는 덕목으로 인해 역사적 글쓰기뿐 아니라 과학
적 글쓰기 안에도 자기 자리를 가지고 있다고 주장한다. 그는 에리
히 아우어바흐(Erich Auerbach)를 좇아 이와 같은 문학적 글쓰기의
'형상화하는 힘'을 '형상적 리얼리즘'이라고 부른다.(White, 2004: 119)
형상적 리얼리즘의 관심은 사건의 실체적 진실이 아니라 '정서적
실재'다. "실재를 소통하는 임무는 헤이든 화이트가 지적하듯이 수
사적인 언어의 특질을 이용해서 **정서적 실재**, 언어는 오직 또 항상
투명하게 사실들을 전달하도록 행위한다는 실증주의의 요구를 위
반하는 정서적 실재의 전달을 수반한다."[강조는 원저자](버틀러, 2018:
341)

버틀러에 따르면, '정서적 실재'라는 개념은 두 가지 사실을 밝
혀 준다. 먼저, 사건을 전달하는 것은 소통의 '한 가지' 방식에 불과
하다는 사실이다. 둘째, 소통되어야 하는 것은 '일어났던 것'뿐만이
아니라는 것, 즉 "사건의 중계 양태가 그런 사건의 일어남을 그 사
건의 정서적·심리적 차원에서 분리하려고 한다면, 소통은 일어나
지 않는다"는 것이다.(버틀러, 2018: 341)

레비의 기록도 마찬가지다. '반(反) 문채주의자'였던 레비는
문채보다는 과학적인 스타일이 투명성과 명료함을 제공할 수 있다
고 믿었다. 그러나 그가 우리에게 수용소 세계를 생생하게 제시할

수 있었던 것은 그의 '형상적 리얼리즘' 덕분이다. 레비는 과학적으로 사실들 자체를 전달하고자 집중했지만, "우리에게 저자의 정직성을 납득시킬 수 있도록 [기록에] 구체성과 힘을 주는 것은 문채와 비유들이고, 그 문채와 비유들 안에서 사실과 개념적 명료성에 대한 [저자의] 집중이 나타난다는 점이 중요하다".(White, 2004: 123)

헤이든 화이트도 우리가 앞서 읽었던 '오뒷세우스의 노래'에 대해 언급한다. 화이트는 레비의 회고록을 일종의 '알레고리'로 읽는다. 그에 따르면 레비의 회고록은 단테의 『신곡』을 모델로 하는 알레고리로 읽을 수 있다.(White, 2004: 118) 화이트에 따르면, 단테의 알레고리로서 '오뒷세우스의 노래'는 가장 극적이고 빛나는 시적 효과를 불러일으킨다. 특히 마지막 대목에서 네 가지 서로 다른 언어로 그날의 메뉴 '양배추와 순무'가 불리고 난 후, 레비가 인용했던 『신곡』의 한 문장——"마침내 바다가 우리 위를 덮쳤다"(Infin che 'l mar fu sopra noi richiuso)——은 전체적으로 분위기와 음조를 회고조로 바꾼다. 이 전환은, 이 기록이 장면의 속기적 기록이나 사진적 리얼리즘이 아니라, 문학적이고 시적인 효과에 관심을 갖는 기록이라는 점을 보여 준다. 그리고 바로 그렇기 때문에 이 기록은 실제 사건과 수용소의 현실을 보다 생생하게 전달할 수 있는, '지시체를 생산하는' 효과를 갖는다는 것이다.

화이트의 말대로 레비가 선택한 스타일이 우리에게 그의 경험을 생생하게 전달해 주었다. 그 비인간의 장소에서도, 숭고한 '인간적' 순간이 있었다는 것을 우리는 레비의 목소리를 통해 듣는다. 오뒷세우스가 이야기하기 위해 모험을 겪고도 살아남았다면*, 레비도 증언하기 위해 죽음의 캠프에서 살아 돌아왔다. 언어가 부족하다는 것, 기억이 왜곡될 수 있다는 것을 알면서, 글을 쓰고 말하는 사람으로서, 자신이 경험이나 사건을 선별하여 '결정화'(crystallization)할지 모른다는 두려움을 안고서, 레비는 이해하지 못하고, 믿기 어려워하고, 또 때로는 악의적으로 부정하는 사람들을 향해 말을 한다. 어쩌면 "설명을 **할 수 없다**는 바로 그 이유 때문에 우리는 설명을 **해야 한다**".[강조는 원저자](버틀러, 2018: 357) 그것이 충분히 참되다면(truthful), 우리를 그 언어가 지닌 한계, 재현의 불가능성을 넘어 다가갈 수 있다.

레비의 절망

프리모 레비도 자신이 쓴 '오뒷세우스의 노래' 장(章)을 다시 읽었다. 기억이란 확신할 수 없는 수단이다. 하지만 이 이야기의 경우는 기억의 진위를 확인해 볼 수 있는 몇 안 되는 에피소드 중 하나였다. 이 기록에 등장하는 대화상대자 피콜로 장, 장 사무엘은『이것이 인간인가』속 인물 중에서 살아남은 극소수에 속했다. 그리고 생환 후에도 여전히 레비의 친구로 남아 여러 차례 재회할 수 있었

---

* "『오뒷세이』에는 두 명의 오뒷세우스가 있다. 한 명은 모험을 하고 있고 다른 하나는 그것을 말한다. 둘 중에 주요 인물이 누구인지를 말하기는 어렵다. [중략] 오뒷세우스가 집에 돌아오기까지 그렇게 오랜 시간이 걸렸다는 것은 집이 그의 깊숙한 소망이 아니었기 때문이다. 그의 소망의 화자의 것이다."(츠베탕 토도로프[1995],『산문의 시학』, 신동욱 옮김, 문예출판사, 73쪽.)

다. 그런데 장의 기억은 레비의 것과 같지 않았다. 그는 그날 그들이 대화를 나누었다는 사실은 기억했지만, 단테에 대해서, 그리고 레비가 그토록 전하고 싶었던 『신곡』의 그 구절에 대해서는 기억하지 못했다. 그러나 레비는 그날 "'그렇게 높아 보였다'와 맨 마지막 행들이 어떻게 연결되는지 알 수 있다면 오늘 먹을 죽을 포기할 수도 있을 것이다"라고 썼던 부분은 거짓도 아니었고 과장도 아니었다고 말한다. "망각으로부터 그 기억들을 구할 수 있다면 나는 정말로 빵과 죽을, 즉 내 피를 내주었을 것이다."(레비, 2018: 168) 그것은 그만큼 값어치 있는 것이었기 때문이다. 그렇게 대화를 나눌 수 있었던 것이 "마치 바닥에서 들어 올려진 것 같은 느낌", "더 높이, 더 오래 고양될수록 더 아프게 하면서, 바닥으로 다시 추락할 위험을 안은 채" 다시 존엄한 인간이 된 것 같은 느낌을 주었던, 그 죽음의 수용소 안에서는 아주 드문 경험 중 하나였기 때문이다.

레비를 살아남게 한 것은 자신이 보고 겪은 것을 이야기해야 한다는 생각, 그 엄청난 사건을 증언해야 한다는 의지였다. 그리고 그는 돌아와 곧바로 『이것이 인간인가』를 썼다. 그 책은 처음에는 별로 읽히지 않았다. 원고를 보냈던 첫 출판사는 그 글이 담고 있는 사건들을 믿기 어렵다는 이유로 출판을 거부했다. 그의 글이 더 많이 읽힐 수 있게 된 것은, 일정한 시간이 지나고 보다 많은 생환자들의 증언이 모아지고 난 이후였다. 생환 이후 40년간 아우슈비츠를 증언하던 그를 지켜 준 힘, 그가 기대었던 단 한 가지 지지대는 소통에 대한 굳은 믿음이었다. 레비는 흔히 말하는 '소통 불가능성'에 대한 한탄은 "정신적 나태함"의 결과일 뿐이라고 말한다.

의사소통의 가능성을 부정하는 것은 거짓이다. 의사소통은 언제나 가능한 것이다. 의사소통을 거부하는 것도 잘못이다. 우리는 생물학적으로 또 사회학적으로 의사소통에 대한 성향을, 특히 언어라는 고도로 진화되고 숭고한 형태의 의사소통의 성향을 갖고 있기 때문이다. 모든 인간은 말을 한다. 그러나 인간이 아닌 그 어떤 종도 말을 할 줄 모른다.(레비, 2018: 105)

아우슈비츠에서 소통을 폐기하는 폭력과 '언어의 야만적 변형'을 목격했음에도 불구하고 그는 소통의 '가능성'을 신뢰했다. 의지를 가지고 신뢰하고자 했다. 그 신뢰를 지키고자 기꺼이 증언했고, 그의 이야기를 듣고자 하는 사람들의 요청에 기꺼이 답했다. 그리고 침묵과 망각과 왜곡을 피해 가능한 한 객관적이고 투명한 경험의 실체를 전달하고자 노력했다. 기억이라는 의심스러운 출처를 끊임없이 의식하고 부지런히 세심하게 검토하면서….

프리모 레비는 아우슈비츠 이후 그 역사적 사건이 남긴 물음들에 천착했던 그 모든 사유를 집대성한 책,『가라앉은 자와 구조된 자』를 출간한 다음 해인 1987년 자살했다.

레비는 수용소에서 반복해서 꾸던 악몽에 대해 여러 차례 이야기했다. 꿈속에서 그는 집으로 돌아간다. 가족과 친구들이 있는 고향의 집에서 그는 수용소에 대해 이야기한다. 그런데 아무도 그의 말을 듣지 못한다. 아무도 자기 말을 믿지 못할 거라는 절망감, 자신의 경험을 이해받을 수 없을 거라는 좌절감…. 그 꿈이 생환 후에 그의 현실이 되었던 것일까? '말하고자 하는 의지'가 그를 살아

남게 했고, 소통의 '가능성'에 대한 믿음이 그를 증언하게 했지만, 그 말이 들리고 있는지 확신할 수 없을 때 그는 자기 기억과 말을 다시 의심하게 되었을 것이다. 이 마지막 책 『가라앉은 자와 구조된 자』는 그런 불안과 의심의 기록처럼 보인다. 어쩌면 그 의심이 그를 절망으로 몰아간 게 아닐까?

2. 낯선 언어

언어 난민

『가라앉은 자와 구조된 자』에서 레비는 이미 죽은 자신의 동료 한 사람을 비판했다. 그것은 불공정한 것이다. 이미 죽은 자는 자신을 방어할 수 없으므로…. "그러나 이는 어쩔 수 없이 내딛어야 하는 걸음이다."(레비, 2018: 153) 자살로 생을 마감한 철학자, 자살 이론가, 레비와 같은 시기 아우슈비츠에 수감되었던 동기이자 또 다른 생존자, 망명 후 장 아메리(Jean Améry)로 이름을 바꾼, 그의 원래 이름은 한스 마이어(Hans Meyer)였다. 오스트리아에서 태어난 마이어는 오스트리아가 제3제국에 합병된 1938년 벨기에로 망명했고, 거기서 레지스탕스로 활동하다가 체포되어 고문을 당하고, 아우슈비츠에 수감되었다. 생환 이후에 '장 아메리'라는, 그의 독일식 이름 한스 마이어를 변형한, 마이어(Meyer)의 철자를 뒤바꾸어 만든

새로운 프랑스식 이름(Améry)으로 글을 쓰는 작가가 되었다. 레비는 자살이라는 그의 선택을 비판했다. 자살은 해법이 아니다. 그것은 긍정하고 지지할 수 있는 선택이 아니다. 독일어로 교육받은 지식인, 인문학자 아메리의 자의식과 분노를 이해한다고 말하면서도, 그의 마지막 선택을 비판했던 레비도 자살로 자신의 생을 마감했다.

아메리는 자신의 망명, 고문, 수용소 경험을 기록한 책 『죄와 속죄의 저편』에서 "사람은 얼마나 많은 고향을 필요로 하는가?"라고 묻는다. '많은 고향'이라니, 고향을 수량화할 수 있단 말인가? 아메리에게 확실한 것은, 사람은 반드시 고향을 필요로 한다는 것, 그리고 어쩌면 가능한 한 많은 고향이 필요하다는 것이다.

아메리에게 망명의 고통은 곧 고향상실(Heimatlosigkeit)에서 오는 고통, 향수병(Heimweh)이었다. 고향을 떠나, 다시는 그곳으로 돌아갈 수 없게 된 사람은 그에게 익숙한 모든 것을 잃는다. 그는 안전과 평안을 상실한다. 고향은 '안전함'이다. 안전한 터전을 잃게 되면 세계는 낯설어지고 무질서해진다. 고향을 떠나 자연과 언어와 사람들, 풍습과 태도가 모두 낯선 땅에 도착했을 때, 그렇게 이방인이 되었을 때, "과거는 갑자기 뒤흔들렸고, 우리는 자신이 누구인지 더 이상 알지 못했다." 장 아메리(2012), 『죄와 속죄의 저편: 정복당한 사람의 극복을 위한 시도』, 안미현 옮김, 길, 99쪽.

아메리가 자신의 독일어 이름을 프랑스식으로 바꾸도록 그를 움직인 것은 더 이상 그 어느 누구도 고향의 억양과 발음으로 그의 옛 이름을 불러줄 수 없다는 사실이었다. 그에게 고향상실은 자발적인 것도, 일시적인 것도 아니었다. 그에게 돌아갈 고향은 사라졌고, 그것은 박탈이었다. 가장 친밀하던 '유년의 나라, 어린 시절의 나라'인 그 터전(Boden)을 그는 더 이상 자신의 것으로 소유할 수 없다. 심지어 상실을 애도할 수도 없고, 아련히 추억할 수조차 없다. "우리는 땅을 잃은 것이 아니라 그 땅이 결코 우리의 소유가 아니었다는 것을 알아야 했다."(아메리, 2012: 110) 원래 자기 것이 아닌 것을 자기 것으로 삼았다는 비애와 자기 연민, 과거의 친밀성을 부정당하고 향수조차 허용하지 않는 그 박탈 앞에서 아메리는 당혹스러워한다. 사람은 누구나 이 세계 안에서 안전을 느끼고 평안함을 누리기 위해 고향을 필요로 한다고 믿기에….

망명한 오스트리아 유대인 아메리에게 남은 고향은 '모국어'(Muttersprache)뿐이었다. 고향을 떠나는 사람들은 땅 또는 터전으로서의 고향을 대리해 줄 '대체 고향'들을 지니고 다닌다. 누군가에게는 돈이, 또 다른 누군가에게는 종교나 전통이, 또 다른 누군가에게는 명성이나 존경이 고향의 대체물이 될 수 있다. 그리고 모국어가 고향을 상실한 망명자들의 대체 고향이 되기도 한다. 동향인들과 모국어로 대화를 나눌 수 있을 때, 그들에게 고향은 잠시나마 회복된다.

그러나 낯선 언어들 사이에서 모국어는 쉽게 부서진다.

독일 작가들의 망명 기록을 수록한 『추방』이란 책에서 나는 철학자 귄터 안더스(Günter Anders)의 기록을 읽는다. "스스로 구사하는 것이 아니라 기껏해야 흉내 내는 언어 속에서 몇 해 동안

열등한 말하기에 스스로를 희생하지 않고는 그 누구도 움직일 수 없었다. […] 영어, 프랑스어, 스페인어를 아직 제대로 배우지 못했는데도 우리의 독일어는 한 조각 한 조각 부수어지기 시작했고, 대부분은 아주 비밀스럽고 점진적으로 진행되어 우리는 그것의 상실을 깨닫지 못했다.''(아메리, 2012: 113)

모국어의 상실은 '비밀스럽고 점진적인', 무의식적 '부서짐'의 과정이기만 한 것이 아니다. 때로 모국어는 폭력적으로 박탈된다. 나치의 독일어는 아메리의 '독일어에 매달리는 절망적인 시도', 남아 있는 단 하나의 고향인 모국어를 지키려는 노력을 절망에 빠뜨렸다. "[수용소에서] 나에게 독일어의 모든 의미 내용은 변해 있었고, 마침내는 우리가 그것에 저항하든 저항하지 않든 간에, 모국어도 우리 주변 사람들이 말하던 언어와 마찬가지로 적대적으로 되어 갔다."(아메리, 2012: 115)

레비도 아우슈비츠에서 언어가 파괴되어 가는 과정을 직시했다. 언어는 깊은 의미와 정신적인 힘을 잃었고, 단편적이고 조야한 명령과 복종의 도구로 타락했다. 아메리에게 그 경험은 더욱더 쓰라리고 절망적이다. 그렇게 망가진 독일어는 그가 사랑했던 독일 문학의 언어, 그에게 가장 안전하고 편안한 모국어였고, 그의 마지막 남은 고향이었기 때문이다.

어느 겨울날 아메리는 수용소 건물 앞에 나부끼는 깃발을 보고 횔덜린(Johann Christian Friedrich Hölderlin)의 "담은 말없이, 차갑게 서 있고, 깃발들은 바람에 펄럭이는구나"라는 시구를 떠올렸다.

나는 연상 작용에 따라 기계적으로 혼자 중얼거렸다. 그런 다음 나는 그 시구를 좀 더 크게 반복하며 단어의 울림에 귀를 기울이며, 리듬을 느껴 보려고 애를 썼고, 휠덜린의 이 시와 내가 수년 동안 연결되어 있던 감정적이고 정신적인 유대감이 나타나기를 기대했다. 그러나 아무것도 나타나지 않았다.(아메리, 2012: 31)

그는 자신이 사랑하는 문학 정신과 독일 문화 전체를, 그 자신의 것이었던 자랑스러운 '정신적이고 미학적인 자산'을 적의 소유물로 빼앗겼고, 그것의 가치를 이해하지도 못하는 '못난 나치 친위대장'에게 넘겨주어야만 했다. 그 사실이 그를 절망에 빠뜨렸다.

"언어는 남는다"

오랜 망명생활 이후 1964년 독일을 방문한 한나 아렌트는 귄터 가우스(Günter Gaus)와 대담을 나누었다. 이 장면은 '인물에 대하여'(Zur Person)라는 대담 시리즈의 하나로 서부 독일 텔레비전(WDR)을 통해 방영되었다. 이 자리에서 가우스는 아렌트에게 히틀러 이후의 유럽으로 돌아온 소감을 물었다. "다시 유럽에 오셨는데, 당신의 인상에 무엇이 여전히 남아 있고 무엇이 회복할 수 없을 정도로 상실되었나요?" 아렌트는 이렇게 답한다. "무엇이 남았는가? 언어가 남았죠." 한나 아렌트(2012), 『이해의 에세이 1930~1954』, 홍원표 외 옮김, 텍스트, 63쪽.

아렌트는 모국어가 남았다고 답했다. 그녀는 모국어를 잃지 않기 위해 노력했고, 새로 배워 사용하고 글을 써야 하는 프랑스어나 영어 같은 언어들에 익숙해지면서도, 그 언어들에 대해서는 일정한 거리를 유지하고자 했다고 말했다. 그녀에게 독일어는 그녀 자신의 것이고, 그녀의 정신에 가장 가까운 것이다. 그녀가 암송하는 독일 시들은 정신의 버팀목이 되었다. 그녀는 이렇게 말한다. "독일어는 제가 유지해 왔던 본질적인 것이며 늘 의식적으로 보존해 왔던 것입니다."(아렌트, 2012: 64)

1958년 브레멘 문학상 수상을 기념하는 연설에서 파울 첼란도 같은 고백을 했다. "많은 것들을 상실한 가운데, 가닿을 수 있는, 가까운, 상실하지 않은 것, 남겨진 유일한 것, 언어. 모든 것들에도 불구하고, 정말 언어가 상실에 저항하여 안전하게 남았습니다."Donatella Ester Di Cesare(2012), *Utopia of Understanding: Between Babel and Auschwitz*, Albany: State University of New York Press, p.99. 상실하지 않았다는 것, 상실에 저항하여 남겨진 것, 그것은 상실할 수도 있었던 것이다. 언어는 필연적으로 남겨지는 것은 아니다.(Di Cesare, 2012: 99)

모국어의 안전과 편안함은 당연하고 의심의 여지가 없는 것인가? 내 혀에 얹혀진, 내가 말할 수 있는 그 유일한 언어를 통해 나는 내 생각을 표현하고, 주어진 문화적 유산을 배우고, 타인과 소통한다. 그 언어, 내가 가지고 있는 그 단 하나의 언어는, 아렌트가 주장했고, 아메리가 믿었던 것처럼, 나와 밀착된 나의 떼어 낼 수 없는 부분이자 나의 가장 중요한 빼앗길 수 없는 정체성인가?

아렌트는 '모국어의 대체물은 없다'고 단언했다. 그녀의 모국어에 대한 고집은 "자신의 고유한 언어를 통해 가질 수 있는 생산력은 그가 그 언어를 망각할 때 정지되어 버린다"는 신념에 근거한다.(아렌트, 2012: 64) '가장 비참했던 시기', 제3제국을 거치면서도 그녀에게 모국어는 남았다. 그녀는 "미친 것은 독일어가 아니었다"라고 말했다.

그런데 정말 독일어는 미치지 않았던가? 언어는 미칠 수 없는가?

그러나 실제로 제3제국의 시기 동안 독일어는 미쳐 갔다. "정신이상은 언어적으로 표현된다. 그것은 언어와 함께, 언어 안에서, 모국어와 함께, 모국어로 벌어진다."(Di Cesare, 2012: 110) 언어는 결코 이 정신이상, 이 폭력과 분리되지 않는다. 말할 수 없는 존재, 모국어가 없는 존재는 미치고, 왜곡되고, 사악해지고, 살인자, 범죄자 혹은 악마가 될 수 없다. 아렌트가 믿고자 했던 것, 지키고 유지하고자 애썼던 것, 유지하고 보존하고자 노력했던 것, 그 모국어는 가장 내밀한 것, 정신적인 유산이자 생산력이었을 것이다. 그러나 그것은 당연하게 주어지는가? 안정적이고 불변하는 것인가? 모국어는 가장 낯익지만 쉽사리 낯설어지는 것이자 유지하기 위해 애써야 하는, 그만큼 연약하고 상실하기 쉬운 것이기도 하다. "전용과 소속의 최초이자 최후의 조건인 모국어는 언제나 동시에 몰수의 경험이다."(Di Cesare, 2012: 111) 발화자와 모국어 사이의 관계가 언제나 안정적으로 매끄럽게 연결되어 있는 것은 아니다.

"나는 단 하나의 언어를 가지고 있다. 그리고 그것은 나의 것이 아니다"

"나는 단 하나의 언어를 가지고 있다. 그리고 그것은 나의 것이 아니다." 나는 단 하나의 언어만을 유창하게 말할 수 있다. 다른 모든 언어들은 낯선 외국어이다. 그러나 내가 가지고 있는, 내가 말할 수 있는 그 단 하나의 언어는 나의 것이 아니다. 그것은 타자의 언어이다.

프랑스령 마그레브에서 유대계 프랑스인으로 태어난 데리다(Jacques Derrida)에게 출생, 언어, 문화, 국적, 그리고 시민권은 교차적이다. 그는 프랑스인이지만 프랑스에서 태어나지 않았고, 알제리에서 태어났지만 아랍인이 아니다. 그리고 그의 언어는 프랑스어다. 가지고 있는 유일한 언어가 그 자신의 것이 아니라는 이 화용론적 모순을 담은 위의 문장은 데리다에게는 특별한 개인사적 의미를 지닌다.

데리다에게 프랑스어는 이중으로 '나의 것이 아닌' 언어이다. 그의 프랑스어는 고향의 생활세계와 유리되어 있다. 1870년 크레미외(Crémieux) 법령에 의해 유대계 알제리인들에게 프랑스 시민권이 주어졌다. 스페인에서 이주한 유대계 알제리인이었던 데리다의 조상도 그렇게 프랑스 시민이 되었다. 모(국)어인 프랑스어로 프랑스식 학교 교육을 받은 데리다에게 주변세계의 아랍어, 그의 증조부모 대(代)까지 그의 조상들이 쓰던 그 언어는 완전히 낯선 언어가 되었다. "식민지의 검열, 사회적 구획, 인종주의들, 공식적이고 일상적이며 관공서의 공식 언어로서 아랍어가 사라진 것으로 인해, 학교는 외국어로, 타자의 언어로, 그러나 또한 가장

가까운 언어로 아랍어를 배우기 위한 유일한 피난처였다."Jacques

Derrida(1997), *Die Sprache der Anderen*, hg. von Anselm Haverkamp, F/M: Fischer, S.26.

그렇게 학교에서는 아랍어를 '외국어'로 선택할 수는 있었지만, 데리다는 대부분의 친구들처럼 그것을 선택하지 않았다. 데리다는 아랍인들이 사는 구역과 분리된 비가시적이면서도, 동시에 그것에서 벗어나는 것이 거의 불가능한 경계 안에서 살았다. 분리는 효과적이면서 또 그만큼 섬세했다. 그리고 아마도 데리다가 그 당시의 상황에 대해 숙고하고 분석하게 된 것은, 그곳을 떠난 한참 후 그에게 프랑스 문화가 더 가까워지고, 프랑스의 '중심'에서——그러나 다시 그 중심의 주변부에서—— 철학을 하게 되면서였을 것이다.

다른 한편에서 데리다의 프랑스어는 모국으로부터 분리된 언어이다. '알제리의 프랑스인'들에게 모국어의 터전은 멀리 떨어져 있었다. "사람들은 '프랑스'라고 말하지 않고, '수도'라고 말했다."(Derrida, 1997: 28) 바다 건너 멀리 있는 그곳이 '중심'이었다. 알제리의 유대계 프랑스 시민들에게 프랑스는 경험한 적이 없는 먼 중심이다. "중심 도시, 어머니 도시, 모국어의 자리는, 낯선 나라에 상징적으로 서 있는 장소, 모범적으로, 주인의 언어, 특히 그 대리자들인 학교 선생들의 언어로 표상되는 장소였다."(Derrida, 1997: 29) 그 모범이 되는 문어와 일상적 구어 사이에는 물리적으로나 상징적으로 '대양'이 가로 놓여 있었다. 그 물리적인 공간을 데리다가 처음 건넌 것은 그가 19세가 되던 때였다. 그러나 그 상징적인 거리는 쉽게 메워지지 않고 그의 정체성에 흔적을 남겼다.

모범이 되는 언어의 상징권력을 의식하게 하는 식민주의적 폭력이 있다. 프란츠 파농(Frantz Fanon)은 탈식민주의 관점에서 앙틸레스(Antilles) 흑인들의 프랑스어에 대한 태도를 분석했다. 프랑스령 앙틸레스의 흑인들이 사용하는 말의 표준이 되는 발음은 저 멀리에 있다. 그들은 프랑스인'처럼' 불어를 발음할 수 있어야 한다. 앙틸레스 흑인들에게 불어 구사 능력은 곧 '백인화' 정도를 평가하는 척도다. 파농은 식민지 환경이 촉발한 피식민 흑인들의 콤플렉스를 분석하면서, 곧바로 언어의 문제로 진입했다. 마르티니크 섬에서 프랑스는 멀리 떨어져 있는, 낯선 '중심'이다. 그곳은 그들에게 '신전처럼' 보인다. 프랑스로 떠나는 배에 몸을 싣는 흑인들은 자기가 떠나는 고향에 대한 경멸과 멀리 떨어져 있는 프랑스에 대한 동경으로 부풀어 오른다. 그리고 프랑스를 방문한 그들은 달라진 모습으로 돌아온다. 그들은 고향의 말, 크레올을 알아듣지 못하는 척하면서 프랑스식 프랑스어로만 대답하려고 한다.

앙틸레스 흑인에게 백인'처럼' 발음하는 프랑스어는 단지 "표준적인 말, 즉 식민지 모국의 언어를 정확하게 발음하고 표현한다"는 문자 그대로의 의미를 넘어, 상징적 의미를 갖는다. 그가 말하는 발음은 그가 어떤 존재인지를 드러내는 방식이 된다. '더 나은' 존재로 인정받기 위해서는 백인처럼 말할 수 있어야 하고, 백인처럼 말하기 위해 발음을 '제대로' 배워야 한다. 파농은 그의 고향에서 프랑스어를 정확하게 구사하는 것은 '백인화의 정도', 나아가 '인간됨됨이의 가늠 척도'로 작용할 뿐 아니라, 학문적 영역에서의 지위, 교양, 성숙도와 같은 상징적 의미를 내포하고 있음을 지적한다.

따라서 교육받은 피식민지인의 언어는 이중적이다. 그는 자신의 말이 아닌 언어를 잘 흉내 내야 한다. "백인이 되고자 하는 앙틸레스 흑인들은 언어라는 문화적 도구를 보다 완벽하게 지배함으로써 보다 백인에 가까워질 수 있다." 프란츠 파농(1998), 『검은 피부, 하얀 가면』, 이석호 옮김, 인간사랑, 49쪽. 프랑스라는 멀리 떨어진 중심은 동경의 대상이자 그가 가지고 운용할 수 있는 상징권력을 줄 수 있는 곳이다. 프랑스어를 잘 구사할 수 있다는 것이 앙틸레스의 흑인에게는 '닫혔던 문을 열 수 있게 하는' 능력 자본이 된다. 프랑스어를 프랑스인처럼 발음할 수 있다는 사실이 그에게 가능성을 열어 준다. 자기 경멸과 막연한 동경 사이에서 흑인들은 자기의 말을 중심이 되는 언어로 '세련되게' 만들어야 한다는 집착을 갖게 된다.

단절과 문화적 소외

데리다는 제2차 세계대전 독일 점령기에 프랑스령 알제리에서 시민권 박탈을 경험했다. 그는 시민권을 상실했고 다니던 프랑스 학교에서 추방되었다. 알제리 유대인들에 대한 시민권 박탈은 나치의 강요에 의한 것이 아니다. 그것은 전적으로 프랑스 정부의 결정이었다. "이것은 프랑스의 프랑스적인 폭력행위였다. 거기에 다른 알리바이, 부정, 속임수는 없다. 그 배제에 대한 책임을 낯선 점령에 돌릴 수 없다."(Derrida, 1997: 19) 십대의 데리다가 이 박탈로 인해 경험한 '정체성 장애'가 모국어와 정체성의 관계를 숙고하는 특수한 개인사적 경험 층위를 구성한다.

당시 데리다가 발견했던 프랑스 문학은 "생활세계와 연결이 없는 세계 경험"이었다.(Derrida, 1997: 30) 이 경험은 일반적인 의미의 문학과 비문학적 문화 사이의 단절과 불연속을 의미했다. 그것은 본질적이고 일반적인 의미에서는 모든 외국 문학 사랑에 내포된 동경이자 소외일 것이지만, 알제리 프랑스인들에게는 특수하고 독특하게 구체적인 경험이기도 했다. 모국어의 문학과 생활세계 사이의 단절에 대한 감각은 제2차 세계대전 중에 프랑스 작가들이 알제리로 망명했던 시기에 더 날카로워졌다. 특히 '알제리 프랑스인'이면서 동시에 '태생적 유대인'인 데리다에게 이 단절은 더 깊이 의식되었다. 바닥을 모르는 문화적 소외가 데리다에게는 '문화 없음'의 한 모습이었고, 그것은 이후로도 그가 결코 벗어나지 못한 결핍이었다. 그는 아랍문화에 대해서도, 프랑스문화에 대해서도, 유대 전통에 대해서도 어떤 연결을 갖지 못했다.

하지만 데리다는 "소위 모국어는 결코 순수하게 자연적이지도, 본래적이지도 않고, [그 안에] 거주할 수 있지도 않다"는 사실이 결코 어떤 정체성 집단에게만 특수한 것이 아님을, 오히려 일반적이고 보편적인 현실임을 지적한다. '낯선 모국어'는 데리다와 같은 사람들——태생과 민족과 시민권과 모국어가 연결되지 못하는 특별한 정체성——의 조건에만 해당하는 것은 아니다. 데리다에 따르면, '낯선 모국어'는 모든 모국어 사용자에게 일반적이고 보편적인 현상이다. 모국어는 당연하게 주어지는, 가깝고도 친밀한 나의 언어가 아니다. 모국어에도 언제나 일정한 문화적 소외가 개입하고 있다는 사실, 거기에 일정한 언어 식민주의가 작동하고 있다는 사실을, 데리다는 드러내 보이고자 한다.

낯선 모국어, 그리고 약속으로서의 말하기

데리다에 따르면, 단일 언어 사용자도 그 자신과 분리된 언어로 말할 수밖에 없다. 그 언어는 그에게 밀착된 당연하게 주어지는 언어가 아니다. 그럼에도 불구하고 그 언어 말고는 다른 피난처를 가지고 있지 않기 때문에, 그는 그 언어를 사용할 수밖에 없다. 그렇게 특별한 의미에서 언어 상실자이기 때문에, 그는 '절대적 번역'에 내던져진다. 데리다가 말하는 '절대적 번역'에는 기원언어나 출발언어가 없다. 즉 운반되어 출구가 될 다른 낯선 언어로 데려가야 하는, 기원에 놓인 언어는 없다. 거기에는 다만 도착언어가 있을 뿐이다.(Derrida, 1997: 34) 그리고 그 도착언어는 '오고 있는' 언어일 뿐, 목적으로 상정된 것은 아니다.

한 언어로 말한다는 것은 주어진 체계 안에서 표현하고 전달하는 것이다. 여기서 전달되어야 할 것은 의도된 본래의 뜻 같은 것이 아니다. 전달되어야 할 의미로서의 '가장 최초의 언어', 즉 최초보다 앞에 놓인(avant-première) 언어 같은 것은 존재하지 않는다. 말해져야 할 것, 그것은 잃어버린 기원언어조차 아니다. "그것은 오직 도착하는 언어, 혹은 더 정확히 말하자면 도래하고 있는 타자의 언어, 그러나 지배자나 혹은 점령자의 언어와는 전적으로 다른 […] 타자의 [약속된] 언어로만 알려질 수 있다."(Derrida, 1997: 35) 이것은 모든 말하기에서 벌어지는 일이다. 이것이, '나는 내가 가진 유일한 말을 쓰지만, 내가 말하는 것은 나의 것이 아니'라는 데리다의 모순 명제가 드러내는 일반적인 모국어의 구조이다.

"자연스러운 소유 같은 것은 없다는 것, 오로지 운동, 환상, 상상 그리고 전유의 상징만이 있다는 사실"로부터, 데리다는 모든 '모국어'에 개입된 타자성을 읽는다. 우리는 자신의 언어가 지닌 그 타자성을 안고 '절대적 번역'을 시도한다. "한 언어의 번역은 내적인 번역 안에서 번역한다. 그리고 이 언어의 비동일성과 유희한다. 따라서 우리는 언어들을 헤아릴 수 없다. 그리고 그렇기 때문에 설령 우리가 언제나 단 하나의 언어만을 가지고 있다 할지라도 […] 이 언어는 그 자체로 하나가 아니다."(Derrida, 1997: 38) '모든 말하기는 번역하기이다'라는 데리다의 언어에 대한 태도는 벤야민의 번역 개념을 연상시킨다.

데리다는 '번역'이라는 말로 '타자 언어의 도래'를 말한다. 데리다에 따르면 번역은 사건이다. 그리고 이 사건은 언제나 주어진 것이기보다는 약속된 것이다. "주어진 언어, 혹은 더 정확히 말하자면 바로 그 언어라는 것은 없다. 그러나 **하나의** 언어가 없는 것은 아니다. 그것은 주어진다. 그것은 또한 주어져야만 한다."[강조는 인용자](Derrida, 1997: 38) 번역이 관계 맺는 언어는 주어진 바로 그 언어가 아니라 도래해야 할 '약속된 언어'이다. 그런 의미에서 데리다는 다음과 같이 말한다. "매번, 내가 입을 열 때, 내가 말을 하거나 글을 쓸 때, 나는 약속한다. […] 이 약속이 도래하는 언어의 고유성을 알려준다."(Derrida, 1997: 39) 데리다는 심지어, 이 약속의 밖에서 말하기는 불가능하다고 말한다. "언어는 타자에게 속하고, 타자로부터 오고, 타자의 옴(das Kommen des Anderen)이기 때문이다."(Derrida, 1997: 39) 따라서 데리다가 말하는 의미의 말하기 또는 글쓰기는 내 것인 언어를 도구 삼아 의도한 것을 전달하는 것이 아니라, 낯선 것, 즉 내 것이 아닌 타자의 언어로 약속하는 것이다. 그것은 원래 있는 의미를 고스란히 전달하겠다는 본질주의에 근거한 의미를 전제하는 것이 아니라, 매번 다르게 말하기, 번역될 수 없는 것을 번역하려는 시도, 어려움이나 낯섦, 다양한 가능성이나 불가능성들을 감수하면서도 드러내어 보이고자 하는 약속이다.

번역에 대하여

> 해설과 번역이 텍스트에 대해 갖는 관계는 양식과 미메시스가
> 자연에 대해 갖는 관계와 같다. 이들은 다른 시각에서 본 똑같은
> 현상들일 따름이다. 해설과 번역은, 성스러운 텍스트라는 나무
> 에서는 영원히 바스락거리는 잎사귀들이고, 세속적 텍스트라는
> 나무에서는 제때 익어 떨어지는 열매들이다.
> – 발터 벤야민*

번역자의 과제

보르헤스(Jorge Luis Borges)의 소설 「아베로에스의 추적」호르헤 루이
스 보르헤스(1996), 「아베로에스의 추적」, 『알렙』, 황병하 옮김, 민음사, 127~144쪽.은 문화적
간극 '사이'에 서 있는 번역자의 고뇌를 다룬다. 고대 그리스의 철
학은 아랍어 번역을 경유하여 유럽에 전해졌다. 12세기 스페인의
아랍 철학자 아베로에스(Averroes)는 이와 같은 전달자 역할을 했
던, 플라톤과 아리스토텔레스 철학에 정통한 주석가로 알려져 있
다. 「아베로에스의 추적」에서 아베로에스는 자신의 책을 쓰다가 아
리스토텔레스 주석 문제로 인해 곤경에 처한다. "마치 회교 율법학

* 발터 벤야민(2007), 『일방통행로, 사유이미지』, 김영옥 · 윤미애 · 최성만 옮김, 길, 80쪽.

자들이 코란을 해석하듯 그[아리스토텔레스]의 책들을 해석하는 것은 아베로에스가 끈질기게 추구해 온 목표였다."(보르헤스, 1996: 129) 그러나 그와 아리스토텔레스 사이에 놓인 1400년이라는 시간적 괴리, 문화적 차이, 언어(희랍어)에 대한 무지 등으로 인해 아베로에스는 아마도 '번역에 대한 번역'을 했을 것이다. 소설 속 이야기에서, 아베로에스를 벽에 부딪치게 한 것은 『시학』에 담겨 있는 두 단어, '비극'과 '희극'이었다. "이슬람권에서 그 단어들이 무엇을 의미하는지 아는 사람은 아무도 없었다." 사전들이나 다른 책들도 도움이 되지 못했다. 보르헤스는 아베로에스의 '실패'는 예정되어 있던 것, 불가피한 것이었다고 쓴다. 그러나 아베로에스는 이 불가능한 것을 추구했다. "나는 다른 사람들에게는 금지되어 있지 않지만 자신에게는 금지되어 있는 어떤 목표를 추구하는 사람의 경우가 보다 시적(詩的)이라는 생각이 들었다. 나는 이슬람권 내에 갇혀 결코 '비극'과 '희극'이라는 용어의 뜻을 이해할 수가 없었던 아베로에스를 떠올렸다."(보르헤스, 1996: 145)

번역자는 무엇을 하는가? 아베로에스의 경우처럼 그렇게 극적이지는 않더라도, 번역자들은 늘 이미 실패를 각오해야만 하는 것이 아닐까? 하나의 텍스트를, 전하는 메시지만이 아닌 언어의 정신, 복합성, 풍부함, 모호함과 불투명성, 그리고 운율이나 음운 같은 외적 형식까지, 그 모든 것을 담고 있는 하나의 '작품'으로 본다면, 모든 번역에는 불가피한 좌절이 예정되어 있는 것이 아닐까?

원문의 분량이 13쪽에 불과한 「번역자의 과제」(Die Aufgabe des Übersetzers)발터 벤야민(2008a), 「번역자의 과제(1923)」, 『언어 일반과 인간의 언어에 대하여/번역자의 과제 외』, 최성만 옮김, 길.는 '번역자' 벤야민(Walter Benjamin)이 1923년 번역 출간한 보들레르(Charles Baudelaire)의 『악의 꽃 2부: 파리 풍경』에 붙인 서문이다. 번역 작업은 1914년에 시작되었고 이 책 출간 이후에도 계속되었다. 이 서문의 명성에 비해 벤야민의 보들레르 번역은 당대에 그다지 좋은 평을 듣지 못했고 벤야민 자신도 이 번역의 부족함을 인정했다. 그러나 벤야민은 그 이전의 번역들은 담지 못했던 보들레르의 '현대성'의 흔적을 담아내고자 했다는 점에서 새로운 시도를 했다고 평가받는다.몸메 브로더젠(2007), 『발터 벤야민』, 이순예 옮김, 인물과사상사, 136쪽.

벤야민의 이 서문은, 번역과 관련한 다양한 주제들——예를 들어 원문의 의미와 번역문 사이의 관계(의역과 직역의 문제), 원문과 번역문 독자 사이의 관계, 원문과 번역문 사이의 존재론적 차이와 위상, 번역의 목적 등——을 담고 있다. 그러나 이 글에서 그 주제들은 제시될 뿐 충분히 해명되지는 않는다. 이해하기 어렵다는 평가에도 불구하고, 이 에세이는 번역과 관련된 논의들에 끊임없이 발췌 인용된다.

벤야민의 '번역' 개념

벤야민에 따르면, 번역의 목적은 원작의 의미를 그 언어를 읽을 수 없는 독자에게 동일하게 옮겨 전달하는 데 있지 않다. 번역은 아무리 훌륭하다 해도 원작에 대해 무언가를 의미할 수 없다. 번역이 원작과 밀접하게 관련되는 이유는 원작이 번역 가능성을 갖기 때문이다. 원작과 번역의 관계는 '삶의 연관'이라 할 수 있다. 원작의 죽음 이후의 생존(Überleben), 그리고 지속하는 삶(Fortleben)에의 요청이 번역을 가능하게 한다.(벤야민, 2008a: 124)

번역을 통해 원작은 **성숙과정**을 겪는다. "사후의 삶에서도 원작은 변화"하며, "확정된 말들도 뒤늦은 성숙과정을 겪는다".(벤야민, 2008a: 128) 번역은 두 개의 죽은 언어들 사이의 관계가 아니라, 낯선 언어 안에서 원작이 계속 살아가게 하고 성숙하게 하는 과정이다. 번역을 통해서 원작은 "언어가 살아 숨쉴 보다 높고 순수한 권역으로 성장한다".(벤야민, 2008a: 131) 그 권역에는 전달을 넘어서는 그 무엇, "번역 자체에서 다시금 번역할 수 없는 어떤 것"이 있다.

따라서 벤야민에게 번역은 '언어'를 위한 것, 언어 전체와 관련된 궁극적이고 이념적인 것이다. 번역에 대한 일반적 이해나 통상적인 번역이론에서 중요한 역할을 하던 유사성·동일성, 의미·메시지·뜻의 재현, 전달·의사소통, 충실성 대 자유 내지는 직역 대 의역 등의 개념은 벤야민 이론에서는 별다른 기능을 하지 않는다.

벤야민에 따르면, 하나의 언어 텍스트를 다른 언어로 옮길 수 있으려면 두 언어 사이에 근친성(Verwandtschaft)이 발견되어야 한다. 근친성은 유비로도 유사성으로도 충분히 해명될 수 없다. 근친성의 본질은 수수께끼이다. 근친성을 바라보려면 특이하게 조용하면서 혼탁하지 않은 시선이 필요하다.(벤야민, 2008a: 130) 근친성의 파악은 별자리를 통해 시대와 운명을 알아내거나 필적을 통해 인격을 감정하는 것처럼, 분석적이거나 논리적이기보다는 체험적이다.

원문과 번역 사이에 존재하는 초역사적 근친성은 언어의 '의도의 총체성'에 의존해서 파악된다. 두 언어 사이의 근친성은 어디서 찾을 수 있는가? 문학작품들 사이의 유사성에서도 아니고, 말들 사이의 유사성에서도 아니다. "오히려 언어들의 초역사적 근친성은 각각의 언어에서 전체 언어로서 그때그때 어떤 똑같은 것이, 그럼에도 그 언어들 가운데 어떤 개별 언어에서가 아니라 오로지 그 언어들이 서로 보충하는 의도의 총체성(Allheit)만이 도달할 수 있는 그러한 똑같은 것이 의도되어 있다는 점에 바탕을 둔다. 그것은 곧 순수언어(die reine Sprache)이다."(벤야민, 2008a: 129) 벤야민은, 표현의 '의도하는 방식'(Art des Meinens)과 '의도된 것'(Gemeinte)을 구분한다. 예를 들어 빵을 뜻하는 독일어의 'Brot'와 프랑스어의 'pain'에서 의도된 것은 동일하지만 그것을 의도하는 방식은 동일하지 않다. 그렇다면 같은 대상을 지칭한다 할지라도 'Brot'를 'pain'으로 번역하는 것만으로는 충분하지 않을 수 있다. 번역은 두 언어 사이의 '의도의 총체성'이 드러날 때까지, 즉 "의도된 것이 모든 의도하는 방식들의 조화에서 순수언어로 모습을 드러낼 때"까지 성장해야 한다. 한 텍스트에 대한 새로운 번역은 왜 계속되어야 하는가? 지속적으로 새로운 번역을 생산하게 하는 원동력은 무엇인가? 좋은 번역이란 무엇인가? 어쩌면 가장 최선의 번역은 언제나 오고 있는 것, 그래서 아직 오지 않은 것이 아닌가?

벤야민에게 번역은 진정한 언어를 동경하는 철학적 작업이다. 번역자는 언어에 대해 작가가 갖는 순수하고 소박하며 구체적인 의도보다 파생적이지만 더 궁극적이고 이념적인 의도를 갖는다.

번역자는 작가와 달리 '언어 그 자체'에 대해 더 많이 의식한다. "내용과 언어가 원작에서는 열매와 껍질처럼 일종의 통일체를 이루고 있다면, 번역의 언어는 마치 주름들이 잡혀 있는 널따란 왕의 외투처럼 그것의 내용을 감싼다."(벤야민, 2008a: 131~132) 벤야민이 말하는 번역자의 과제는 "순수언어의 씨앗들이 익어 가도록 하는 것"이다.(벤야민, 2008a: 135)

순수언어와 타락

벤야민에게 언어는 수단이 아니다. 언어는 자기 자신을 전달하는 '매체'(Medium)다. "이 매체적인 것, 이것이 모든 정신적 전달의 **직접성**(Unmittelbarkeit)이며 언어이론의 근본문제이다. 그리고 우리가 이 직접성을 마법적이라고 부른다면, 언어의 근원적인 문제는 바로 그것의 마법성(Magie)이다."[강조는 원저자]발터 벤야민(2008b), 「언어 일반과 인간의 언어에 대하여(1916)」, 『언어 일반과 인간의 언어에 대하여/번역자의 과제 외』, 최성만 옮김, 길, 75쪽. 벤야민에 따르면 언어는 정신적 본질을 전달한다. 그러나 언어를 '통해서'가 아니라 언어 '속에서' 전달한다.

벤야민에게 언어는 인간만의 것이 아니다. 모든 것이 정신적인 것을 표출하는 언어를 갖는다. 다만 인간 언어의 특징은 말로 표명된다는 것, 그리고 "자신의 정신적 본질을, 다른 사물들을 명명함으로써 전달한다"는 것뿐이다. 벤야민에 따르면, "**인간의 언어적 본질은 인간이 사물을 명명한다는 점이다**."[강조는 원저자](벤야민, 2008b: 76)

벤야민은 자신의 언어관을 보여 주기 위해 「창세기」의 신화를 가져온다. 그 신화에서 아담(Adam)은 사물들을 명명함으로써 신의 창조를 완성한다. '아담의 언어', 명명하는 언어가 벤야민이 생각하는 인간 언어의 본질이다.

그리고 이어지는 「창세기」의 이야기는 아담의 언어가 지닌 직접성을 상실해 가는 과정을 보여 준다. "완전하게 인식하는 언어"였던 아담의 언어는 낙원 추방과 바벨(Babel) 이후 타락의 길을 걷는다. "모든 인식은 다양한 언어 속에서 무한히 분화되어, 이름 속의 창조보다 작은 단계에서 갈라져야 했다." "원죄(Sündenfall)는 **인간의 말**이 태어나는 순간으로서, 이 말 속에서 이름은 더 이상 훼손되지 않은 채 살아 있지 못한다. […] 말은 (자기 자신 이외의) **무엇인가**를 전달해야 했다. 이것은 실제로 언어정신의 타락이다."[강조는 원저자](벤야민, 2008b: 88) 벤야민에 의하면, 지금 우리가 사용하는 언어는 타락한 언어, 순수성이 더럽혀지고 여러 언어로 분화된, 직접성을 상실한 언어이다. 원죄로 인한 인간 언어의 타락은 3중의 의미를 갖는다. 순수성이 더럽혀진 타락한 언어는 수단이자 기호로 변하여 분화된 언어, 판단하는 언어, 그리고 추상화된 언어이다.

(벤야민, 2008b: 90~91)

그렇다면 벤야민이 말하는 '순수언어'란 타락하지 않은 언어, 혹은 언어의 본질을 회복하는 언어일 것이다. 그리고 그 순수언어의 형상을 살려내는 것이 바로 번역자의 과제이다. "낯선 [원작의] 언어 마력에 걸려 꼼짝 못하고 있는 순수언어를 번역자 자신의 언어를 통해 해방시키고 또 작품 속에 갇혀 있는 언어를 그 작품의 재창작(Umdichtung)을 통해 해방시키는 것이 번역자의 과제이다. 이 순수언어를 위해 번역자는 자신의 언어의 낡은 장벽을 무너뜨린다."(벤야민, 2008a: 139) 벤야민에게 인간 언어는 처음부터 '번역'이었다. 무언의 것에 음성을 부여하는 것, 이름 없는 것에 이름을 주는 것, 사물의 언어를 인간의 언어로 번역하는 것, 거기서 인간의 언어가 시작된다. 이제 "번역은 불완전한 언어를 보다 더 완전한 언어로 옮기는 일"이다.(벤야민, 2008b: 87)

바벨신화와 번역

낙원추방과 바벨신화를 '언어 타락'의 알레고리로 가져오는 벤야민의 언어이론은 그의 '순수언어'를 메시아주의적이고 신비주의적인 것으로 읽혀지게 한다. 그리고 벤야민의 언어이론을 메시아주의, 신비주의, 종말론, 묵시록으로 읽을 경우, 그의 번역론은 언어들 사이의 번역 가능성과 번역 불가능성 양자 모두의 강한 근거로 제시될 수 있다.

벤야민이 번역의 이상을 '완전한 언어, 순수언어'에 두는 것이라면, 모든 언어적 차이들을 극복할 수 있는 강한 보편주의를 전제하는 것으로 볼 수 있다. 로버트 영(Robert J. C. Young)은 벤야민의 '순수언어'를 '보편 상징 언어'(characteristica universalis) 같은 것으로, 따라서 모든 번역 가능성을 지지해 주는 보편적 토대로 이해할 수 있다고 본다.Robert J. C. Young(2012), "Cultural Translation as Hybridisation",

Trans-Humanities, Vol. 5 No. 1, p.165. 그 경우 모든 번역은 보편 언어 또는 순수언어를 전제하며, 따라서 현재의 불완전함이나 실패와 무관하게, 그것을 극복할 수 있어야 하는 것이다.

반면, 벤야민의 바벨신화를 '번역 불가능성'의 알레고리로 읽을 수 있다. 드 만(Paul de Man)은 「번역자의 과제」를 번역 불가능성의 예시로 읽는다. 드 강디약(Maurice de Gandillac)의 불어 번역본에서 결정적 오역 부분을 발견하면서, 그리고 'die Aufgabe'가 '과제'이자 동시에 '포기'라는 두 가지 의미로 번역될 수 있다는 사실을 언급하면서,폴 드 만(2008), 『이론에 대한 저항』, 황성필 옮김, 동문선, 170쪽. 그리고 두 언어 사이에서 적합한 번역어를 발견하는 일의 불가능성을 지적하면서,* 드 만에 따르면 벤야민을 번역하는 것은 불가능하다. 드 만은 벤야민의 글을 번역의 액자구조(mise en abyme)로 읽는다. 모든 언어는 '번역의 번역의 번역…'이라는 무한 연쇄 안에 있다는 것이다. 그런 의미에서 순수언어란 존재하지 않는다. 존재한다 하더라도, 그것은 "항구적인 괴리"에 의해 "가장 치환되고 가장 소외

---

* 예를 들어 독일어의 'Ziel'(목표)과 'Ende'(종말)는 모두 영어로는 'end'로 번역된다. 드 만은 벤야민의 「신학적·정치적 단편」에서, "역사적으로 본다면 신의 왕국은 역사의 목표가 아니라 역사의 종언이다"라는 문장이 'seen historically it is not its end but its end'로 번역되는 것이 '완벽한 영어'라는 사실을 지적하면서, 언어 사이의 번역에 개입하는 '불가능성'을 주장한다.(드 만, 2008: 194~195) 또한 드 만에 따르면, "번역은 은유다". "번역은 은유가 아니지만, 번역이라는 단어는 은유를 뜻한다." 독일어에서 '번역하다'를 뜻하는 단어 'übersetzen'은 'über'(저편으로/넘겨)와 'setzen'(놓아두다)의 결합어이다. 즉 이것은 '옮기다'(to move over), 또는 '저편으로 옮겨 놓다'(to put across)를 뜻한다. 그리고 이것은 또한 고대 그리스어의 'metaphora'(은유)와 같은 의미로 읽을 수 있는데, 'metaphora'는 'meta'(넘어서)와 'phorein'(이동하다)의 결합어이기 때문이다. 그런 의미에서 '번역'은 곧 '은유'와 같은 의미로 읽을 수 있다는 것이다.(드 만, 2008: 176쪽)

된 언어"일 것이다.문광훈(2009), 「언어채무: 벤야민 번역론에 대한 데리다의 시각」, 『번역

비평』 3호, 261쪽.

　　벤야민의 번역론은 순수언어에 기댄 강한 번역 보편주의(번역

가능성)의 이상을 담고 있는 주장인가? 아니면 괴리의 괴리, 번역의

번역을 보여 주는 해체론(번역 불가능성)의 예시인가? 리쾨르는, 벤

야민이 "완전한 언어, 순수한 언어는 번역 행위가 궁극적으로 도달

해야 할 지평선이며, 서로 다른 이디엄들이 시적 창의력의 절정을

통하여 하나로 만나는 지점이 바로 이 지평선이라고 주장"한다고

본다. 그렇다면 벤야민의 언어관과 번역론은 리쾨르가 말하는 것

처럼 "종말론으로 변해 버린 노스탤지어"인가?리쾨르(2006b), 『번역론』, 윤

성우·이향 옮김, 철학과현실사, 105쪽.

　　데리다는 이 갈등하는 두 주장 사이에서 바벨신화를 읽는다.

데리다(2009), 「바벨탑으로부터」, 『번역이론』, 이재성 옮김, 동인, 339~353쪽. 데리다는 바

벨이 신을 분노하게 한 이유는, 인간이 "**스스로의 힘으로 자기의 이름**

을 지어 스스로에게 그 이름을 부여하고, […] 탑으로서의 언어로 스

스로 그곳에 모이길 원했기 때문"[강조는 원저자]이라고 본다.(데리다,

2009: 344) 그렇다면 바벨의 목적은, 유토피아적 단일 언어주의의 건

설이다. 따라서 신의 분노로 인한 언어 분화와 해체는, 혼돈의 시

작이기도 하지만 "환원 불가능한 관용 표현의 다양성, 필요하지만

불가능한 번역 작업, 불가능으로서의 번역의 필요성"의 시작을 담

고 있는 것이기도 하다.(데리다, 2009: 347) 데리다에 의하면 신에 의한

바벨의 파괴는 '이성적인 투명성'의 단절이기도 하지만, 다른 한편

으로는 "식민적인 폭력과 언어적인 제국주의의 차단"이기도 하다.

"그[신]는 그들이 번역되도록 했고 그들이 필요하든 불가능하든 번역의 법에 종속시켰다. 번역 가능하기도 불가능하기도 한 당신의 이름으로 신은 보편적인 이성을 제공하지만, 동시에 바로 그것의 보편성을 제한한다. 금지된 투명성, 불가능한 일의성. 번역은 법, 의무, 그리고 부채가 되었지만, 이 부채는 아무도 더 이상 갚을 수 없게 되었다."(데리다, 2009: 351)

그렇게 데리다는 바벨신화의 양면성을 읽는다. 그것은 타락이고 혼돈이지만, 또한 유토피아적이고 제국주의적인 이성 중심주의의 해체이기도 하다. 그것은 다양한 언어의 출발, 번역 불가능성의 시작이기도 하지만, 번역 필요성의 강한 요청이자 불가피한 의무이기도 하다. 데리다가 읽는 번역 불가능성의 신화인 바벨은 불가능성의 가능성으로 주어져 있는 책무(Aufgabe)를 재촉한다. 데리다의 이 주장은, 우리가 뒤에서 더 자세히 다루게 될 '정의의 이념'과 연결하여 읽을 수 있다. 정의의 이념은 '불가능성의 경험', '경험할 수 없는 것의 경험'으로서 유지되어야 하는 것이다. 데리다는 "타자에게 타자의 언어로 자신을 전달하는 것"을 정의의 조건이라고 밝힌 바 있다. 이는 엄밀히 말하면 '불가능한' 요청이다. 그러나 이 불가능한 정의가 바로 매 순간 현실의 법을 가능하게 한다.데리다(2004b), 『법의 힘』, 진태원 옮김, 문학과지성사. 리쾨르도 번역이 윤리적 차원의 문제를 제기한다고 본다. "두 주인을 섬기려다가 두 주인을 모두 배신하는 위험을 무릅쓰고 독자를 저자에게 데려가는 것, 혹은 저자를 독자에게 데려가는 것은 결국 언어적 환대를 실행하는 것이다. 언어적 환대는 기타 형태의 환대의 모델이 된다."(리쾨르, 2006b:

119) 리쾨르는 이 윤리적 태도는 "완벽한 번역이라는 이상", "원초적 언어에 대한 향수"를 포기하는 애도 작업에서 시작되어야 한다고 주장한다.(리쾨르, 2006b: 118)

벤야민에게 언어의 타락은 현실이다. 바벨은 언어의 기원 설화가 아니라, 언어 현실에 대한 알레고리이다. 벤야민에게 번역은 작품을 지속적으로 살아 있게 한다. 원작의 지속하는 삶이 가능한 이유는 번역이 언어를 '성장'시키기 때문이다. 언어를 성장시키는 번역은, 언어가 메시지를 전달하는 '수단'이 아니라 존재의 표현이라는 것을 인정할 때 가능하다. 현재 우리가 사용하는 언어는 불완전하다. 언어는 본래적인 힘과 직접성을 상실했다. 그러나 그 상실의 '슬픔' 안에서도 우리는 언어를 사용하고 더 좋은 언어를 찾아간다. 거리와 괴리와 파편성이 언어의 성장을 향한 지향을 차단하지는 않는다. 번역은 계속된다.

벤야민이 계속되는 번역과 재번역을 지지할 수 있는 이유는 번역이 '전체로서의 언어'와 관계 맺기 때문이다.

어떤 사기그릇의 파편들이 다시 합쳐져 완성된 그릇이 되기 위해서는 가장 미세한 파편 부분들이 하나하나 이어져야 하면서 그 파편들이 서로 닮을 필요는 없는 것처럼, 이와 마찬가지로 번역도 원작의 의미를 스스로 비슷하게 만드는 대신 애정을 가지고 또 그 세부에 이르기까지 원작이 의도하는 방식에 자신의 언어로 스스로를 동화시켜 원작과 번역 양자가 마치 사기그릇의 파편이 사기그릇의 일부를 이루듯이 보다 큰 언어의 파편으로

인식되도록 하지 않으면 안 된다.(벤야민, 2008a: 136~137)

유사성에 근거한, 동일한 의미의 모사·반복으로서의 번역의
성공과 실패는 벤야민에게는 번역의 본질적인 물음이 아니다. 번
역자의 과제는 다른 데 있다.

번역 가능성

벤야민의 번역론은 번역을 이질적인 것들 사이에서 등가물을 찾는
작업(equivalence in difference)으로 이해해 온 번역이론*과 대척점
에 선다. 벤야민은 번역을 원작의 재창작 과정으로 이해하고, 훌륭
한 번역을 자민족중심주의를 벗어나 모국어의 경계를 확장하는 것
으로 본다. 벤야민은 루돌프 판비츠(Rudolf Pannwitz)를 인용하면
서, 좋은 번역은 외국어의 자국화가 아니라, 자국어의 이국화를 통
한 자국 언어의 확대 심화라는 주장을 수용한다. "번역자의 기본적
오류는, 자신의 언어가 외국어를 통해 강력하게 영향을 받도록 하
는 대신 자신의 언어가 처해 있는 우연적 상태를 고수하는 데 있다.
번역자는 [···] 외국어의 수단을 통해 자신의 언어를 확대하고 심화

---

* 예를 들어, 로만 야콥슨(2009), 「번역의 언어학적 측면들에 관하여」, 『번역이론』, 이재성 옮김,
동인, 228~240쪽. 리쾨르는 번역이 추구하는 등가성을 "추정된, 동일성이 없는 등가성"이라
고 한정 짓지만, 여전히 "원문에 등가하다고 추정되는 번역"을 좋은 번역이라고 평가한다.(리쾨
르, 2006b: 116쪽)

하지 않으면 안 된다."(벤야민, 2008a: 140에서 재인용)

　다시 「아베로에스의 추적」으로 돌아가 보자. 아베로에스는 '비극'과 '희극'에 다음과 같은 주석을 달았다. "아리스투(아리스토텔레스)는 찬양에 비극이라는 이름을, 풍자와 저주에 희극이라는 이름을 부여했다. 뛰어난 비극과 희극들은 『코란』의 책장과 성전의 『알-무알라카트』** 곳곳에 가득 들어 있다."(보르헤스, 1996: 142) 보르헤스는 이 이야기를 통해 '실패의 과정'을 기술해 보고자 했다고 한다. 그러나 아베로에스의 이야기를 번역의 불가피한 실패의 증거로 읽어야 할까? 벤야민을 읽고 난 이후, 나는 아베로에스의 이야기를 괴리와 거리와 단절 너머에서 원작의 어떤 울림을 살려 가고자 애쓰는, "사후에도 살아남아 성장하는" 번역의 모험 이야기로 읽을 수 있다.

** "al-Mu'allaqat : 이슬람 제국 이전 아랍 지역에서 일곱 명의 저자들에 의해 지어져 구전으로 내려오던 일곱 개 시의 모음집"(보르헤스, 1996: 139, 각주 37)

2장
다른 목소리
듣기

1. 서발턴의 말하기

서발턴 역사 쓰기: "이야기하도록 허용하기"

탈식민 인도의 서발턴 연구(subaltern studies)는 엘리트 중심의 역사 기술에서 제외되었던 서발턴의 역사를 복원하고자 했다. 1980년대 초 마르크스주의 역사학자 라나지트 구하(Ranajit Guha)를 중심으로 출발한 서발턴 연구집단은 인도 역사에 대한 새로운 접근을 시도했다. 사전적으로 '서발턴'(subaltern)은 영국 군대의 하위 장교를 말한다. 그람시(Antonio Gramsci)는 『옥중수고』에서 "패권을 장악하지 못한 집단이나 계급"을 나타내는 말로 '서발턴'을 사용했다. "그람시는 특히 이탈리아 남부의 조직되지 않은 시골 농민

집단을 지칭하기 위해 서발턴이라는 용어를 사용했는데, 그들은 하나의 집단이라는 사회적·정치적 의식이 없었고, 그래서 국가의 지배적인 사상·문화·통솔력에 영향 받기 쉬웠다." 스티븐 모튼(2005), 『스피박 넘기』, 이운경 옮김, 앨피, 24쪽. 서발턴 연구는 그람시의 이 개념을 넘겨받아 "그것이 계급, 카스트, 연령, 젠더, 지위 또는 그 밖의 어떤 방식으로 표현되든, 남아시아 사회에서의 종속의 일반적인 속성을 가리키는 한 이름"이라는 의미로 사용했다. Ranajit Guha(1982), "Preface", *Subaltern Studies*, vol. 1, Oxford: Oxford University Press, p.vii.

서발턴 연구 집단은 기존의 "식민주의 역사 해석과 […] 민족주의 역사 해석이 인도 근대사에 관한 견해의 차이에도 불구하고 똑같이 엘리트주의에 빠져 있으며, 그렇기 때문에 인도의 (식민지) 근대 시기에 전개된 인도 민중의 역사적 실천을 제대로 서술하지 못했다고 비판했다." 김택현(2003), 『서발턴과 역사학 비판』, 박종철출판사, 23쪽. 이러한 비판을 근거로 "식민주의적, 민족주의적, 마르크스주의적 해석들이 민중으로부터 행위를 박탈했다고 고발하면서, 역사를 피지배자들에게 돌려주기 위한 새로운 연구를 천명했다." 기얀 프라카쉬(1998), 「포스트 식민주의적 비판으로서의 서발턴 연구」, 정윤경·이찬행 옮김, 『역사연구』 6권, 274~275쪽. 이들은 민중이 독자적이고 자율적인 행위의 영역을 구축했다고 보았고 그 영역을 복원하고자 했다. 서발턴의 말과 행위가 기존의 엘리트주의적 역사기술에서 지워져 있다면, 그들의 역사를 기록함으로써 기존 역사 기술의 편향성을 극복해야 한다고 본 것이다.

"서발턴은 과연 말할 수 있는가?" 스피박(Gayatri Chakravorty Spivak)은 서발턴 연구의 맥락에서, 서발턴의 말을 복원하고자 하는 서발턴 연구 집단의 문제의식과 작업에 주목하면서 이 질문을 던졌다. 그리고 이 질문에 대한 그녀의 답은 회의적이었다. "서발턴은 말할 수 없다."

서발턴은 말할 수 없다? 1988년 이 글의 첫번째 버전을 발표한 후 스피박의 이 단언은 즉각적인 반론을 불러일으켰다. 그리고 비판은 오늘날까지 여전하다. 이진경은 스피박의 주장이 서발턴을 '벙어리로 만들고 있다'고 비판한다.이진경(2010), 『역사의 공간: 소수성, 타자성, 외부성의 사건적 사유』, 휴머니스트, 75쪽. 발화의 조건을 좌우하는 권력 배치의 문제를 스피박은 발화 능력과 언어의 문제로 돌리고 있다는 것이다. "서발턴은 원래 말할 수 없는 존재가 아니다. 원래 말할 수 없는 자는 없다. 문제는 말해도 들리지 않는 것이다, 말해도 들리지 않게 만드는 것이며, 말할 자격을 박탈하여 말할 수 없게 만드는 것이다. 말할 수 없음은 그런 조건, 그런 배치에 의해 야기된 결과일 뿐이다."(이진경, 2010: 76) 이 비판의 핵심은, 서발턴의 말하기와 듣기에 개입된 권력의 문제가 일차적인 분석과 비판의 표적이 되어야 함에도 불구하고, 스피박이 서발턴의 '타자성'을 절대화함으로써 서발턴을 말할 수 없는 존재로 만들었다는 것이다. 그들을 침묵에 가두면서, 스피박은 계속 그들을 대신해서 말하고 있다. 그러나 그들은 스스로 말할 수 있으며, 말해야 한다. 그리고 그럴 수 있도록 권력의 배치를 바꿔야 한다.

무어 길버트(Bart Moore-Gilbert)도 스피박이 서발턴을 절대적 타자로 설명하려 했고, 그 시도가 결국 서발턴을 재현 불가능한 존재로 만들어 버렸다고 비판했다.* 서발턴이 말할 수 없다는 스피박의 주장이 옳다면, 서발턴에 대해 말하거나 글을 쓸 수 있는 것은 (스피박이 서발턴을 전유한다고 비판해 온) 서구의 이론가이거나 (스피박과 같은) 서구 이론의 세례를 받은 토착 엘리트뿐이라는 아이러니를 극복할 수 없다.(무어-길버트, 2001: 249)

그는 또한 스피박의 주장이 획일적이라는 점도 지적한다. "스피박은 하위계층[서발턴]이 역사적으로 겪은 '몰살의 여정'을 분석하는 데에는 뛰어나지만, 하위계층[서발턴]이 '목소리를 내게 되는' 과정에는 거의 주의를 기울이지 않는다"는 것이다.(무어-길버트, 2001: 255) 그 결과 서발턴의 언어적 지위를 고정된 것으로 봄으로써, 변화와 변혁의 과정을 적극적으로 평가하지 못했다는 것이다. "서발턴은 말할 수 없다"는 스피박의 획일적 주장은 해방의 가능성 자체를 봉쇄하는 듯이 보인다. "말할 수 없다"는 스피박의 단언은 서발턴의 변화 가능성과 잠재성을 차단한다.

"우리의 말이 우리의 무기입니다"

발화의 권리와 공간을 박탈당한 서발턴이 자신을 표현할 수 있는 언어를 갖는 것, 그리고 발화 공간을 소유하는 것은 중요한 정치적

---

* 바트 무어-길버트(2001), 『탈식민주의: 저항에서 유희로』, 이경원 옮김, 한길사, 244쪽. 무어 길버트는 스피박의 서발턴 개념이 일관되지 않고 자기 모순적이라고 본다. 그녀가 서발턴을 절대적 타자를 의미하는 일반론적 개념으로 쓰는가 하면, 역사적으로 실재하는 구체적인 범주로 쓰기도 한다는 것이다.

무기가 된다. 서발턴은 말을 통해 정치적 주체가 될 수 있다. 말하기가 정치적 행위 주체를 만드는 전제이고 공적 공간에서의 말하기가 정치적인 것이라면, 서발턴이 종속에서 벗어나 정치적 주체가 되기 위해서 스스로 말할 수 있어야 한다. 공적 공간에서 유의미하게 말할 수 있는 지위와 권리를 회복함으로써 서발턴은 정치적 세계에 자기를 기입할 수 있게 될 것이다. 이로부터 서발턴은 말할 수 있어야 한다는, 말해야 한다는 정치적 당위가 도출된다. 기억하고 기억되기 위해서, 경험을 의미화하기 위해서, 정치적인 주체로 현상하기 위해서, 대리되거나 전유되지 않기 위해서, 서발턴은 말해야 한다. 말할 수 있는 권리와 공간을 되찾고 자기 스토리를 말함으로써 서발턴은 세계의 중심에 설 수 있다.

"우리의 말이 우리의 무기다." 멕시코 치아파스의 사파티스타(Zapastita) 민족해방군 부사령관 마르코스(Marcos)는, 멕시코와 전 세계의 민중, 그리고 정부들에게 보내는 편지에서 다음과 같이 썼다.

> 침묵은 우리를 기죽이려고 권력이 우리의 고통에 제안한 것입니다. 침묵당하면 우리는 계속 외로울 수밖에 없습니다. 말하면서 우리는 고통을 치유합니다. 말하면서 우리는 나란히 걸어갑니다. […] 형제자매 여러분, 이것이 무기입니다. 우리가 말을 하면 말이 남습니다. 우리는 말을 합니다. 우리는 말을 외칩니다. 우리는 말을 들어올려, 말로 우리 국민의 침묵을 깹니다. 우리는 말을 살게 함으로써 침묵을 죽입니다.마르코스(2002), 『우리의 말이 우리의 무기입니다』, 윤길순 옮김, 해냄, 219쪽.

대리와 전유를 넘어 자기 경험과 요구를 자신의 언어로 말하는 것, 그로부터 침묵을 강요하는 지배 권력을 균열 내고 주변부로부터의 '다른 이야기들'을 시작할 수 있다. 그러나 '말하라'는 명령, '말하게 허용하라'는 요청만으로 그 다른 이야기들을 시작하게 하기에 충분한가?

위에 언급한 비판이나 서발턴의 말하기가 지닌 힘에 대한 주장은 「서발턴은 말할 수 있는가?」(Can subaltern speak?)를 뒤따르는 것이 아니라, 그 앞에 놓여 있는 것이다. 다시 말해 스피박은 바로 이 주장들이 전제하는 정치학을 의식하며 "서발턴은 말할 수 없다"고 분석한 것이다. 스피박은 서발턴이 공적인 정치의 장에서 말할 수 없는 이유가 단지 발화 권리를 박탈하는 권력의 문제만이 아니라고 본다. '말하는 주체'라는 당위에 입각한 위의 주장들은 언어를 투명한 것으로 표상한다. 이들은 언어를 공적인 장에서 사용할 수 있는 정치적 무기로 이해하고, 빼앗긴 주체화의 무기인 공적 언어를 되찾는 것이 서발턴의 종속을 해결하는 중요한 전략이라고 이해한다. 그러나 스피박은 이러한 전제가 되는 언어(라는 무기)에 대한 믿음을 비판한다. 스피박은 피할 수 없는 담론 권력과 공적 언어에 내포되어 있는 이데올로기를 겨냥한다. 말하는 주체의 형성이라는 근대적 정치학의 당위는 서발턴의 발화에 불가피하게 포함되는 이질성을 드러내지 못한다. 그렇기 때문에 위의 비판들은 스피박의 주장에 결정적인 도전이 되지 못한다. 스피박은 다른 토대 위에서 다른 문제를 겨냥하고 있기 때문이다.

인식소적 폭력 아래에서, "서발턴은 말할 수 없다"

스피박의 "서발턴은 말할 수 없다"는 주장이 제출된 이후, 이에 대해 많은 비판들이 쏟아졌다. 그러나 그 많은 비판들이 이 주장을 철회하게 하지는 못했다. 이후에 스피박은 1988년 발표한 「서발턴은 말할 수 있는가?」가 "정제되어 있지 않은 글이었다"고 고백했고,* "정념에 찬 통탄을 담아" "서발턴은 말할 수 없다"고 쓴 것에 대해 "이 말은 권장할 만한 언급은 아니었다"고 자평했지만,가야트피 스피박(2005), 『포스트식민 이성비판』, 태혜숙·박미선 옮김, 갈무리, 427쪽. 그 결론을 바꾸지는 않았다. 스피박은 비판들에 맞서 자신의 주장을 더 잘 근거 짓고 더 잘 설명하기 위해 10년 후 그 글을 수정·보완한 판본을 발표했다.**

스피박은 '말하는 주체'라는 정치적 당위의 한계를 겨냥한다. 서발턴으로 하여금 말하게 함으로써, 그리고 서발턴 스스로 말하게 됨으로써, 서발턴을 종속에서 벗어나게 할 수 있는가? 말하게 된다면, 말하는 서발턴은 어떤 언어로 말하는가? 서발턴의 말은

---

* 1993년 행해진 『스피박 선집』(The Spivak Reader)의 편집자들과의 인터뷰에서 그렇게 말하면서 원본 형태로의 재출간에 반대했다. Gayatri Chakravorty Spivak(1996), The Spivak Reader: Selected Works of Gayatri Chakravorty Spivak, ed. by Donna Landry and Gerald MacLean, London·New York: Routledge, pp. 287~292.

** 스피박은 이 판본을 1999년 발표한 『포스트식민 이성비판: 사라져 가는 현재의 역사를 위하여』(A Critique of Postcolonial Reason: Toward a History of the Vanishing Present)의 3장에 포함시켰다. 이 수정된 판본에서 스피박은 1988년의 초고에 대한 비판들을 언급한다. "1988년에 출간된 초고에 대응하는 수많은 글들이 간행되었다. 그로 인해 나는 큰 덕을 보았다."(스피박, 2005: 427)

어떻게 들리는가? 말하는 서발턴은 어떤 주체가 되어 세계에 들어서는가? 거기에서 더 분석되고 사유되어야 할 것들이 남아 있지 않은가?

스피박은 "서발턴은 말할 수 없다"고 단언했던 자신의 명제가 획일적 규정은 아니라고 물러선다. "정체성이 그것의 차이인 (젠더가 특정하게 밝혀지지 않은) '진정한' 서발턴 집단 중에 자신을 알고 말할 수 있는 서발턴 주체가 있다. 그래서 그러한 서발턴 주체를 재현할 수 없는 것은 아니다."(스피박, 2005: 382) 그러나 스피박은 언어에 개입하는 폭력의 문제에 집중하면서, 자신의 주장을 더 엄밀하게 관철하고자 한다.

인식소(episteme)가 푸코(Michel Foucault)가 정의하는 바처럼 "참과 거짓의 분리가 아니라 과학적인 것과 과학적이지 않은 것 사이의 분리를 가능하게 하는 장치"라면, 그 인식소의 폭력이 그려내는 주변부, 침묵당한 말 없는 서발턴이 과연 어떤 '목소리 의식'(voice-consciousness)을 가지고 말할 수 있는지 물어야 한다.(스피박, 2005: 383) 서발턴은 말하기 위해 언어를 선택한다. 특히 들리도록 말하기 위해서는 공적인, 인정받을 수 있을 만한 담론 체계 중 하나를 선택해야 한다. 그런데 바로 그 인정된 담론 체계가 서발턴의 목소리 의식을 굴절시킨다.

스피박은 푸코와 들뢰즈(Gilles Deleuze)가 한 대담에서 나눈 이야기에 주목한다.미셸 푸코(2004), 「지식인과 권력: 푸코와 들뢰즈의 대화」, 『푸코의 맑스: 둣치오 뜨롬바도리와의 대담』, 이승철 옮김, 갈무리. 그들은 "억압받는 자들에게 기회가 주어져 결연의 정치를 통해 연대로 나아가는 도상에 있다

면 **자신들이 처한 조건에 대해서 말할 수 있고 알 수 있다**"[강조는 스피박]
고 강조했다. 과연 그런가? 기회가 주어지면, 그들은 자신의 처지
에 대해 알 수 있고 말할 수 있는가? 이에 대해 스피박은 회의적이
다. 이들이 전제하는 바처럼, 억압받는 자들에게 말하는 주체의 투
명한 의식이 가능할까?

　언어는 투명한 의사소통의 수단이 아니다. 그것은 특정한 체
제의 소산이고, 이데올로기를 담고 있고, 그러한 의미에서 권력이
자 상징자본이다. 언어를 사용할 수 있다는 것은 단지 문법이나 어
휘를 아는 것 이상을 의미한다. 언어의 사용은 사회적 존재로서 능
력을 갖는 것, 하나의 사회적 세계와 공동체를 갖고 거기에 속하는
것, 그리고 그 능력을 그 사회 안에서 운용할 수 있는 가능성을 소
유하는 것을 의미한다.

　억압받는 자들이 말할 때, 그들이 어떤 언어를 선택해 어떻게
말하는지, 들리도록 말하기 위해 무엇에 순응해야 하는지 묻지 않
을 수 없다. 그들이 왜 그런 방식으로, 그런 표현을 선택하여 말하
는지, 과연 그들 자신의 언어로 말하고 있는지, '고통, 비참, 억압'
또는 '비장함, 삶의 투쟁'과 같은 표상은 누구의 것인지 물어져야
한다.이진경(2007), 「소수자와 반역사적 돌발: 소수적인 역사는 어떻게 가능한가?」, 『소수성의 정
치학』, 그린비.

2. 서발턴 여성의 말은 들릴 수 있는가?

이중구속된 언어

스피박은 서발턴 여성의 문제가 "서발턴은 말할 수 있는가?"를 묻는 맥락에서 가장 문제적인 지점, 가장 중층적이고 교차적인 지점을 드러낸다고 본다. 스피박은 식민지 인도에서의 서발턴 여성들의 '과부희생'이 역사화되는 구조를 분석하면서, 서발턴 여성에게 "역사 속의 목소리를 주려는 노력"이 이중으로 위험에 노출된다는 점을 밝혀낸다.(스피박, 2005: 397) 서발턴 여성이 들리도록 말하기 위해서 하나의 목소리를 선택할 수는 있지만, 그 말이 그녀의 언어가 될 수는 없다. 거기에는 '위험'이 있다.

서발턴 여성이 선택하는 말은 이중으로 구속되어 있다. 서발턴 여성이 하나의 언어를 선택하여 말한다 해도, 그 언어가 그녀 자신의 살아 있는 경험을 그대로 표현할 수 없기 때문에, 그 발화는 이데올로기적으로 투명하지도 못하고 온전히 주체적일 수도 없다. 그렇다면 "우리가 감지할 수 있는 최대의 것은 골격만 남은 무지한 설명을 꿰뚫고 존재하는 거대한 이질성[뿐]이다."(스피박, 2005: 401)

'과부희생'은 남편을 잃은 힌두 여성이 죽은 남편을 화장하는 장작더미에 올라가 자기를 희생하는 것을 말한다. 이 관습은 힌두교 전통에서 보편적으로 행해지던 것은 아니었다. 과부희생은 특정 시기와 특정 지역에서 특정 계급에서만 실천되었다. 그러나 식민과 탈식민의 역사 안에서 영국 제국주의자들과 인도 민족주의자들 사이의 '이데올로기 전쟁'을 통해, 이 맥락적이고 예외적인 관습은 '전통'으로 탈바꿈했다.(스피박, 2005: 407~409)

1829년 영국은 식민지 인도에서 이 관습을 법적으로 폐지했다. 이 폐지는 서구 휴머니즘 담론 틀에 입각하여 기술되었다. 이 담론은 "백인종 남자가 황인종 남자에게서 황인종 여자를 구해 준다"는 문장으로 기호화되곤 한다. "좋은 사회를 확립하는 자로서 제국주의(혹은 전지구화)의 이미지는 여성을 같은 종족으로부터 보호받아야 할 대상으로 옹호하는 입장에 의해 표시된다."(스피박, 2005: 405) 이 문장은 오늘날까지 반복적으로 유효하게 사용되면서, 미국 또는 서구 유럽의 정치·군사적 개입을 정당화하는 윤리적·휴머니즘적 근거로 제출되곤 한다.

이 문장에 맞서는 해석은 "여자들이 죽고 싶어했다"는, "상실된 기원을 향한 향수를 패러디하는 인도 토착주의 진술"이다.(스피박, 2005: 400) 과부희생을 결정한 여성들은 단순한 희생자가 아니라 의지를 지닌 선택 주체라는 것이다. 이 맥락에서 과부희생은, 민족의 이름으로 선택한 영웅주의적 자살, 신의 이름하에 행해지는 순교와 같은 '서사시적 심급'에 놓이게 된다.(스피박, 2005: 404) 이와 같은 민족주의적이고 토착주의적인 진술은 탈식민주의의 맥락에서 여전히 개진되고 있다.

스피박은 과부희생 폐지의 정당성이나 여성의 선택권 옹호 양쪽 중 하나를 인정하거나 부인하는 것이 이 담론 경합에서 핵심 문제가 될 수 없음을 강조한다. 과부희생은 피해자주의 대 문화적 영웅주의라는 대립 항으로는 올바르게 파악될 수 없다. 영국 제국주의자들이 과부희생을 폐지한 것이 '휴머니즘' 담론의 결과가 아닌 것처럼, 대항 담론으로서의 인도 민족주의의 영웅서사도 '만들어진 전통'과 연관될 뿐이다. 19세기 초까지 영국은 과부희생을 문화 상대주의의 용법에 따라 묵과하거나 협조하는 관행적 입장을 유지했다. 이러한 사실은 과부희생의 용인이나 금지가 식민지 여성의 보호라는 명목과는 다른 통치 맥락에서 작동했음을 보여 준다. 초기의 문화 상대주의적 용인의 시기가 지나고 난 이후에야 이를 '야만주의적 악습'으로 규정하고, 야만적 악습을 행하는 힌두인과 이에 반대하는 계몽된 고상한 힌두인을 구분한다.(스피박, 2005: 413) 반면, 식민지 인도의 맥락에서 보자면, 힌두교 전통에서 과부희생은 보편적으로 권장되던 것이 아니었다. 제국주의자들의 폐지에 맞선 과부희생의 일반화에는 경전 오독이라는 지식 권력이 개입한다. 그럼에도 불구하고 여성의 자기 결정과 선택이 강조될 때, 토착 식민 엘리트들은 "자기를 희생시키는 여성들의 순수함, 강함, 사랑을 민족주의적으로 낭만화"한다. 이 민족주의적 낭만화의 쌍둥이 판본으로 "자기를 버린 애국적인 벵골 할머니들"에게 보낸 라빈드라나트 타고르(Rabindranath Tagore)의 찬사와 과부희생을 "신체와 영혼의 완벽한 통일을 보여 주는 최후의 증거"라고 한 아난다 쿠마라스와미(Ananda Coomaraswamy)의 찬사를 들 수 있다.(스피박, 2005: 411~412)

인식소적 폭력과 서발턴 여성의 말하기

"서발턴 여성은 말할 수 없다"는 선언으로 스피박이 주장하는 바는 "여성이 말할 수 없다거나 여성의 주체-의식에 대한 어떠한 기록도 존재하지 않는다는 것이 아니라 그녀에게는 어떠한 언표 행위의 위치도 부여되지 않는다는 것이다." 로버트 J. 영(2008), 『백색 신화: 서양이론과 유럽중심주의 비판』, 김용규 옮김, 경성대학교출판부, 402쪽. 서발턴 여성은 영국 제국주의자 남성들에 의해, 또는 인도 민족주의자 남성들에 의해 그 입장이 대변됨으로써 스스로 말할 수 있는 공간을 박탈당했다. 그러나 스피박이 이 주장에서 말하고자 하는 바는 여기 머물지 않는다. 스피박에게 서발턴과 언어의 문제는 발화 권리를 둘러싼 허용과 배제의 권력이 개입된 문제임과 동시에, 서발턴이 사용하는 언어의 불투명성과 관련된 문제이자 언어에 개입된 담론 권력의 문제이기도 하다.

서발턴 여성이 담화를 실천하는 곳은 이미 인식소적 폭력에 의해 중층 결정되어 있는 발화공간이다. 과부희생을 여성인권 대 야만적 악습의 문제로 기호화한 영국 제국주의의 '휴머니즘' 담론은 서발턴 여성에게 '인식소적 폭력'을 행사한다. 그저 '좋은 아내'라는 뜻을 가지고 있던 단어 '사티'(sati)를 과부희생을 지칭하는 단어로 만듦으로써 "황인종 여자를 황인종 남자에게서 구하려고 애쓰는 백인종 남자는 무지한 (그러나 인가된) 환유에 의해 좋은 아내됨을 남편 장작 위에서의 자기 파괴 희생과 절대적으로 동일시한다." (스피박, 2005: 421)* 그런가 하면 과부희생을 여성의 선택으로 찬양하는 인도 민족주의 담론의 낭만화된 '인식소적 폭력' 안에서 과부희생은 보편적이고 윤리적인 행위 정당성을 부여받는다. 이 담론 체계는 "자살, 영아 살해, 노인의 죽음 방치" 등과 같은 층위에서 범주화되어야 할 폭력을 "주체의 자유의지"라는 지형에 배치함으로써 서발턴 여성에게서 오히려 주체의 자리를 박탈한다.(스피박, 2005: 414)

이 인식소적 폭력의 회로 안에서 서발턴 여성은 어떤 언어로도 자신의 경험을 말할 수 없게 된다. 과부희생에 대한 두 담론은 전혀 다른 정당화 논리에 기초하지만 어느 한 편이 다른 편을 완전히 극복하지 못하며, 서로 대립하는 듯 보이지만 서로를 합법화해 주는 상호작용의 오랜 역사를 가지고 있다. 이 지배적인 언설들 사이에서 우리는 '말하는 주체가 돼라'는 요구를 받고 있는 서발턴 여성의 "자기 목소리나 의식을 증언하는 진술을 한 번도 들어 보지 못했다". 그것은 단지 그녀에게 말하기가 허용되지 않았기 때문만이 아니다. 또한 그녀가 아무 말도 하지 않았기 때문이 아니다. 설령 말한다 해도 그 말은 투명하게 그녀의 경험을 전달하지 못한다. 그것은 들리지 않는다. 그렇다면 말하라는 당위만으로 서발턴 여성 주체의 형성을 기대할 수 있을까? 서발턴 여성 주체의 형성이라는 요구 자체가 현존하는 언어를 '초과하는' 장소에 놓여 있는 것은 아닌가?

* 사티(sati)는 사트(sat)의 여성형이지만, 사트와는 그 의미를 달리한다. 사트는 젠더 초월적인 영적 보편성을 의미한다. "그것은 동사 '존재하다'(to be)의 현재분사이며, 그런 만큼 그것은 존재뿐만 아니라 진, 선, 정(正)도 의미한다. 경전에서 그것은 본질이자 보편정신이다. 접두어로서도 그것은 '적절한', '지고의', '적당한'을 가리킨다. […] 그런데 이 단어의 여성형인 사티는 그저 '좋은 아내'를 의미할 뿐이다."(스피박, 2005: 420)

들리지 않는 목소리

"서발턴 여성은 말할 수 없다"는 스피박의 명제가 주장하는 바는, 서발턴 여성에게 현존하는 말, 그녀가 선택할 수 있는 담론체계가 그녀 자신의 스토리를 담을 수 있을 만큼 충분히 투명하지 않다는 것이다. 공적 말하기는, 공적으로 '들리도록 말하기'를 의미한다. 들릴 수 없는 말은 말이 아니라 소리에 불과하다. 그러므로 '말이 되도록', 들릴 수 있는 말이 되도록 하기 위해서, 발화자는 공인된 의미 체계 안에서 하나의 담론 세트를 선택해야 한다.* 서발턴 여성이 말하고자 할 때 직면하는 첫번째 장애는 바로 이 지점에 있다.

스피박은 서발턴 여성의 발화 조건과 더불어 언어 자체의 한계를 겨냥한다. 서발턴 여성이 말할 수 없는 이유는 (이진경이나 무어 길버트, 로버트 J. C. 영 등이 지적하는 것처럼) 말할 수 있는 위치와 권력을 갖지 못하기 때문만이 아니라, 공적 담론에서 이들이 선택할 수 있는 언어가 이미 중층 결정되어 있기 때문이라는 것이다. 스피박은 주체가 자신의 의도와 지향을 표현할 수 있는 수단으로 언어를 소유한다고 보는 '표현이론'의 한계를 지적하기 위해, 프로이트(Sigmund Freud)의 '중층 결정'(over-determination) 개념을 가져온다. "[프로이트에 따르면] 꿈 텍스트를 읽는다고 할 때, 텍스트를 표현으로 보는 단순한 이론을 붙들고 있을 수 없다. 표현이론에

---

* 일본군 위안부 여성들의 증언을 포획하고 이 여성들을 '순결한 민족의 딸들'로 호명했던 가부장적 민족주의 담론, 성판매 여성들의 경험을 포획했던 '피해자 대 자발적 성노동자' 프레임 등을 기억할 수 있다.

서는 표현의 원인을 주체의 전적으로 자기 현존적인 의도적 의식으로 본다. […] 프로이트는 꿈-텍스트의 중층-결정을 수많은 결정요소들의 압축 즉 'mehrfach determiniert'[다층적으로 결정된]라고 습관적으로 말한다."(스피박, 2005: 313~314)

중층 결정되어 있는 언어의 문제를 드러내는 사례로 스피박은 19세기 초 시르무르(Sirmur) 왕국의 라니(Rani)를 소환한다.** 인도 북서부 시르무르 지역에서 동인도회사에 의해 (방탕을 이유로) 왕위를 박탈당한 남편을 대신해서 어린 아들의 섭정으로 지목된 라니가, 기록에 의하면, 과부희생(sati)을 하겠다고 선포했다. 이 선포에 대한 영국인들의 반응을 동인도회사의 분산된 기록물에서 발견하면서, 스피박은 "무너져 가는 궁궐에서 의심할 바 없이 가부장적이며 방탕한 남편의 권위로부터 떨어져 나오게 된 그녀를, 자기 집에 들어온 백인 남자에 의해 갑작스레 관리당하는 그녀를 상상한다."(스피박, 2005: 333) 그녀의 선택은 (영국인들에 의해) 허용되지 않았다.

과부희생이 되겠다고 한 라니의 선언은 무엇을 의미하는가? 그녀는 분명 어떤 선택을 했다. 그러나 그 선택은 중층 결정된 언어로, 주어진 인식소적 폭력의 회로 안에서 표명된 것이다. 그녀는 무엇을 원했는가? 그녀가 진정 말하고자 했던 것은 무엇인가? 그녀는 무엇을 말하고자 했는가?

스피박이 참조했던, 들리지 않은 또 다른 여성의 목소리는

** 이 사례에 대한 스피박의 첫번째 작업은 다음 글에 담겨 있다. Gayatri Chakravorty Spivak(1985), "The Rani of Sirmur: An Essay in Reading the Archives", *History and Theory*, vol. 24, no. 3, pp.243~261. '라니'(Rani)는 왕을 지칭하는 '라자'(Raja)의 여성형이다.

1926년 자살한 17세의 젊은 여성 부바네스와리 바두리(Bhubanes-wari Bhaduri)의 것이다. 그녀는 북캘커타에 있는 아버지의 아파트에서 목을 매 자살했다. 이 자살의 이유는 바로 밝혀지지 않았다. 그러나 자살하던 당시 그녀가 생리 중이었으므로, 그녀의 죽음이 불륜이나 임신 때문이 아니라는 것은 분명해 보였다. 그녀의 죽음에 담긴 비밀은 10년이 지나서 밝혀졌다. 언니에게 남긴 편지에 의하면, 그녀가 가담했던 인도 독립 무장단체에서 그녀에게 요인 암살 명령이 내려졌고, 그 임무를 감당할 수 없었던 그녀가 스스로 목숨을 끊은 것이다. 그녀는 자신의 자살이 받게 될 오명을 피하기 위해, 생리가 시작될 때까지 기다렸다.

스피박은 부바네스와리가 보여 준 이 '몸으로 말하기'를 사티의 해체로 읽는다. 사티를 하는 여성은 생리 중이어서는 안 된다. 생리는 '더러운 것'이기 때문에, 생리가 끝난 나흘 후 목욕재개를 하고서야 여성은 사티를 행할 수 있다. 그런 의미에서 "생리가 시작되기를 기다리는 치환 제스처는 우선 자신을 파괴·희생시키려는 과부가 생리 중이어서는 안 된다는 금기를 역전시킨다".(스피박, 2005: 426)

훗날 스피박은 부바네스와리가 그녀의 이모할머니라는 사실을 밝혔다. 2010년 발간된『서발턴은 말할 수 있는가?: 서발턴 개념의 역사에 관한 성찰들』*에 실린 그녀의 '응답'에서, 그 사실을 밝혔다. 부바네스와리의 죽음을 연구주제로 다루는 것에 대해 반대했던 그녀의 가족들은 바로 스피박의 사촌들이었다. 그들은 스피박의 관심을 이해하지 못했고, 여전히 부바네스와리의 명예를 의심했다. 스피박은 이 경험을 통해 "부바네스와리의 저항은 인지될 수 없었다"는 사실을 인식했다.(스피박, 2013: 380) 그리고 그 경험이 그녀로 하여금 "정념에 찬 통탄을 담아 서발턴은 말할 수 없다!"라고 쓰게 했다.(스피박, 2005: 427)

서발턴 여성은 말할 수 없다. 그 이유는 그녀가 말하지 않기 때문이 아니라, 그녀가 자신의 경험을 투명하게 말할 수 있는 언어가 없기 때문이다. 그럼에도 그녀가 그 중층 결정되어 있는 언어로, 몸으로, 심지어 침묵으로 말한다. 그러나 그렇다 해도 우리는 그것을 듣지 못했다.

3. 경계에서 사이를 듣기

침묵을 헤아려 듣기 위해서

그녀들은 말했지만 말할 수 없었고, 말했지만 들리지 않았다. "타자 주체(the other subject)의 지식이 이론적으로 불가능하다." 이것은 서발턴을 절대적 타자로 만드는 주장이 아니라 이 불가능성으로부

---

* 로절린드 C. 모리스 편(2013), 『서발턴은 말할 수 있는가?: 서발턴 개념의 역사에 관한 성찰들』, 태혜숙 옮김, 그린비. 이 책은 2002년 컬럼비아 대학의 여성과 젠더 연구소(Institute for Research on Women and Gender)가 주관한 학술대회 결과를 모은 것이다. 여기에는 「서발턴은 말할 수 있는가?」에 대한 여러 분야 동료들의 발표에 대한 스피박 자신의 「응답」도 실려 있다.

터, 그리고 이 한계의 인정으로부터 '듣기'를 시작해야 한다는 요청이다.

스피박은 서발턴의 말하기에서 자기 스토리를 자기 언어로 말할 수 있다는 자율성의 전제에 동의하지 않는다. "거기에는 단일한 목소리(univocal)의 반영이론이나 의미화이론이 전제되어 있다"고 보기 때문이다.Gayatri Chakravorty Spivak(1988), "Subaltern Studies: Deconstructing Historiography", *Selected Subaltern Studies*, ed. by Ranajit Guha and Gayatri Chakravorty Spivak, Oxford: Oxford University Press, p.10. 예속성(subalternity)은 지배 담론의 작동 내부에 있다. 이 작동 내부에서 "우리는 주체로 작동하는 것 같지만 정치, 이데올로기, 경제, 역사, 섹슈얼리티, 언어 흐름들의 거대한 불연속적 네트워크(일반적 의미에서 '텍스트')의 일부분으로 작동하는", "주체 효과"(subject effect)에 불과하다.(Spivak, 1988: 12~13) 언어는 이데올로기적으로 투명하지도, 온전히 주체적이지도 않다. 서발턴이 선택할 수 있는 그런 투명하고 순수한 언어는 없다. 그리고 그런 말하기도 없다. 서발턴은 (다른 모든 발화자와 마찬가지로) 여러 목소리를 가지고 있다. 하나의 목소리가 아니라 때로 다른 목소리, 다른 의식과 무의식, 다른 증상을 통해 말한다.

서발턴의 예속성은 지배 담론 내부에 있다. 서발턴은 그 담론의 지배 안에서 발화하기 시작한다. 따라서 자기 스토리를 전달하기까지 많은 장애들이 있다. 서발턴의 말은 이미 다층적 소리를 내포하고 있으며, 표면과 더불어 보이지 않는 이면을 동반한다. 그러므로 그 말에 접근하기 위해서는 조심스러운 듣기가, 그런 '듣기의 윤리'가 필요하다. 스피박이 '서발턴 여성이 말할 수 없다'고 주장한 것은, 그들의 말이 들리도록 할 수 있는 재현 공간이 주어지지 않았다는 의미이다. 따라서 "재현의 실패에 주목하는 것 자체가 일종의 듣기 형태가 되는 것이다."드루실라 코넬(2013), 「인권의 윤리적 긍정」, 『서발턴은 말할 수 있는가?』, 로절린드 C. 모리스 엮음, 태혜숙 옮김, 그린비, 175쪽.

스피박은 1988년 발표한 그녀의 첫번째 판본에서 재현 혹은 대리(representation)에 개입된 이데올로기 문제를 다루면서, 피에르 마슈레(Pierre Macherey)의 '침묵을 헤아리는 비평'에 대해 언급한 바 있다. 마슈레는 자신의 문학생산 이론에서 "책이 말하는 것은 침묵에서 나온다"고 주장했다.피에르 마슈레(2014), 『문학생산의 이론을 위하여』, 윤진 옮김, 그린비, 126쪽.

책이 말하는 것은 침묵에서 나온다. 책의 출현은 말해지지 않은 것이 '있음'을 내포한다. 책은 그것을 재료로 하여 형태를 부여하고, 혹은 그것을 밑바탕으로 하여 출현한다. […] 책에는 필연적으로 **없음**이 같이 오며, 그 없음이 없다면 책은 존재하지 않을 것이다. 책을 안다는 것은 그 없음에 대해서도 파악하고 있다는 뜻이다.[강조는 원저자](마슈레, 2014: 126)

출현한 것만이 보이지만, 거기에는 반드시 드러나지 않은 것이 함께 있다. 마슈레는 말할 수 있는 것은 '말하면 안 되는 것', '말해지지 않은 것'에 의해 둘러싸여 있음을 지적한다. 말로 표현된 것, 명백하게 드러난 것은 언제나 그 뒤에 말해지지 않는 것과 공존한다. 말로 표현되지 않는 부분이란 하나의 언어 기호, 하나의 표현

체계, 하나의 스토리를 선택함으로써 다른 기호들, 표현들, 스토리들이 드러나지 않고 감추어지는 것을 의미한다.

그렇다면 이 말해진 것을 통해, 이 '말하면 안 되는, 말해지지 않은 것'을 가늠할 수 있을까? 말해지지 않은 것을 가늠하지 못한 채, 말해진 것을 이해한다고 할 수 있을까? 마슈레는 침묵의 의미를 헤아리는 것이 작품을 이해하는 데 중요한 부분임을 강조한다. "작품 안에서 중요한 것은 바로 작품이 말하지 않는 것이다. 빨리 언급하고 가는 것이 아니라 아예 말하기를 거부하는 것이다. 말하기를 거부한다는 것 자체가 이미 흥미로운 문제이고, 그에 대해 방법을 수립하여 (드러난 것이든 드러나지 않는 것이든) **침묵들을 측정**할 수 있다." (마슈레, 2014: 128)

그러나 더 중요한 것은 말하기를 거부하는 것이 아니라, '말할 수 없는 것'이다. 말할 수 없는 것은 말하기에서 무엇이 억압되었는지를 보여 줄 수 있다. 스피박은 "우리가 서발턴의 의식에 수반되는 문제에 도달할 때 '작품이 말할 수 **없는** 것'이라는 개념이 중요해진다"고 지적한다. 이 말할 수 없는 것을 드러내면서, 우리는 단지 말해진 것을 둘러싼 침묵을 헤아릴 뿐 아니라, 그 억압을 발생시키는 가려진 이데올로기를 비판적으로 드러낼 수 있다.

어떻게 침묵을 헤아릴 수 있는가? 우리는 '침묵을 통해서 듣겠다'고 결정할 때, '거기에서 버티고 있는 비결정적인 것(the undecidable)'에 대한 고민과 위험부담을 감수해야 한다.(스피박, 2005: 290) 거기에는 윤리적 요청이 개입한다. 듣기의 윤리는 언어가 충분히 투명하지 않다는 전제 위에 서 있다. 말로 전하는 이야기는 경험을 투명하게 반영하지 못한다. 그러나 그것이 말하기의 실패는 아니다. 모호하고 비결정적인 말을 듣기 위해 '충분히 날카로운 귀'가 필요하다.Jacques Derrida(1988), "Otobiographies. The Teaching of Nietzsche and the Politics of the Proper Name", *The Ear of the Other: Otobiography, Transference, Translation*, ed. by Christie McDonald, Lincoln · London: University of Nebraska Press. 말하기의 가능성과 한계 사이에서, 표현된 것과 표현이 거부된 것 사이에서, 듣기의 윤리는 충실한 듣기와 동시에 그것을 넘어선 듣기를 지향한다. 그것은 잘 듣는 것이자, 그저 잘 듣는 것을 넘어서는 듣기이다. 들리지 않는 것에까지 귀를 기울이고, 이야기가 드러내지 못하는 거부와 부재의 영역에까지 집중하며, 이야기하는 방식과 스타일에까지도 주목하는 민감한 듣기이다.

듣기 위한 윤리

스피박이 주장하는 페미니즘 해체론의 독서는 민감한 듣기의 실천 방식이다. 스피박에 따르면, 페미니즘과 해체론은 '주변성에 대한 관심'이라는 공동대의를 통해 결합한다. 그리고 주변성에 대한 관심이란, '억압을 은폐하는 중심에 대한 의혹'을 견지하는 것이다.가야트리 스피박(2008), 『다른 세상에서: 문화정치학 에세이』, 태혜숙 옮김, 여이연, 217쪽. 한 텍스트를 설명하고자 하는 욕망은 일관성을 위해 이질성을 배제하고 주변부를 금지하지만, 주변성에 주의를 기울이려는 노력은, 모든 설명에는 좌절의 이력이 내포되어 있다는 사실을 의식한다. 성취된 것, 선명하게 드러난 것, 잘 알려질 수 있는 것, 그렇게 언어화된 것이 전부가 아니라는 사실, 실패, 불투명성, 불확실성, 그렇게 침묵에 갇힌 것이 함께 작동할 수밖에 없다는 사실을 인정하는 것이 출발점이다. 그것은 '결을 거슬러 읽는 독법'을 요구한다. "이 독법에서는 한 텍스트의 권위적 진리를 확립했다는 주장을 결코 할 수 없다. 또한 실천의 급박함에 의존한 채 거기 계속 머물면서 하나의 이론적 정통성으로 나아가고자 해서도 안 된다."(스피박, 2008: 437)

서발턴은 말할 수 있는가? 서발턴은 말할 수 있지만, 말할 수 없다. 서발턴은 말하고 있지만, 말하지 못한다. 말할 수 있는 공간의 박탈과 권력의 문제가 서발턴의 침묵의 이유로 지적될 때, 서발턴의 말하기는 '말하도록 허용하기'(permission to narrate)를 그 조건으로 하는 것처럼 보인다. '말하라', '말할 수 있는 권리와 공간을 제공하라'는 당위에 의해 담론 공간과 권리가 보장되면 서발턴은 '말하는 주체'가 될 수 있다는 것이다. 그러나 "서발턴이 어떤 목소리 의식을 가지고 있는지, 가질 수 있는지, 어떤 목소리 의식으로 말할 수 있는지, 어떤 언어로 말하도록 강요받고 있는지"는 물어지지 않았다. 그러나 목소리는 의식의 투명한 반영이 아니고, 중층 결정된 힘과 질서에 의해 굴절된다. "어떠한 말하기도, 어떠한 '자연 언어'(자신도 모르는 모순어법)도, 심지어는 몸짓의 '언어'조차도, 이미 존재하는 코드의 매개 없이는 [무언가를] 나타내지도, 지시하지도, 표현하지도 못한다."(Spivak, 1988: 23) 사실 모든 언어적 표현에는 '다른' 목소리들이 내포되어 있다. 모든 말하기는 다성(多聲)적이다. 그리고 모든 언어적 표현에는 침묵이 동행한다. 차마 말하지 못하는 것, 말할 수 없는 것, 말이 되지 못하는 것, 말이 되기를 저항하는 것, 말하면 안 되는 것들이….

서발턴의 말하기에 대한 스피박의 회의적 주장은 불가능과 무능을 고백하는 정치적 행위의 포기가 아니다. 또한 스피박의 비판자들이 주장하는 것처럼, 서발턴을 대신하여 말하기 위해 서발턴을 침묵에 가두는 '대리(代理)의 폭력'도 아니다. 격정에 찬 처음 주장과 그 이후 열심히 고민하고 비판에 직면하며 수정한 글을 다시 읽으면서 우리는 스피박이 '말하는 주체'라는 정치적 표상과 서발턴에게 '말(하게) 하라'는 정치적 당위의 한계를 들여다보고 있음을 확인한다. 서발턴의 말하기는 이질성의 그림자를 안고 있다. '말하게 허용한다'는 것, 그리고 서발턴이 '스스로 말한다'는 것만으로 서발턴의 말하기는 종결되지 않는다. 그 이유는 이 발화가 지닌 이질성, 그것에 드리운 침묵의 흔적 때문이다. 이 그림자들은 말하는 서발턴과 그가 선택하는 재현 도구-언어 사이의 간극, 그리고 서발턴의 발화와 그것을 듣는 청자의 세계 사이에 놓인 간극에 드리워져 있다.

심지어 서발턴은 그림자를 드리우며 말해야 한다. 그림자 없는 발화는 그들의 살아 있는 경험을 배반할 것이다. 서발턴이 말하기를 시작하기 위해 '들리게 말해야 한다'는 압박으로부터 자유로울 수 없고, '들리게 말하기' 위해서는 인식소적 폭력을 감수할 수밖에 없을 것이기 때문이다. 이 인식소적 폭력은 발화자인 서발턴과 서발턴의 말에 날카롭게 개입한다. 거기 포획되지 않기 위해 '충분한 그림자'가 불가피하다.

서발턴이 말하게 하기 위해, 그들의 말을 듣기 위해, 그들의 경험으로 되돌아갈 수는 없다. 기원이 되는 목소리를 복원하려는 노력보다는, 그 불충분함을 드러내고 그 이질성에 귀 기울이는 작업이 덜 위험하고, 더 유용하다. 그 작업은 서발턴의 불가능해 보이는 말하기가 드리우고 있는 침묵의 흔적, 그 그림자를 들으려고 하는 책임의 응대에서 시작되어야 한다.

3장
환대 공간의
언어

길르앗 사람이 에브라임 사람 앞서 요단 강 나루턱을 잡아 지키고 에브라임 사람의 도망하는 자가 말하기를 청컨대 나를 건너게 하라 하면 그에게 묻기를 네가 에브라임 사람이냐 하여 그가 만일 아니라 하면 그에게 이르기를 십볼렛이라 하라 하여 에브라임 사람이 능히 구음을 바로 하지 못하고 씹볼렛이라 하면 길르앗 사람이 곧 그를 잡아서 요단 강 나루턱에서 죽였더라. 그때에 에브라임 사람의 죽은 자가 사만 이천 명이었더라.

- 「사사기」 12 : 5~6

1923년 9월에 발생한 관동대지진 때 일본의 보통 주민들이 조선인 대량학살사건을 일으켜 6천 명의 조선인이 희생된다. 이때 일본인 자경단은 지나가는 사람을 붙잡고 일본인인지 조선인인지를 구별하기 위해 "15엔 50전"을 일본어로 발음하게 했다고 전해진다. 조선어에는 머리글자에 울림소리가 없기 때문에 조선인이 "주고엔고줏센"(じゅうごえんごじゅっせん)이라고 일본어로 발음하는 것은 쉬운 일이 아니었기 때문이다.

- 서경식*

1. 이방인의 현상학

누가 이방인인가?

오랜 방랑 끝에 눈 먼 오이디푸스는 딸 안티고네의 손에 이끌려 성스러운 클로노스 숲에 당도한다. 방랑자 오이디푸스는 그들이 당

---

* 서경식, 『언어의 감옥에서』, 권혁태 옮김, 돌베개, 2011, 49쪽.

도한 그 장소가 어디인지, 그들과 같은 방랑자들이 환대를 청할 수 있는 곳인지 알고자 한다. 때마침 지나던 클로노스의 주민을 오이디푸스는 "이방인이여"라고 불러 세운다. "이방인이여, 여기가 어떤 곳이오?"소포클레스(2001a), 『소포클레스 비극』, 천병희 옮김, 단국대학교출판부, 159쪽.

데리다는 이방인의 문제를 숙고하는 자리에서, 바로 이 장면, 소포클레스의 『클로노스의 오이디푸스』의 첫 장면을 인용한다.자크 데리다(2004a), 『환대에 대하여』, 남수인 옮김, 동문선, 78쪽. 낯선 이들이 만나는 장면에서, 한 이방인이 이방인에게 말을 건다. 이 장면은 '이방인'이 존재 규정이 아니라 서로에게 상대적인 위치의 규정임을 확인해 준다. 우리는 서로에게 낯선 이방인이다. 오이디푸스는 클로노스 땅에 이제 막 도착한 방랑자이자 이방인이지만, 오이디푸스에게 그 고장의 사람 역시 낯선 이방인인 것이다.

이렇게 서로에게 낯선 이방인들이 대화를 시작한다. 오이디푸스는 그가 도착한 그곳에서 예언에 따라 안전한 죽음의 장소를 제공받을 수 있는지 확인하고 싶어 한다. 그러기 위해서 먼저 그는 그곳 원로들에게 자신이 누구인지 밝혀야 한다. "그대는 인간들 중에 뉘시오? 어느 나라를 내가 그대의 고향이라고 부를까요?"(소포클레스, 2001a: 168) 환대를 기대하며, 이방인은 먼저 자신의 이름을, 유래를 말해야 한다. "사람들은 익명의 도래자에게, 또는 이름도 성도 가족도 사회적 위상도 없어서 이방인(외국인)으로 취급되지 못하고 야만적 타자로 취급되어 버리는 사람에게는 환대를 베풀 수 없기 때문이다."(데리다, 2004a: 70)

다가오는 이방인이 누구인지 알 수 없을 때, 그의 의도와 목적에 대한 의심을 떨칠 수 없을 때, 그래서 그가 '안전한' 이방인인지 '위험한' 야만인인지 확인할 수 없을 때, 환대는 어려움에 부딪힌다. 주인은 자기의 근거지를 위험에 노출시키면서 이방인을 맞이할 수는 없다. 그러므로 도착한 이방인이 환대를 받기 위해서는, 서로에 대한 탐색이 미궁에 빠지지 않도록 주인에게 그들의 언어로 자기를 설명할 수 있어야 한다. 다가오는 이방인이 자신의 이름과 유래와 무고함과 선의를 말할 수 없을 때, 환대는 철회될 수 있다.

이방인은 누구인가? '이방인'은 상대적인 개념이다. 토박이 클로노스인에게 방랑자 오이디푸스가 이방인인 것처럼, 오이디푸스에게 그들도 이방인(xenos)이다. 누구의 입장에 서는가에 따라, 누가 주체의 위치를 먼저 점유하는가에 따라, 누구의 관점에서 보는가에 따라, 이방인의 지위는 상대적으로 주어진다. 사실 서로에게 낯선 두 이방인의 만남은 곧 두 주체의 만남이기도 하다. 다만, 환대를 제공할 수 있을 주체는 자기의 위치와 지위를 주장할 거점을 가지고 있다는 점에서 차이가 있을 뿐이다. 주체가 머무는 '자기 장소', 그 거점이 주체의 입장을 보장해 주기에 주체는 거기에서 주인으로 이방인을 맞이한다. 주체가 이방인을 맞이하는 그 거점은 주체의 '집'이다. 레비나스(Emmanuel Levinas)에 따르면, 주체는 자기정립(hypostase)을 통해 출현한다. 그가 말하는 주체의 자기정립이란, 아무런 존재 규정도 없는, 존재자 없는 존재의 '익명적 존재'(il y a) 상태에서 탈피하여 세계에 이름을 부여하면서 주체가 세계 안에 자기 자리를 확보하는 것을 말한다. 확고함, 안정성, 세계와의 분리를 성취하기 위해, 주체는 집, 거주(dwelling) 공간을 필요로 한다.

거주는 주체가 자기 자신을 회복할 수 있는 안정된 공간이다.에마뉘엘
레비나스(2003), 『존재에서 존재자로』, 서동욱 옮김, 민음사, 138쪽. 그 거주의 공간에서
주체는 자기 정체성을 구성하고, 세계를 수립한다. 그리고 그곳에
서 이방인을 맞이한다. 이방인이 등장하는 장소는 바로 거기, '문지
방'이다. 만남이 시작되는 곳, 접촉이 이루어지는 장소, 거기서 이방
인을 안으로 들일지, 밖으로 내칠지 결정하게 될 것이다.

낯선 이

이방인은 '타자'도, '외국인'도 아니다. "타자, 외국인, 그리고 이
방인은 가끔은 비슷하지만, 동일한 것은 아니다."Richard Kearney ·
Kascha Semonovitch(2011), "At the Threshold", *Phenomenologies of the Stranger:
Between Hostility and Hospitality*, ed. by Kearney and Semonovitch, New York: Fordham
University Press, p. 3. 커니(Richard Kearney)와 세모노비치(Kascha
Semonovitch)는 이 세 용어들 중에서, '이방인'만이 해석학적 연구
의 대상이 된다고 주장한다. 그것은 '이방인'은 이중적인 애매성 안
에 있는 존재자, 즉 '타자'와 '외국인' 사이에 놓여 있는 존재자이기
때문이다. "외국인과 타자는 이방인의 두 얼굴이다. 하나는 우리를
향해 있고, 다른 하나는 밖을 향해 있다. 외국인은 우리가 보는 이
방인이고, 타자는 우리가 보지 않는 이방인이다. 같은 얼굴의 두 측
면──가시적인 것과 비가시적인 것, 내부와 외부, 내재성과 초월
성."(Kearney · Semonovitch, 2011: 5) 이름을 가지고 신분을 밝히고 우리에

게 다가온, 우리가 맞이하는 이방인은 외국인이다. 그러나 이름도 없이, 신분도 모르는 채, 우리에게 드러나지 않은 채, 우리의 지식 가능성의 한계 너머에 서 있을 때, 그는 타자다. 이들은 각기 다른 존재자들이 아니다. 그것은 한 존재자의 두 양상이다. 이방인은 이 양면을 모두 가지고 있다. 그리고 이방인의 이 양면성이 우리에게는 '낯선 두려움'과 '불편함'을 야기한다.

이방인은 낯섦을 간직하고 있는 자이다. 앞서 언급한 이방인의 양면성은, 이방인이 도착해 머물고 있는 공동체에 아직 완전히 동화되지 않았다는 것, 따라서 여전히 낯섦을 간직하고 있는 자라는 사실을 보여 준다. 짐멜(Georg Simmel)은 이방인을 "잠재적 방랑자로서 […] 비록 더 이상 이동하지는 않지만, 오는 것과 가는 것의 분리 상태를 완전히 극복하지는 못한 방랑자"로 정의한다.게오르그 짐멜(2005), 「이방인」, 『짐멜의 모더니티 읽기』, 김덕영·윤미애 옮김, 새물결, 79쪽. 그는 오늘 와서 내일 떠나는 방랑자가 아니다. 그러나 그는 아직 '오고 감'을 완전히 떨쳐 내지 못했다. 이방인에 대한 짐멜의 정의에서, '공간적 이동'은 문자 그대로의 의미뿐 아니라, 공동체적 질서와의 동화 여부라는 상징적 의미도 갖는다. 이방인은 완전히 동화하지 못한, 이질성의 요소와 국외자의 태도를 유지하고 있는 자이다. 따라서 이방인은 "가까이 있으면서 동시에 멀리 떨어져" 있는, 긴장 속에 있는 자이다. 아주 멀리 떨어져 있는 자는 낯설지 않다. 그는 직접적인 대면과 접촉으로부터 떨어져 있기 때문이다. 반면 완전히 동화된 자는 낯설지 않다. 그의 존재 방식은 다르게 드러나지 않을 것이기 때문이다. 따라서 가까이 머물면서도 여전히 다름을 간직한 존재자만이 낯설다. 그들은 여기 머물지만 여전히 이방인이다. 그 낯섦은 '가까이 다가온 멂'이 야기하는 긴장이다.

그 낯섦이 토박이 공동체에 자극을 준다. 이방인은 "처음부터 그 영역에 속하는 것은 아니지만, 그곳에서 나온 것이 아닌, 아니 나올 수도 없는 특성들을 그 영역 안에 끌어들인다".(짐멜, 2005: 79) 이방인은 그가 들어선 공동체를 다른 눈으로 관찰할 수 있다. 그의 관점은 다른 데서 유래한 것이기 때문이다. 이것이 '객관성'이라는 특별한 태도를 가능하게 한다. "이 태도는 이를테면 단순한 거리와 중립을 의미하는 것이 아니라 가까움과 멂 그리고 무관심과 적극적 관여가 조합된 특별한 구조를 가리킨다."(짐멜, 2005: 82) 이 객관적인 거리를 짐멜은 '자유'라고도 표현한다. "객관적인 인간은 주어진 것에 대한 인식, 이해 및 평가를 미리 결정짓는 그 어떠한 고착된 관념에도 속박당하지 않는다."(짐멜, 2005: 83) 이방인을 통해 받는 자극을 수용할 수 있을 때, 그 개방성이 공동체를 건강하게 변화시킬 수 있다.

그러나 그들이 지닌 객관성과 자유로 인해 이방인들은 의심의 대상이 되기도 한다. "그[이방인]는 실제적으로 그리고 이론적으로 더 자유로운 사람이고, 모든 관계들을 더 공평무사하게 조망하고, 이것들을 더 보편적이고 객관적인 이상에 비추어서 측량하고, 또한 그는 행위에 있어서도 관습, 신앙심, 선례에 구속되어 있지 않다."(짐멜, 2005: 83) 관습에 순응하지 않는, 토박이 문화에 구속되지 않은, 동화되지 않은 이방인의 위치, 그들의 '다른', '자유로운' 관점은 때로 그들을 위험한 존재, '낯선 밀사, 교사자, 외부에서 온 선동가'로 보게 한다. 그리고 이 과장된 의식이 이들을 위험에 빠뜨리기도 한다.

자극과 긴장, 불편함과 낯섦을 수용하지 못하는 토박이 문화에서, 이방인을 의심스럽고 위험한 존재로 판단하고, 때로 이 의심이 혐오로 자리를 옮기게 될 때, 이방인은 개인으로 인식되는 것이 아니라 '특정한 유형의 집단'으로 인식된다. 이들은 집단으로 뭉뚱그려 표상되고, 개개인의 차이와 고유성은 드러나지 않는다. 집단으로 표상될 때, 이방인은 "오히려 가까이 있으면서 **동시에 멀리 떨어져 있다**".[강조는 원저자](짐멜, 2005: 87) 공통성으로 일반화된 이방인에 대한 표상이 토박이 공동체가 이들을 폭력적으로 대우하는 근거가 된다.

물음을 던지는 자

이방인의 등장은 토박이 공동체에 물음을 던진다. 지금까지 이 공동체가 당연하게 받아들이던 것, 이 공동체의 건전성, 전통적 관습, 당연한 관례 등은 이방인의 객관적이고 자유로운 눈을 경유해 낯설어진다. 이방인이 지닌 객관성과 자유는 이들이 토박이들과는 다른 '해석도식'(Auslegungsschema)을 가지고 있기 때문에 가능한 것이다. 쉬츠(Alfred Schütz)는 이방인을 "본질적으로 그들이 다가가는 그 집단의 성원들에게는 의심의 여지가 없어 보이는 것들 거의 전부에 대해 물음을 던지는 사람"이라고 규정한다.Alfred Schütz(1972), "Der Fremde", *Gesammelte Aufsätze*, Bd. I, Leiden: Martinas Nijhoff, S. 59. 이방인은 자신이 성장한 공동체로부터 그들이 지금 다가가고 있는 집단의 그것과는 다른 '집단생활의 문화적 틀'(Zivilisationsmuster des Gruppenlebens)을 전수받았다. '집단생활의 문화적 틀'이란, 가치체계, 제도, 법, 도덕, 관습, 사회적 태도, 유행 등의 복합체를 말한다. 따라서 이방인은 그가 다가가는 공동체와는 전혀 다른 세계 해석의 도식을 가지고 있고, 그가 도착한 그 토박이 공동체에서 당연시되는 '통상적 생각'(Denken-wie-üblich)을 당연한 것으로 받아들이지 않는다. "이 '통상적 생각'이라는 말은 [⋯] 막스 셸러(Max Scheller)의 비교적 자연스러운 세계관(relativ natürliche Weltanschauung)에 해당한다."(Schütz, 1972: 58) 이방인이 지니고 온 이 '다른' 해석도식은 토박이 집단에 새로운 것이고, 또 그들이 확신하는 '통상적 생각'의 타당성을 뒤흔든다. 이방인을 통해 '비교'의 관점이 도입되면, 토박이 집단의 문화적 틀은 변화를 자극받는다.

한 공동체의 문화적 틀을 재고하게 하는 이방인의 객관성과 비교의 관점은 사실 쓰라린 '경계경험'의 결과이다. 이방인은 이미 자신의 토박이 공동체를 떠나 낯선 공동체에 들어서면서 위험을 감수하며 경계를 넘는 경험을 했다. 경계경험은 "한 개인이 자신의 지위, 주도적인 역할, 심지어는 자신의 역사까지도 상실할 수 있다는 것, 그리고 삶의 정상적인 진행이 보이는 것보다 훨씬 덜 안전하다는 것을 가르쳐 준다".(Schütz, 1972: 68) 이 불안정하고 쓰라린 경험이, 이방인 개인에게는 객관적인 관점을, 그리고 그가 다가가는 공동체에게는 비교의 관점과 물음을 통한 자극, 그리고 변화의 가능성을 제공한다. 그렇게 경계경험을 통해 이방인은 '물음을 던지는 자'가 된다. 이러한 관점에 근거하여 데리다는, "이방인이란, 물음으로-된-존재, 물음으로-된 존재의 물음 자체, 물음-존재 또는 문제의 물음으로-된-존재"라고 부른다.(데리다, 2004a: 57)

'물음을 던지는 자'이자 '당연시되던 것을 다른 관점에서 묻는 탐구자'로서의 이방인의 지위와 역할의 예를, 데리다는 플라톤의 대화편에서 찾는다. 플라톤의 대화편에서 이방인은 질문자로 등장한다. 이방인은 대화와 사유를 시작하도록 자극하는, 의문을 제기하는 자이다. "『소피스트』편에서 존재와 무 사이의 대립에 대한 전통적인 파르메니데스의 이론에 물음을 던지고, 가부장적 로고스의 힘에 도전하는 이는, 이방인(Xenos)이다."(Kearney·Semonovitch, 2011: 5)

따라서 공동체 내에서 당연하게 여겨지는 '자연스러운 세계관'에 물음을 던지려는 사람은, 이방인'처럼' 되어야 한다.『변론』에서 소크라테스는 스스로 이방인을 자처했다.플라톤(2017), 『소크라테스의 변론·크리톤·파이돈』, 천병희 옮김, 숲. 법정에 선 소크라테스는 법정 용어에 낯선 자신을 이방인으로 대우해 줄 것을 요청한다. 법정에서 자신을 이방인으로 예우해 달라고 요청하는 것에는 이중적 의미가 있다. 먼저, 아테네의 법정에서 이방인은 관용을 요청할 수 있었다. 그리스 도시 국가에서 문명화된 이방인이나 외국인은 일정한 보호의 권리를 인정받았다.(데리다, 2004a: 67) 한편, 소크라테스는 스스로를 '무지한 자'로 자처하면서 자신을 그 자리에 세운 법에 질문을 던지기 위해 스스로 이방인의 위치에 선다. 산파술적인 질문들을 던지고 공동체의 상식을 교란시키는 "소크라테스 자신이 이방인의 특징을 구비하고 있다. 그는 이방인을 대변하고, 이방인의 형상을 한

다. 그는 이방인이 아니면서 이방인 역을 연기한다".(데리다, 2004a: 63)
그러면서 소크라테스는 공동체의 규약에 대립한다. 그가 아테네의
법정에서 자신을 이방인으로 대우해 달라고 요청할 때, 소크라테
스는 자신을 다른 시각을 가지고 묻는 자이자, 공동체의 관습적 질
서를 당연시하지 않는 자로 위치 짓는다. 철학은 가장 일반적인 관
점들을 낯설게 만드는 실천이다. 그러므로 철학자는 이방인의 자
리에 들어서는 자, 이방인의 역할을 자임하며 묻는 자이다.

공동체 질서의 교란자

경계경험을 통한 이방인의 객관적이고 자유로운 관점을 보여 주
는 하나의 극적인 예를 우리는 안티고네에게서 발견할 수 있다.소
포클레스(2001b),「안티고네」,『오이디푸스 왕, 안티고네』, 천병희 옮김, 문예출판사. 오이디푸
스가 클로노스의 숲으로 들어가 신들과의 화해를 완성하고 안전한
죽음에 도달한 이후, 안티고네는 방랑의 경험을 안고 고향인 테바
이로 돌아온다. 테바이로 돌아온 안티고네는, 통치자 크레온의 이
름으로 공표된 테바이의 법령을 어기고 죽은 오라비 폴뤼네이케스
의 시신을 거두어 장례를 지낸다. 크레온은 외부 세력과 연합하여
테바이를 공격한 폴뤼네이케스를 국가의 적으로 규정하고, 전사한
그에게 어떠한 장례절차나 애도의식도 행하지 못하도록 금지했다.
이 금령을 깨뜨린 안티고네의 행동은 도시국가 테바이의 질서를
위협하는 행동으로 판결되고, 그녀는 공동체의 규약 밖에 선 존재

가 된다. 공동체의 법적 규약에 대항하면서, 안티고네는 '다른' 근거로 자신의 행위를 정당화한다.

안티고네는 '인간의 법'과 '신의 법'을 구분한다. 크레온의 법령은 '인간의 법'일 뿐이다. 그녀에게 더 의미 있는 것은 불변하는 '신의 법'이다. 신의 법은 가족의 죽음에 대한 애도를 명한다. 안티고네는 크레온을 향해 그렇게 말한다. "나는 그대의 명령[크레온의 법령]이, 신들의 확고부동한 불문율들을 죽게 마련인 한낱 인간이 무시할 수 있을 만큼 강력하다고 생각하지 않았어요."(소포클레스, 2001b: 289) 안티고네는 '다른' 관점을 가지고, 한 공동체의 규약에 물음을 던진다.

정의에 대한 다른 관점을 가져오는 안티고네는 이방인이다. 테바이는 그녀의 고향이지만, 돌아온 그녀는 이방인이다. 이방인으로서 안티고네의 지위는 이중적 기원을 갖는다. 그녀는 경계경험을 가지고 고향으로 돌아왔다. 오랜 방랑이 그녀를 이방인으로 만들었다. 그녀는 경계경험을 한 이방인이 되어 귀향했다. 그녀의 오랜 방랑은 고향의 관습이나 법을 당연시하지 않을 자유를 준다. 그녀의 관점은 다르다. 쉬츠에 따르면, 이방인은 그가 소속되기 위해 접근하는 집단의 문화적 틀에 변화를 야기할 뿐 아니라, 그가 떠나온 고향 집단의 변화에도 영향을 미친다. 이방인은 토박이들과는 다른 잣대를 가지고 있기 때문이다.

다른 한편, 안티고네의 이방인 지위는 그녀의 '여성'이라는 위치 때문이기도 하다. 안티고네에 대한 크레온의 분노에는 젠더적 의미가 포함되어 있다. 크레온은 여러 차례 법령의 선포자라는 자신의 '남성적' 지위를 선언한다. 그리고 그는 안티고네의 저항 행동을 남성적 지위에 대한 도전으로 해석한다. 그는 그렇게 말한다. "정말이지 이제 나는 사내가 아니고 이 계집이 사내일 것이오, 이번 승리가 벌 받지 않고 그녀의 것으로 남는다면 말이오." (소포클레스, 2001b: 290) 또는, "내가 살아 있는 한, 여인이 나를 지배하지는 못할 것이다" (소포클레스, 2001b: 293) 이와 같은 언설들은, 그가 안티고네의 저항을 자신의 법령 선포자라는 남성적 지위 또는 주체로서의 남성성에 대한 도전으로 받아들이고 있음을 보여 준다. 여성 이방인 안티고네는 남성적 지배질서의 바깥에서 '다른' 관점을 유지하고 있다. 공동체 내부에서 남성 주체와는 다른 지위를 강요받아 온 여성 타자들은 남성 주체의 그것과는 다른 관점을 갖는다. 피에르 부르디외 (2000), 『남성지배』, 김용숙·주경미 옮김, 동문선.

버지니아 울프(Virginia Woolf)는 『3기니』에서 안티고네의 '다른' 규범을 적극적으로 읽는다. 버지니아 울프(2007), 『3기니』, 태혜숙 옮김, 이후. 국가의 적이었던 폴뤼네이케스의 장례를 금한 크레온의 법령에 반하여, "나는 서로 미워하기 위해서가 아니라, 서로 사랑하기 위해서 태어났어요"라고 선언하는 안티고네가 남성적 지배질서에 대한 대안적 관점을 보여 준다는 것이다. 국가 공동체의 질서가 남성 주체에 의해 주도되고 여성을 그 공동체의 구성에 동등하게 참여하지 못하는 타자로 만드는 한, "여성에게 국가는 없다". 여성들이 놓여 있는 주변화된 지위는, 여성들을 자신의 땅에서 이방인으로 만든다. 이렇게 이중적인 이방인의 위치에서 안티고네는 공동체적 질서의 교란자가 되었다.

2. 이방인의 권리

환대권, 칸트의 '영구 평화론'으로부터

질문자이자 질서 교란자로 등장하는 이방인은 주체에게 불편하지만 피할 수 없는 과제를 준다. 이 이방인들과 어떻게 관계 맺을 것인가? 이들의 다른 관점과, 이들이 던지는 질문을 어떻게 수용할 것인가? 이방인과의 만남은 토박이 주체에게 윤리적 물음으로 다가온다.

낯선 이방인과의 관계는 어렵다. 낯선 이의 의도와 생각을 우리는 알 수 없기 때문이다. 어떤 의도를 가지고 그가 다가오고 있는가? 그는 적인가, 친구인가? 그는 취약하여 보호와 도움을 필요로 하는 자인가, 나쁜 의도를 감추고 있는 침략자인가? 이질성은 의심스럽다. 따라서 타자와의 관계 맺기는 언제나 판별의 문제를 경유하게 된다. "우리는 어떻게 좋은 타자와 악한 타자를 구분할 수 있는가? […] 타자가 우리를 파괴하려는 적인지, 우리의 편집증이 투사한 무고한 희생양인지, 그 둘 모두인지 어떻게 알 수 있는가?"리처드 커니(2004), 『이방인, 신, 괴물: 타자성 개념에 대한 고찰』, 이지영 옮김, 개마고원, 119쪽.

칸트는 경계를 넘어 마주하게 되는 이방인과의 평화로운 공존 관계를 확립하기 위한 기획을 제안하는 자리에서, 낯선 이방인들 사이의 일차적인 관계는 위협이라고 전제한다. 칸트의 『영구 평화론: 하나의 철학적 기획』(*Zum ewigen Frieden. Ein philosophischer Entwurf*)은 "혁명의 와중에 있던 프랑스와 프러시아 사이에서 '바

젤 조약'(Treaty of Basel)이 체결되는 것을 보면서 1795년에 쓰여졌다".세일라 벤하비브(2008), 『타자의 권리』, 이상훈 옮김, 철학과현실사, 50쪽. 이 글에서 칸트는, "함께 생활하는 사람들 사이에서의 평화 상태는 자연 상태가 아니다, 자연 상태란 전쟁의 상태이다"라고 단언하면서 자신의 기획을 시작한다.임마누엘 칸트(2008), 『영구 평화론』, 이한구 옮김, 서광사, 26쪽. 전쟁 상태라는 말의 의미는 실제로 적대 행위가 계속 자행된다는 뜻이 아니라, 전쟁의 위협이 상존한다는 뜻이다. "따라서 평화 상태는 정초되어야만 한다."

칸트에 따르면, 평화가 정초되기 위해서는 법적 장치가 필요하다. 법적인 장치를 통해서만 상호 안전이 보장될 수 있는 이유는, "자연 상태에 있는 사람은(혹은 국민은), 그가 내 곁에 있을 경우, 그가 비록 내게 실제로 해를 입히지는 않는다고 하더라도 나의 안전을 위협하고 나에게 해를 초래"하기 때문이다. "무법적 상태에 의해서, 그는 나를 부단히 위협한다."(칸트, 2008: 26) 안전은 합의된 법적·제도적 장치에 의해서만 보장될 수 있다. 칸트에 의하면, 법적 장치의 보호막 없이 마주치게 되는 이방인은 부단한 위협이다.

따라서 서로에게 영향을 끼치는 사람들 모두가 어떤 '공민적 정치 체제'에 속해 있어야 한다. "①한 국가 안에서는 시민법을 따르는 체제. ②국가 간의 상호 관계에 있어서는 국제법에 따르는 체제. ③사람이나 국가가 외적으로 서로 영향을 줄 수 있는 관계에 있으면서, 보편 상태의 시민으로 고려되는 한에서는, 세계 시민법에 따르는 체제."(칸트, 2008: 26) 이 전제 위에서, 낯선 이방인과의 만남에 일정한 평화의 약속이 수립될 수 있다.

그러면서 칸트는 '영구 평화를 위한 제3의 확정 조항'을 통해, 이방인의 권리를 명시한다. 세계 시민법에 근거한 환대의 권리가 그것이다. 제3의 확정조항은 다음과 같이 정식화되어 있다. "세계 시민권은 보편적인 환대의 조건에 한정되어야 한다."(Das Weltbürgerrecht soll auf Bedingen der allgemeinen Hospitalität eingeschränkt sein) 여기서 말하는 환대의 권리는 모든 인류가 가져야 할 권리이다. "우호(손님으로서의 대우, Wirtsbarkeit)란 한 이방인이 낯선 땅에 도착했을 때 적으로 간주되지 않을 권리를 뜻한다."(칸트, 2008: 38) 칸트가 말하는 환대는 박애가 아니라 '권리'이다. 그것은 "각기 다른 시민 결사체에 속하면서, 그 경계 지어진 공동체의 변경에서 조우하는 개인들 사이의 상호 작용을 규정"하는 계약의 문제이다.(벤하비브, 2008: 51)

그러나 칸트에 있어 이방인에게 주어지는 환대의 권리는 절대적 권리가 아니다. 그것은 계약에 의존하며, 계약의 구속을 받는다. 계약을 지키겠다고 약속하는 한, 그 권리는 보장된다. 그렇다고 방문하는 이방인은 영속적인 체류를 요구할 권리는 없다. "추방으로 인해 그 외국인이 생명을 잃지 않는 한, 그 국가는 그를 자신들의 땅에 발붙이지 못하도록 할 수 있다. 그러나 그가 평화적으로 처신하는 한, 그를 적대적으로 다루어서는 안 된다."(칸트, 2008: 38~39) 따라서 이 권리는 조건부의 권리이다. 그가 평화적으로 처신하는 한에서 주어지는 권리이며, '특별한 우호적 계약'을 통해 보장되는 권리이다. 그래서 "모든 사람들이 누릴 수 있는 것은 일시적인 방문의 권리요, 교제의 권리이다".(칸트, 2008: 39)

환대권의 모호성

벤하비브(Seyla Benhabib)는 칸트가 규정하는 환대의 권리에 대한 조항을 읽으면서, 그의 논의가 지닌 모호성을 지적한다. 칸트에게 환대권이 어떠한 경우라도 반드시 지켜야 하는 강제적 의미를 지니는 것인지 여부는 명확하지 않다. 벤하비브가 발견하는 이 문제는 궁극적으로 환대권이 "인권과 시민권 사이의 공간, 즉 인격에 기초한 인간[보편]의 권리[인권]와 우리가 특정한 공화국의 구성원인 한에서 갖는 권리[시민권] 사이"에 위치하고 있기 때문에 발생한다.(벤하비브, 2008: 51)

칸트가 주장하는 환대권의 근원적 토대는 인류가 지구를 공동으로 소유하고 있다는 그 사실이다. "사람들은 지구 땅덩어리를 공동으로 소유함에 의해 그런 권리[환대의 권리]를 갖는다."(칸트, 2008: 39) 인류는 공동체들 사이에 자연스러운 경계를 이루는 불모지를 통과하여 서로 왕래하고, 또 공동의 소유인 지구에 대해 공통의 권리를 행사하면서, '교제'한다. 그것이 칸트가 말하는 '우호의 권리', '환대권'의 '자연적' 근거이다. 그러나 칸트는 이 '공동 소유'라는 주장이, 그 지역에 먼저 정착한 선주민의 권리를 박탈할 수 없음을 강조한다. 칸트는 '지구의 공동 소유'라는 근거가 제국주의자들의 비우호적 행위, 즉 부정의한 정복의 근거가 되는 것을 경계한다.(칸트, 2008: 40)

벤하비브는 칸트의 환대권이 지닌 불확실성을 지적하면서, "망명권이나 피난권이 이런저런 뜻에서 우리가 함께 인류라는 데

기초한 **상호적인 도덕적 의무**라는 의미에서[의] '권리들'인가?"[강조는 원저자]를 묻는다.(벤하비브, 2008: 53) 칸트에게서 환대권이 개인이나 국가 차원에 강제되어야 하는 규범적 요청인지에 대해 명확한 답변을 발견하기는 어렵다. 칸트에 따르면 환대권은 강요될 수 없다. 오직 "정치적 주권들이 자발적으로 지고 있는 의무로 남아 있는 것이다".(벤하비브, 2008: 54) 그것은 환대권이 어떤 자의성 위에 놓여 있음을 의미한다.

칸트의 환대에 대한 규정은 불완전하다. "이 의무가 '불완전한' 이유, 즉 조건적인 이유는 예외를 허용하는 점과 그리고 자기 보존을 위한 합법적 이유로 무시할 수 있기 때문이다."(벤하비브, 2008: 60~61) 환대권은 이방인의 필요보다는 주권자의 입장과 위치를 중심으로 한다.

칸트가 세계시민권을 주장한 동기는 피난처를 구하는 가난한 사람들이나 짓밟힌 사람들, 박해받는 사람들, 억압받는 사람들의 필요를 문제 삼은 것이 아니라, 계몽 시대 유럽인들의 관심이었던 다른 민족을 접할 때의 문제라든가, 지구의 다른 부분에 있는 부(富)를 전유하는 문제 등과 연관된다.(벤하비브, 2008: 62)

칸트가 말하는 환대권의 이 명백한 한계는 그가 임시 체류권과 영주권을 구분할 때, 그러면서 임시 체류를 '권리'로, 영주권을 '특권'으로 구분할 때, 드러난다. 칸트에 의하면, 임시 체류의 허용은 주권의 '의무'지만, 영주권의 허용 여부는 '선의에 기초한 계약'

에 의존해야 한다. 칸트는 이방인의 '권리'를 명시했다. 그러나 그는 여전히 그것을 허용할 권한을 주권에 부여하고, 주권자의 입장과 상황이 이방인의 권리에 우선할 수 있는 가능성을 남겨 둔다. 칸트가 보증하는 환대권은 조건부이며, 이 조건부 환대권이 제공될 가능성은 주체의 관용(tolerance)에 의거한다. 칸트는 '관용의 한계선'을 명확히 한다. 이방인은 그가 평화적으로 처신하는 한, 적대적으로 다루어지지 않을 것이다. 그리고 그것을 결정할 수 있는 권한은 주인에게 있다.

3. 조건부 환대, 관용

관용(tolerance)의 제도화

관용은 주체의 입장에서 타자의 다름을 인정하고, 그것에 동의하지 않더라도 용인하여 공존을 허용하는 것을 말한다. 왈저(Michael Walzer)는, 관용을 '역사, 문화, 종교, 정체성이 다른' 집단들을 용인하는 태도나 마음 상태로 이해할 때에도, 다양한 해석 가능성이 있다고 지적한다. 관용적 태도에는, 첫째, 16~17세기 종교적 관용에 그 기원을 둔 "평화를 위해서 체념적으로 차이를 용인하는 것"이 있을 수 있다. 이 태도는 오랜 적대가 만들어 낸 폭력에 대한 피로에서 유래한다. 둘째, 차이에 대한 '자비로운 무관심'의 태도가 가능하다. 적극적인 인정이 아닌 수동적인 거리두기와 무관심이 관용을 가능하게 할 수 있다. 셋째, 내게 마음에 들지 않더라도 타인의 권리를 인정하는, '도덕적 스토아주의'가 있다. 넷째, 호기심, 동경, 다름에 대한 열린 태도에 근거한 관용적 태도가 있을 수 있다. 이것의 가장 극단적 형태는 다름을 열광적으로 지지하는 미학적 태도가 될 것이지만, 왈저는 이 태도를 '관용'으로 보지는 않는다. 차이와 다름을 관념적으로 지지하는 것과 실제로 그것을 관용하는 것은 같지 않기 때문이다.마이클 왈저(2004), 『관용에 대하여』, 송재우 옮김, 미토, 27~28쪽.

역사적으로 다양한 차원의 관용이 서로 다른 집단들 사이의 평화로운 공존을 가능하게 해온 것이 사실이지만, 칸트가 지적한 대로, 관용은 박애의 결과가 아니라 상호성에 근거한 합의의 결과로서만 실질적인 힘을 갖는다. 나아가 관용은 법적·제도적 장치에 의존함으로써만 안전하고 평화로운 공존을 보장할 수 있다. 이방인을 일차적으로 위협이자 악으로 인식하는 사유 틀 안에서, 이방인은 주인이 제시하는 계약적 조건을 준수하겠다고 약속하는 한에서 관용을 기대할 수 있다. 관용의 제도화가 이방인에게 안전과 소극적인 권리를 보장해 줄 수 있다.

그러나 관용의 제도화는 시대와 문화, 그리고 정치 질서에 따라 각기 다른 방식으로 구현되어 왔고, 또한 그 각각은 그 사회의 변화에 따라 안정적인 관용의 시기를 유지하기도 하고 관용이 불관용으로 전환되기도 한다. 왈저는 특히 근대 이후의 정치 체제하에서 관용의 의무가 위협받아 왔음을 지적한다. 제국, 민족국가, 이

민사회와 같은 체제에서 '동일성과 단일성에 대한 욕구'가 '차이의 관용'을 압도했다.(왈저, 2004: 153) 사회의 변화에 따라 관용의 의무가 후퇴하거나 포기될 수 있는 이유는, 관용이 힘의 불균등에 근거하고 있기 때문이다. 누구를 관용한다는 것 자체가 권력의 행사이고, 관용을 받는다는 것 자체가 약함을 인정하는 것이다.(왈저, 2004: 99) 따라서 "관용은 '포용'이라는 가면을 쓴 권력 행위이다".웬디 브라운(2010), 『관용: 다문화제국의 새로운 통치전략』, 이승철 옮김, 갈무리, 59쪽. 관용은 언제든 철회될 수 있다.

하버마스(Jürgen Habermas)는 관용에 내재하는 권력의 불평등을 '가부장적인 것'이라고 비판한다. 그는 "관행에서 벗어난 소수파의 행동에 대해 지배자나 다수파의 문화가 자기들 마음대로 기꺼이 '관용한다'고 일방적으로 선언하는 행위"를 '가부장적인 것'이라고 규정했다. 이때 관용은 자비나 은혜 베풀기와 같은 요소를 지닌다.지오반나 보라도리(2006), 『테러 시대의 철학: 하버마스, 데리다와의 대화』, 손철성·김은주·김준성 옮김, 문학과지성사, 86쪽. 그것은 관용이 지배자 또는 다수자의 권위주의적 허용의 한계 내에 존재하는 것임을 드러낸다. 관용이 권력자의 양보와 자비에 기댈 수밖에 없는 한, 그것은 '최강자의 논거'에 놓이게 된다. 관용이 강자의 자비에 기대어 이방인에게 제한적인 권리를 마련해 줄 수는 있지만, 그것 자체가 이방인과의 평화로운 공존을 위한 원리가 될 수는 없다. 관용의 정도는 자의성에 의존할 수밖에 없으며, 관용에 기대는 개인이나 집단은 이 불평등한 수혜적 관계를 감수해야만 하기 때문이다.

관용의 역설

관용은 위에 지적한 원리상의 한계뿐 아니라, 실천 영역에서의 역설을 내포한다. 오늘날 관용의 실천은 매우 독특한 타자성 관리의 방식으로 작동한다. "관용은 그 대상이 되는 요소를 주인 안으로 편입시키는 동시에, 그 대상의 타자성(otherness)을 계속 유지시킨다는 점에서, 매우 독특한 타자성 관리 방식이다."(브라운, 2010: 62) 관용의 대상은, 표지된 채로 남는다. 즉 이질성의 표식을 달고 있어야 한다. 이질성이 완전히 사라지면, 관용의 필요성 역시 사라질 것이다. 이질성은 통치의 방식을 통해 관리된다. "겉으로는 정의를 표방하는 관용은 이런 식으로 특정한 대상을 편입을 통해 관리하는 동시에, 계속해서 이들에게 외부인의 자리를, 더 나아가 정치체나 사회체에 대한 잠재적인 위협의 자리를 할당하는 행위이다."(브라운, 2010: 63) 이러한 상황에서 관용은 차이를 용인하면서, 동시에 차이를 고정화한다. 여기에 관용의 역설이 있다. 관용은 관용의 대상을 생산하고, 고정하고, 관용을 받아야 하는 약자로 표식하면서, 동화와 편입을 제한한 채 관리한다.

웬디 브라운(Wendy Brown)은 80년대 중반 이후에 두드러지게 드러난 '관용 담론의 세계적 르네상스'가 오히려 관용의 탈정치화를 야기했다는 점을 지적한다. 교육, 문화, 일상에서의 관용의 강조는 오히려 정치적으로 해결해야 할 평등의 문제를 개인적 도덕차원의 문제로 환원시킨다. 그 결과 탈정치화된 관용 담론은 "정치적 언어를 감성적이고 개인적인 언어들로 대체해 버리는" 결과를 낳는다. 브라운은 "정의와 평등의 문제가 관용의 문제로 대체될 때, 타자에 대한 정의의 문제가 타자에 대한 감수성과 존중의 문제로 대체될 때, 역사적 배경을 가진 고통들이 단순한 차이와 공격성의 문제로 환원되고 그 고통이 개인의 감정의 문제로 여겨질 때, 정치적 투쟁과 변혁의 문제는 특정한 행동과 태도, 감정의 문제가 되어 버린다"고 지적한다.(브라운, 2010: 42)

브라운에 따르면, 신자유주의적 다문화주의 사회에서 관용은 차이에 대한 적대를 정치적으로 해결하는 것이 아니라 단지 관리함으로써 심리적 원한감정(ressentiment)을 심화한다. 관용의 수혜자는 주변적 대상으로 표지화되면서 '시민과 비시민, 인간과 비인간을 구분하는 경계'에 자리 잡게 되고, 이에 따라 원한과 자기 비하로 인한 공격성을 갖게 된다. 다른 한편, "관용을 실천하도록 종용받는 이들은 시민 윤리와 평화, 진보의 이름하에 적개심과 분노를 억눌러야만 한다". 그 결과 "강자의 위치를 부인함으로써 발생하는 원한과 억압된 공격성을 낳는다".(브라운, 2010: 64) 자유주의적 다문화주의는 이와 같은 불안정한 심리구조를 생산한다. 이는 관용의 실천이 탈정치화되고, 역사적 맥락과 권력 관계에 대한 이해가 배제된 채 차이와 이질성이 본질화하고 고정함으로써 발생하는 문제이다.

브라운은 통용되는 신자유주의적인 다문화주의 관용 담론의 위험을 경고한다. "오늘날 일상적으로 이야기되는 관용 담론은, 불평등이나 사회적 억압과 같은 문제를 개인이나 집단의 편견에서 비롯되는 문제로 치부하는 경향이 있다."(브라운, 2010: 40) 이 담론은 사회적 갈등을 서로 다른 종교, 문화, 종족 정체성 간의 적개심으로 환원시킨다. 그러면서 정치적 갈등을 자연화하고, 정치적·역사적으로 생산된 정체성들을 존재론화한다. 이러한 담론 양상은 상이한 집단들 간에 갈등 상황을 야기해 온 역사적 배경과 거기 내재된 권력의 문제를 회피한다. 관용 대상의 구성에 작동하는 역사와 권력의 문제는 도외시하면서, 관용의 대상을 관용을 베푸는 주체와 '태생적, 본질적'으로 '다른' 존재로 이해하도록 만든다. 그 결과 두 집단 간의 갈등은 '자연적'으로 발생하는 것처럼 본질화된다.

웬디 브라운은, 관용의 실천이 요청되는 모든 영역, 즉 인종, 종족, 문화, 종교, 성적 지향성 등의 차원에서 "문제가 되는 차이와 정체성은 사회적·역사적으로 형성된 것이며, 그 자체로 권력과 헤게모니적 규범, 그리고 특정 담론들의 산물이라는 사실"을 명확히 규명해야 한다고 강조한다. 그렇지 않을 경우, "관용 담론은 강력한 국지적 진리를 생산하고, 집단적이고 공적인 진리를 빈껍데기로 만드는 데 일조함으로써, 도덕적 진리에 대한 상대주의를 부추기게 된다."(브라운, 2010: 79) 관용이 상대주의 안에 머물게 되면 관용의 일관성은 위협받는다. 불관용을 주장하는 정치적 견해나 입장, 예를 들어 인종주의자를 관용해야 하는가? 관용할 수 있는가? 인종주의를 반인종주의와 같은 하나의 의견으로 수용해야 하는가?

'관용을 위해 불관용해야 한다'는 원칙을 지키기 위해서, 그리고 '자유의 확대에 기여하기 위해 관용은 자유를 억압하는 일체의 것을 불관용해야 한다'는 원칙을 유지하기 위해서, 제도화를 통해 개선해야 할 정치적 불평등의 문제를 개인적·심리적 차원의 관용 실천의 문제로 환원시키는 것을 경계해야 한다. 브라운은 문화적 차원에서 관용을 강조하기보다는, 정치적 차원에서 평등을 실현하는 것이 소수자나 이방인의 권리를 인정하는 보다 안정적이고 실질적인 과정임을 강조한다.

관용을 해체해야 하는가?

신자유주의적 다문화주의의 관용 담론을 비판한다고 해서, 관용의 순기능과 역할을 전적으로 부정할 수는 없다. 관용은 제도화되어야 하고, 또한 제도를 보충해야 한다. 하버마스는 관용의 권위적이고 '가부장적인' 허용적 태도와 관행을 비판하지만, 관용 개념이 해체되는 것은 위험하다고 강조한다. 물론 지배자가 소수자에 대해 일방적으로 관용을 선언하는 행위는 가부장적인 것이다. 이때 지배자의 관용은 소수자가 '관용의 한계'를 넘지 않는다는 조건하에서만 주어진다. 그리고 그 '관용의 한계선'은 지배자에 의해 자의적으로 설정되기 때문에, "관용은 일정한 경계 내부에서만 실행에 옮겨질 수 있으며 그 경계를 넘어서면 중단되기 때문에, 관용 자체가 불관용이라는 핵심적 문제를 안고 있다".(보라도리, 2004: 87) 그러나 이 모든 한계와 위험에도 불구하고 하버마스는 민주적 공동체의 맥락에서 관용이 여전히 옹호될 수 있다고 보는데, 그것은 그 안에서 '관용의 한계선'이 다수자의 권위에 의해 일방적이고 자의적으로 결정되지 못하도록 견제하는 것이 가능하다고 보기 때문이다. "시민들의 평등한 권리 및 호혜적인 상호 존중이라는 토대 위에서는, 그 누구도 자기 자신의 선호나 가치관에 따라서 관용의 경계선을 마음대로 설정할 수 있는 특권을 소유하고 있지 않다."(보라도리, 2004: 87) 따라서, 법에 기초한 민주적인 공동체에서 관용을 위한 '공동의 기준'을 설정하고 그 가치를 추구하는 것이 가능하다. 그런 구도에서 자의적인 관용의 한계선 긋기는 성찰될 수 있다는 것이다. 하버마스는 민주적인 공동체 내에서 평등한 권리와 상호 존중의 토대가 지지될 때, 관용에 내재된 권력의 불평등을 비판적으로 극복해 나갈 수 있다고 본다.

데리다도 관용이 권력을 가진 다수자의 양보와 자비, 은혜 베풀기에 기댈 수밖에 없는 한, 그것은 '힘이 곧 정의'라고 하는 '최강자의 논거' 편에 있게 된다고 지적한다. 데리다는 강자의 자비가 제공하는 관용으로 이방인의 권리를 마련해 줄 수는 있지만, 그 자체가 이방인과의 평화로운 공존의 원리가 될 수는 없다고 본다. 그 이유는 관용의 정도, 즉 '관용의 한계선' 설정이 권력을 가진 자의 자의성에 의존할 수밖에 없고, 관용에 기대는 소수자, 이방인 집단은 불평등한 수혜적 관계를 감수해야 하기 때문이다. 자의성에 기대는 한, 관용은 상황 의존적 변화에 취약할 것이고 따라서 원리가 될 수 없다. 하버마스와 데리다는 같은 근거로 관용 담론을 비판하는 듯이 보인다. 그러나 이 둘 사이에는 근본적인 차이가 있다. 하버마스는 관용에 내포된 위험을 민주적 공동체의 원리 안에서 통제할 수 있다고 보는 반면, 데리다는 관용은 자기배반적이라고, 즉 불관용은 관용에 내재하는 것이라고 본다. 관용은 원리상 불관용을 함축한다는 것이다.

관용은 때로 지배하는 다수자의 상황 변화에 따라 쉽게 철회된다. 관용의 힘을 자랑하던 안정적인 공동체가 경제적·정치적 불안정에 봉착하게 되거나, 내부적인 결속이 위기를 겪게 될 때, 소수자에 대한 관용의 한계선은 급격히 축소되고, 때로 손쉽게 철회된다. 이방인이 이질성의 표식을 유지하는 한, 그 이질성의 표식을 지닌 채 '관용의 대상'으로 존재하는 한, 관용의 자의적 철회로 인해 야기되는 폭력은 언제나 가능하다.

다시금 주체들 간의 평등한 상호관계와 이성적 성찰을 통한 합리적인 조정의 가능성에 기대를 거는 하버마스와는 달리, 데리다는 타자와의 관계 맺기를 윤리적으로 정초하기에 관용은 불충분하다고 주장한다. 데리다는 관용의 제도화가 제대로 이루어지기 위해서라도 관용을 받쳐 줄 더 근본적인 윤리적 이념이 필요하다고 본다. 그 윤리적 이념이 바로 '환대'이다.

4. 절대적 환대의 이념

조건부 환대, 관용의 자기 배반

데리다에 따르면, "관용은 환대의 한계에 불과하다". 물론 관용도 환대의 표현이다. 그러나 환대와 관용 사이에는 본질적인 차이가 있다. 관용은 주체에 의해, 주체의 영역 안에 한계 지어진 주체중심적인 것인 반면, 환대는 타자중심적인 것이다. 관용이 여전히 주체의 힘, 주체의 가능성, 주체의 '할 수 있음'에 기대는 것이라면, 환대는 타자에게 선택권을 넘겨주는 데서 출발한다.

관용과 환대가 전적으로 대립하는 것은 아니다. 데리다는 관용을 '조건부 환대'라고 부른다. 조건부 환대인 관용은, 무조건적인 환대와는 달리 "타자가 우리의 규칙을, 삶에 대한 우리의 규범을, 나아가 우리 언어, 우리 문화, 우리 정치체계 등등을 준수한다는 조건을 내걸고 환대를 제의"하는 것이다. 이러한 환대는 '초대(invitation)의 환대'이다. 그리고 이것이 바로 우리가 흔히 이해하고 실천하는 환대이다. "민족적, 국제적, 나아가——칸트가 어느 유명한 글에서 말한 것처럼——'세계시민적' 성격을 갖는 관습, 법률, 규약을 발생시키는 것도 바로 이런 환대"이다.(보라도리, 2004: 234) 조건부 환대는 내 영토에서의 순응을 조건으로 이방인을 나의 공간으로 '초대'하는 것이다.

데리다는 '초대의 환대'는 제한적일 뿐 아니라, 원리상으로 스스로를 배반하게 되는 환대라는 점을 지적한다. '초대의 환대'가 스스로를 배반하게 되는 이유는, 다음과 같은 세 가지 측면에서 살펴볼 수 있다.

첫째, 조건부 환대의 경우 환대의 주인은 '나의 영역'에 대한 강한 고집을 버리지 못하기 때문에, "자기-집을 보호하기 위해서, 또는 보호하겠다는 주장에 의해 잠재적으로 이방인 혐오자가 될 수 있다". 데리다는 다음과 같이 부연한다.

나는 나의 집의 주인이고 싶고, 나의 집에 내가 원하는 사람을 맞이할 수 있기를 원한다. 나는 나의 '내-집'을, 나의 자기성을, 나의 환대 권한을, 주인이라는 나의 지상권을 침해하는 이는 누구나 달갑지 않은 이방인으로, 그리고 잠재적으로 원수처럼 간주하는 것으로 시작한다. 이 타자는 정의에 찬 주체가 되고, 나는 그의 인질이 될 염려가 있는 탓이다.(데리다, 2004a: 89)

둘째, 조건부 환대는 내가 누구라고 말할 수 없는, 언어와 표현을 가지지 못한 이방인이나, 보이지 않는 타자, 즉 계약적 권리의 주체가 될 수 없는 타자를 배제한다. 이런 타자들은 그들의 존재나 의도와 상관없이 야만적 타자로 배척되고, 악으로 표상된다.

셋째, 조건부 환대는 주인의 관습과 법률과 규약을 강요하면서, 이방인에게 자신의 문화와 정체성과 언어를 포기하도록 강요하기 때문에, 순수한 의미의 환대라고 할 수 없다.

데리다에 따르면, 제도화된 관용은 바로 이와 같은 조건부의 초대에 근거한 환대이다.

무조건적인 환대의 이념

조건부 환대와 달리, "순수하고 무조건적인 환대는, 환대 그 자체는, 기대되지도 초대되지도 않는 모든 자에게, 절대적으로 낯선 방문자로서 도착한 모든 자(일어난 모든 것)에게, 신원을 확인할 수 없

고, 예견할 수 없는 도착자에게, 사전에 미리 개방되어 있어야" 한
다.(보라도리, 2004: 234) 그러므로 순수하고 무조건적인 환대는 '초대의
환대'가 아니라, '방문(visitation)의 환대'이다. 그것은 주인의 입장
에서 초대하는 환대가 아니라, 도래자, 이방인, 타자의 방문에 열려
있는 환대이다.

문제는 이 무조건적인 환대, '방문의 환대'는 법제화될 수 없다
는 점이다. 무엇이 다가오는지, 어떤 이방인이 방문할지 예견할 수
없기 때문에 늘 일정하게 적용되어야 하는 제도적 규칙을 작동시
킬 수 없다. 또 이 '방문의 환대'는 위험을 감수해야 하는 것이다. 데
리다는 무조건적인 환대를 위해 "나를 타자로부터 보호해 주는 면
역을 제거할 경우 이는 죽음을 무릅쓰는 위협이 될 수 있다"는 사
실을 지적한다. 따라서 이러한 위험을 피하기 위해서는, 법제화를
통해 주체 보호의 일정한 조건을 확보하는 조건부 환대, 관용이 필
요하다.

그러나 어떠한 조건도 붙이지 않은 '방문의 환대'가 죽음의 위
협을 감수해야 할 만큼 극단적인 것이라 할지라도 이 절대적 환대
의 이념은 보존되어야 한다고, 데리다는 주장한다. 조건부 환대인
관용이 적대적인 불관용으로 추락하지 않게 하기 위해서, 나아가
힘이 불균등한 이질적 존재들이나 공동체들 간의 성찰적 공존이
가능하기 위해서, 무조건적인 환대의 이념이 관용을 법제화하고
실행하는 전 과정에 동반되어야 한다는 것이다. 데리다는 명시적
으로 "순수하고 무조건적인 환대를, 환대 그 자체를, 최소한 사유해
보지 않는다면, 우리는 환대 일반의 개념을 갖지 못할 것이며 (자신

의 의례와 법규, 규범, 국내적 관계나 국제적 관례로 이루어지는) 조건부 환대의 규준조차 정할 수 없을 것"이라고 말한다.(보라도리, 2004: 235)

무조건적이고 절대적인 환대의 이념은 레비나스의 '타자의 윤리'에 의해 근거 지어진다. 무조건적인 환대는 주체중심의 관점에서 출발하는 것이 아니라, 타자의 방문으로부터 시작하는 것이다. 레비나스는, 타자에 대한 주체의 평가와 파악, 인식, 이해를 뛰어넘는 적극적인 경향을 '윤리학'이라고 불렀다. 레비나스의 '타자의 윤리'는 전통적인 서구 철학이 '타자로서의 타자'와 관계 맺을 수 있는 가능성을 배제해 왔다는 비판으로부터 출발한다. 주체적 자아의 관점에서 세계와 타자를 자기 틀로 파악하는 독단론적 길 위에서 있었던 서구 철학은, 바깥이 없는 자아의 유아론적 전체성 위에 존재론을 구축했다. 레비나스에게 존재론이란 타자를 동일자의 범주와 도식으로 수렴하는 철학을 말한다. 이 전체성의 체계 안에서 타자는 그 자체로 존재하지 못하고 주체에 의해 파악된 바로 나타난다. 이 세계는 확장된 자아에 불과하다. 이 구도 안에서 타자의 타자성은 그 고유한 의미를 상실한다. 레비나스는 이와 같은 서구 철학의 체계를 주체 중심의 유아론적 구조로 이해했다. 주체에게 이 유아론적 세계는 자기 자아의 확장에 불과하다.

그런데 바로 이 유아론적 세계의 전체성을 깨뜨리는 것, 그것을 뒤흔드는 것이 바로 '타자'이다. 레비나스는, 진정한 의미의 타자의 타자성은 주체에 의해 파악된 바의 것이 아니라, 주체가 도달하지 못하는 영역, 주체의 능력과 가능성이 미치지 못하는 차원에 놓여 있는 것이라고 본다. 주체에 의해 대상으로 파악되어 주체의 전체성에 포섭된 타자는, 레비나스에 의하면 진정한 의미의 타자가 아니다. 절대적 타자성은 주체가 어찌하지 못하는 '절대적 다름', 주체가 도달하지 못하는 무한성이기 때문이다. 그리고 이 한계에 대한 인식이 바로 레비나스가 말하는 윤리의 시작점이다.

레비나스의 타자의 윤리는, 주체적 자아의 관점에서 타자를 받아들이는 것이 아니라, 타자의 '전적으로 다름' 앞에서 주체가 겸허히 자신의 한계를 인정하는 것에서 출발한다. 레비나스에게 타자의 타자성은 주체중심으로 세워진 체계로는 파악할 수 없는 '초월성'이다. 타자를 평가하거나 파악하는 인식적 행위로는 타자의 이 '초월성'에 도달하지 못한다. 초월적 타자와의 만남이 '나'를 윤리적 주체로 만든다. 타자를 향한 초월의 열망을 레비나스는 무한을 향한 '형이상학적 욕망'이라고 부른다. 레비나스에게 무한한 외재성을 향한 형이상학적 모험은 유아론적 고독에서 벗어나려는 주체의 내적 동기와 더불어, 타자의 얼굴과의 조우라는 외적 자극에 의해 촉발된다.

유아론적 고독과 무게에서 벗어나 무한성을 향해 초월하고자 하는 형이상학적 욕망은 타자의 얼굴과 만남으로써 촉발된다. 타자의 얼굴은 밖으로부터 우리 삶에 개입한다. 이 만남이 주체의 유아론적 전체성의 체계를 균열내기 시작한다. 나의 영역으로 환원되지 않는 절대적 다름과의 만남이, 나의 체계로는 파악되지 않을 무한성을 엿보게 한다. 레비나스에 의하면, 무한성의 이념은 타자의 얼굴로 현현(epiphany)한다. 타자의 얼굴은 주체에게 계시와 같다. 레비나스는 "얼굴로 나아가는 것(l'accès aus visage), 그게 곧 윤리"라고 말한다.에마뉘엘 레비나스(2000), 『윤리와 무한: 필립 네모와의 대화』, 양명수 옮김, 다산글방, 109쪽. "얼굴은 뜻이다. 상황 없는 뜻이다. […] 얼굴은 붙잡을 수 없는 것이며 당신을 저 너머로 인도한다. 바로 이 점에서 뜻을 통해 얼굴은 앎과 연관된 있음을 벗어난다."(레비나스, 2000: 111) 얼굴은 보고 아는 것을 넘어 우리를 이끈다. 그 얼굴과의 관계가 곧 윤리이다. 절대적 환대란 바로 이 얼굴과의 대면이다. 주체의 조건과 상황, 가능성의 영역에서 타자를 초대하는 것이 아니라, 절대적으로 낯선 타자의 도래를 있는 그대로 수용하는 것, 그것이 곧 무조건적인 환대이다.

위험한 환대

레비나스의 타자의 윤리는 다음 두 가지 점에서 비판받아 왔다. 그 하나는 절대적 타자는 언어화할 수 없고 언어화되지도 않는 초월성으로 현현하는데, 그렇게 절대화된 타자와는 관계 맺기가 불가능하다는 것이다. 레비나스의 절대적 타자의 '언어화할 수 없음'이라는 특성은 각각 데리다와 리쾨르에 의해 비판받았다. 데리다는 「폭력과 형이상학」에서 레비나스의 딜레마는 언어화할 수 없는 절대적 타자를 자신의 철학으로 언어화함으로써 스스로를 배반하게 되는 난제라고 지적한 바 있다.자크 데리다(2001), 「폭력과 형이상학」, 『글쓰기와 차이』, 남수인 옮김, 동문선. 한편 리쾨르는 "어떤 측면에서 절대적 타자를 관계적 타자, 즉 다른 자아를 위한 타자로 변형시키지 않는 한 타자와의 관계는 있을 수 없다"는 점을 지적했다. 레비나스의 절대적 타자에 대한 태도는, 결국 타자와의 관계를 포기하는 것이 될 수밖에 없다.(커니, 2004: 143) 레비나스에 따르면, 타자의 절대적 타자성은 결코 언어화될 수 없다. 언어화된다면, 그것은 이미 주체에 의해 파악되고 이해된 것이고 주체에 의해 재단된 것이기 때문에, 타자의 전적인 다름을 상실하게 될 것이다. 따라서 절대적 타자는 주체의 파악 가능성, 이해의 능력, 표현과 언어를 뛰어넘는 초월성으로 현현해야 한다. 레비나스의 절대적 타자는 개념 너머에 있는 것이므로, 개념적 사유의 대상이 될 수 없다. 그렇다면 이러한 타자를 언어화하고자 하는 레비나스의 시도는 모순적인 것이 아닌가? 우리는 개념화를 거부하는 타자와 어떻게 관계 맺을 수 있는가? 레비나스의 절대적 타자는 결국 부정신학적 의미로 파악된 '신적인 것'일 수밖에 없고, 타자의 윤리는 종교적인 것일 수밖에 없는가? 바디우(Alain Badiou)는 이 점을 강조하여 비판한다.알랭 바디우(2001), 『윤리학』, 이종영 옮김, 동문선, 27~34쪽.

무조건적 환대로 구현된 타자의 윤리에 대한 또 다른 비판은 리처드 커니(Richard Kearney)에 의해 제출된다. 커니는, 절대적 타자성에 기초한 타자의 윤리는 "선한 에일리언과 악한 에일리언을 […] 윤리적으로 구분할 필요성을 과소평가한다"는 점을 지적한다. 한 걸음 더 나아가 레비나스가 '악한' 이방인에 대해서조차 "타자에 대한 무차별적이고 절대적인 책임"을 요구하면서 환대를 보장해야 한다고 말하는 것은 지나친 결과를 야기하게 된다는 점을 지적한다. 우리는 나를 해치는 이방인, 악한 타자에 대해서도 무한한 책임을 져야 하는가? 그들까지도 환대해야 하는가? "레비나스는 후기 저작 『존재와는 다른』(*Otherwise than Being*)에서 다음과 같은 주장을 하기에 이른다. 타자에 대한 나의 책임은 한계가 없기 때문에, '박해자가 행하는 고문'에 대한 책임조차 내게 있다"는 것이다. 이러한 과도한 일관성에 대해 커니는 다음과 같이 날카롭게 비판한다. "내가 보기에 때때로 그 과장된 언어는 마조히즘과 편집증에 인접해 있다."(커니, 2004: 127~128) 커니에 따르면, 무엇보다 이것은 매우 위험한 윤리적 문제를 야기한다.* 만일 레비나스의 '절대적으로 타자를 환대한다'는 것이 윤리적 분별의 모든 기준을 보류함을 의미한다면, "그러한 비분별적 타자에 대한 개방 안에서 우리는 선과 악을 구분할 능력을 상실한다."(커니, 2004: 129)

그렇다면 우리는 '무조건적이고 절대적인 환대'를 요청하는 타자 윤리학의 이념을 어떻게 이해해야 하는가? 데리다는, 절대적 환대의 이념은 (정의의 이념처럼) '불가능성의 경험'이자 '경험할 수 없는 것의 경험'으로서 유지되어야 한다고 주장한다. 절대적 환대의 이념은 그것이 불가능하다 할지라고 현실의 경험을 성찰하게 하는

---

* 버틀러(Judith Butler)는 이 문제를 다르게 읽는다. "레비나스가 보기에, 책임감은 타자의 무의지적인 말 걸기에 종속된 결과로서 출현한다. 이것은 레비나스가 화를 자처하듯 박해가 **박해받은 자를 위해** 책임감을 창조한다고 주장할 때 의미의 일부분이다. […] 박해란 **내가 직접 행한 행위가 근거가 되지 않고서도** 일어나는 바로 그것이다. 그리고 박해는 우리를 우리의 행위와 선택으로 귀환시키는 것이 아니라, 철저히 무의지적 삶의 지대, 나에게 타자가 행하는 일차적인 나를 취임시키는 충돌, 역설적이지만 '나'(me)로서의 나의 형성, 아니 직접 목적어로서의 나의 최초 형성의 도구로서 '나'의 형성에 앞서 나에게 일어나는 충돌로 나를 귀환시킨다."[강조는 원저자](주디스 버틀러[2013], 『윤리적 폭력비판』, 양효실 옮김, 인간사랑, 149쪽.)

'준거'로 요청되어야 한다는 것이다. 절대적 환대에의 윤리적 요청은 결코 조건부 환대의 제도화나 관용을 부정하는 것이 아니다. 또한 타자에 대한 윤리적 '판별'을 포기하는 것도 아니다. 절대적 환대와 윤리적 분별을 대립시킴으로써 무조건적인 환대의 위험을 지적하는 커니의 비판에서 재고되어야 할 부분은, 그토록 두려워하는 '악한 이방인'은 누구인가라는 물음이다. 레비나스와 데리다가 '절대적 환대'의 이념으로 극복하고자 했던 것은, 주체의 자의성에 의해 이방인을 '악' 또는 '악한 의도를 가진 자'로 표상하는 체계이다. 서구 사유 전통이 '주체 대 타자', '주인 대 이방인'의 대립 관계에서 표상해 온 바에 의하면, 타자성과 이질성은 이미 주체의 통일성, 동일성, 안정성을 위협하는 '악' 그 자체였다. 이러한 사유 구도에서라면 이미 모든 이방인은 (그들의 의도와 무관하게) 먼저 악으로 의심받고, 따라서 무해함부터 증명하도록 강요당한다. 그러나 누가 무엇을 악으로 규정하는가? 이 물음은 윤리적 상대주의나 악의 불가지론에서 출발하는 것이 아니며, 이방인을 선악 판단의 피안에 두려고 하는 것도 아니다. 오직, 선악은 주체 또는 이방인의 존재론적 속성이 아니라는 것, 타자와 마주한 주체의 판단의 결과라는 점을 기억해야 한다는 것이다. 그 판단이 타자가 던지는 도전에 적합하게 주체의 자기중심성을 넘어선 윤리적 판단인지에 대해서, 매 순간 '절대적 환대'의 이념에 의거하여 성찰되어야 한다.

5. 환대 공간에서의 권력 관계

환대할 수 있기 위해서: 누가 말하는가?

손님인 타자를 환대하기 위해서, 주인인 주체는 자기 터전과 세계를 확보해야 한다. "자기-집에 대한 자기 지상권이 없으면 고전적 의미에서 환대란 없다." (데리다, 2004a: 89) 그렇다면 자기-집의 지상권을 갖는 환대의 주인은 누구인가? 누가 주인이 될 수 있는가? 타자의 윤리가 가능하기 위해, 무엇이 준비되어야 하는가? 이제 만나게 될 두 개의 장면은, 환대의 주인이 되기 위해 확보해야 하는 주체적 자아의 '지상권'의 의미를 묻는다.

첫번째 장면은 오뒷세우스의 모험 중에 등장한다. 세이렌의 바다를 가로지르는 오뒷세우스는 세이렌들의 노래를 듣고도 귀향에 성공한다. 세이렌들과의 만남은 오뒷세우스의 이야기를 통해 전해지고 있다. 오뒷세우스의 말로 전하는 모험 이야기 중에, 세이렌과의 만남에 대한 이야기가 담겨 있다. 오뒷세우스는 자기 몸을 돛대에 묶고 세이렌의 노래를 들으며 그 바다를 가로질렀다고 전한다. 세이렌의 바다에서 그는 이방인이 아니었다. '이방인'이 상대적인 개념이라고는 하지만, 경계를 넘어 타인의 영토에 들어서면서도 주인 노릇을 포기하지 않는 손님도 있다. 반면, 자기 공간에서조차 자기주장을 하지 못하는 주인도 있다. 오뒷세우스는 세이렌들의 장소를 타자화시켰다.

그는 언어를 소유하고 있고, 그 언어로 자기 경험을 이야기함으로써 주체가 되었다. 오뒷세우스가 환대를 청하지도, 경유의 안전을 부탁하지도 않고 그녀들의 공간을 가로지르려 할 때, "세이렌들, 그녀들은 분명 노래를 했던 것 같다."모리스 블랑쇼(1993), 「상상적인 것과의 만남」, 『미래의 책』, 최윤정 옮김, 세계사, 11쪽. 세이렌들의 노래는 오뒷세우스의 "통일성을 부정하는 다양성 속에서 통일성을 갖게 되는 자아를 형성하는"테오도르 W. 아도르노·막스 호르크하이머(2001), 『계몽의 변증법』, 김유동 옮김, 문학과지성사, 86쪽. 분절화된 언어(logos)와는 달리, "인간에게는 낯선, 아주 나지막한 소리", "정상적인 삶에서는 충족될 수 없는 극단적인 쾌락을 일깨우는 소리", 그리고 "한 번 들으면 말 하나하나가 심연으로 통해 있어 그 속으로 사라지기를 강하게 원하는 심연의 노래"였을 것이다.(블랑쇼, 1993: 12) 세이렌의 노래는 분화되지 않은, 즉 주체와 타자, 동일성과 다양성, 안과 밖을 나누는 경계선이 그어지지 않은 노래였을 것이다.

혹은 그들은 노래하지 않았을지도 모른다. 카프카는 오뒷세우스가 세이렌들의 노래를 들었는지, 노래를 듣고도 그 바다를 건널수 있었을지 의심한다. 그는 세이렌들이 노래보다 더 무시무시한 무기인 침묵으로 오뒷세우스를 맞았을 것이며, 오뒷세우스는 (키르케가 알려준) 자신의 책략에 현혹되어 노래를 듣고 있다고 착각하면서 세이렌의 침묵을 듣지 못했을 것이라고 상상한다. 황홀한 표정으로 노래를 듣고 있다고 착각하는 오뒷세우스를 보며 세이렌들은 놀라서 노래를 잊었을지도 모른다.프란츠 카프카(2003), 「세이렌의 침묵」, 『변신·시골의사』, 전영애 옮김, 민음사, 208~209쪽. 실제로 많은 주체들이 말문이 막혀 침묵에 잠긴 타자를 자신은 듣고 있다고, 그래서 잘 알고 있다고 착각하지 않는가?

세이렌들은 오뒷세우스와의 만남으로 인해 노래를 잃었고 죽음에 이른다. 세이렌들은 전설이 전하는 대로 바다에 몸을 던져 죽었거나 바위가 되었거나 다시는 노래하지 않게 되었을 것이다. 그리고 그녀들은 이야기로 남았다.* 그러나 그 이야기는 그녀들의 것이 아니다.

세이렌의 바다에서 세이렌들은 오뒷세우스를 환대하지 못했다. 오뒷세우스는 세이렌들에게 환대를 청하는 이방인의 자리에 자신을 두지 않았다. 그는 이야기하는 주체의 권위에서 내려오지 않았다. 환대를 제공하기 위해서는 환대를 청하는 이방인과 만나야 한다. 침략자에게 환대를 베풀 수는 없다. 세이렌들은 오뒷세우스의 이야기 안에서, 언어를 갖지 못한 자로 남겨져 주체의 이야기에 의해 일방적으로 해석되었고, 그렇게 환대의 주인 자리를 박탈당했다.

'이방인'이 언제나 상대적인 개념인가? 구체적인 환대의 공간에서, 언제나 그런 것은 아니다. 모든 도래자가 피난처를 구하며 환대를 청하는 이방인이 아니듯이, 모든 토박이 주인이 환대의 제공을 결정할 주인이 될 수 있는 것도 아니다. 토박이와 이방인은 어떤 언어를 소유하는가에 따라, 말을 하고 역사를 기록할 수 있는 능력을 갖는가에 따라, 특정한 권력 관계를 형성한다.

---

* 토도로프는 세이렌들의 죽음과 실패는 이야기 안에서의 영원한 삶으로 보답되었다고 읽는다. 츠베탕 토도로프(1992), 『산문의 시학』, 신동욱 옮김, 문예출판사 참조.

언어의 지배가 주체를 주체로 만든다. 환대를 제공하기 위해서 주체는 자기 공간에서의 지상권과 더불어 언어를 소유할 수 있어야 한다. 주인의 언어는 도래하는 이방인을 향해 누구인지를 묻고 답하도록 강요하는 언어, 나와 타자의 정체성을 규정하는 권력이다. 이때 환대를 제공하는 주인은 이방인에게 자신의 언어를 강요한다. 이방인은 주인이 강요하는 언어로 환대를 청해야 한다. 데리다에 의하면 "주인은 그[이방인]에게 자기 자신의 언어로의 번역을 강요하는데, 이것이 첫번째 폭력이다".(데리다, 2004a: 67) 여기서 강요되는 언어는 단순한 의사소통의 수단을 넘어서는 더 넓은 의미의 것이다. "이 언어는 문화 전체요, 언어에 주재하는 가치들·규범들·의의들이다."(데리다, 2004a: 140)

세이렌들과 오뒷세우스의 만남이 만들어 낸 환대 공간에서의 주객 역전에는, 언어와 교차하는 젠더적 의미도 함축되어 있다. 오뒷세우스가 이야기하는 자이자 합리성의 주인으로 '남성적 주체'의 자리를 차지하는 반면, 세이렌들은 유혹하는 소리, 주체 형성을 방해하면서 경계 없는 혼돈으로 유혹하는 '여성적인 힘'으로 규정된다. 오뒷세우스가 모험하는 '남성 주체'이자 로고스 언어의 주인으로 세이렌의 공간을 타자화했다면, 세이렌들은 분화되지 않는 존재로 남아 노래를 강탈당하는 타자이다.** 이 둘의 만남에서 절대

** 노성숙은 오히려 세이렌의 이 비동일적 자아의 모습에서 근대적인 동일성 자아에 대한 비판과 극복의 가능성을 발견한다. 세이렌들의 비동일적 자아는 "체화된 목소리로 노래하는 자아", "관계적 자아"로서 여성들의 자아에 대한 새로운 의미해석의 적극적 가능성을 보여 준다는 것이다.(노성숙[2008], 「사이렌의 침묵과 노래」 여이연, 121~145쪽.)

적 환대의 이념은 훼손된다.

환대와 젠더

환대 공간에서의 권력의 문제를 재고하게 하는 또 다른 장면은, 데리다가 『환대에 대하여』의 말미에 인용했던 것이다. 데리다는 이 장면을 구약성서 「창세기」 19장에서 가져왔다. 이 장면은 소돔의 멸망에 즈음한 시점, 롯의 환대 공간에서 발생한 사건을 담는다. 날이 저물 무렵 두 천사가 소돔에 다다른다. 롯이 그들을 영접하며 간청한다. "내 주여, 돌이켜 종의 집으로 들어와 발을 씻고 주무시고 일찍이 일어나 갈 길을 가소서."(「창세기」, 19장 2절) 거절하는 그들에게 다시 간청하여 롯은 그들을 자기 집으로 청하고 환대한다. 그런데 그들이 잠들기 전에 소돔의 남자들이 몰려와 "이 저녁 네게 온 사람이 어디 있느냐 이끌어 내라 우리가 그들을 상관하리라*"(5절)고 협박한다. 롯은 이를 막아서면서 청해 들인 손님들을 대신하여 자신의 "남자를 가까이 아니한 두 딸"을 내어 놓겠다고 말한다(7~8절). 내 지붕 아래 들어선 '남자' 손님을 대신하여 딸이거나 아내인 '내 집의 여자'를 '내어놓는' 환대를 어떻게 이해해야 할까?

　　이와 비슷한 사건은 「사사기」에서도 발견된다. 한 노인이 자신의 집에 이방인을 맞이하여 환대한다. "그 성읍의 비류들이 그 집

* '상관하겠다'라는 말은 성적으로 육체적인 관계를 갖겠다는 의미이다.

을 에워싸고 문을 두들기며 집 주인 노인에게 말하여 가로되 네 집에 들어온 사람들 끌어내라. 우리가 그를 상관하리라."(「사사기」, 19장 22절) 집 주인은 자기의 손님을 지키기 위해 자기 딸과 손님의 첩을 내주겠다고 제안한다. 결국 남자는 자신의 첩을 '내어 놓는다'. "그들이 행음하여 밤새도록 욕을 보이다가 새벽 미명에 놓은지라. 동틀 때에 그 주인이 우거한 그 사람의 집 문에 이르러 엎드려져 밝기까지 거기서 누웠더라."(25~26절) 그녀는 그렇게 그 집의 문지방 위에 손을 올려놓고 죽어 있는 채로 발견된다.

데리다는 이 장면의 의미를 끝까지 추적하지 않는다. 단지 '참조의 형태'로 던져 놓을 뿐이다. 이 '참조'는 이제까지의 환대의 권리 구조에 대한 논의가 동일한 지위에 놓인 자들, 주체들, 가부장인 남성 주체들 사이의 관계, 즉 남성중심적 모델이었음을 드러내 주는 틈새로서의 '참조'이다. 데리다는 "환대의 법들을 만드는 것은 가정의 폭군·아버지·남편, 그리고 어른인 집주인"이었음을 지적한다. 그들이 환대의 법들을 표상했다는 것이다.(데리다, 2004a: 150) 그렇다면 집주인의 환대법들은 그 집안의 타인들에게는 어떻게 작용하는가? 누가 환대할 수 있는가? 누가 환대의 주인이 될 수 있는가? 누가 환대받기에 합당한가?

여기서 우리는 주체적 자아가 타자 윤리학의 주인이 되기 위해서는 거주 공간의 말 없는 타인인 '여성'의 존재를 필요로 한다고 주장한 레비나스의 논의를 기억하게 된다. 레비나스는 주체적 자아가 성립되기 위해서는, 회복하기 위해 자기 거주 공간으로 돌아오는 주체를 환대하고 영접하는 친밀한 타인이 필요하다고 주장했다. 이 친밀한 타인은 말없이 부드럽게 수용하고 이해하는 거주 공간 내의 존재이다. 레비나스는 이 친밀한 타인은 '여성'이라고 불렀다. 그 친밀한 타인은 주체를 돌보고 회복시키며 수용하는 '아내' 또는 '어머니'인 '여성'이다. 그런데 레비나스의 논의를 일관되게 따라가 보면, 이 친밀한 타인인 여성은 윤리적으로 진지하게 대면해야 할 '타자'가 될 수 없다. 가정 내의 친밀한 타인인 '여성'은 내가 아니지만 (나와는 다르지만) 그렇다고 나와 분리된 절대적 타자성을 갖지 않는다. 그 친밀한 타인은 나를 형성하는 일부처럼 나에게 속한 타인일 뿐이다. 레비나스의 논의 안에서 친밀한 타인인 여성은 윤리적 주체를 준비시키는 변증법적 단계의 불가결한 요소일 뿐, 주체적 자아에게 윤리적인 명령을 내리는 절대적 타자는 아니다.

레비나스는 절대적 타자의 무한성은 '얼굴'로 현현(epiphany)한다고 한다. 그런데 친밀한 타인인 여성은 얼굴로 현현하지 않는다. 레비나스에게 "언어의 상호주관적 차원 없이는, 얼굴이 없다". 그런데 레비나스에 따르면, 친밀한 타인인 여성은 언어를 갖지 못한다. 친밀한 타인의 언어는 "가르치지 않는, 침묵의 언어, 말 없는 이해, 비밀스러운 표현"(Levinas, 1969: 155)일 뿐이다. 결국 언어로 들어가지 못하는 여성은 얼굴을 지니지 못하고, 결국 과정적 존재로 남을 뿐 윤리의 주체나 윤리적 타자가 되지 못한다.Donna Brody(2001), "Levinas's Maternal Method from "Time and the Other" through *Otherwise than Being*: No Woman's Land?", *Feminist Interpretations of Emmanuel Levinas*, ed. by Tina Chanter, Pennsylvania: Pennsylvania State University Press, pp. 63~64. 친밀한 타인인 여성은, 거주 공간의 주인인 '남성적 주체'*의 조력자일 뿐, 윤리의 주체도 절대적 타자도 되지 못한다.** 결국 남성 주체들의 환대 관계에서 이 내부의 타자, 친밀한 타인은 희생된다. 이 내부의 타자들의 희생 위에서 벌어지는 환대는 자기 원리를 배반한다.

절대적 환대의 이념

위의 두 장면은 환대 주체를 형성하는 언어 지배와 젠더 권력 관계의 역학 안에서 어떤 폭력적 상황이 야기될 수 있는지 보여 준다. 환대의 이념은 자기 원리를 배반하지 않기 위해서 이러한 폭력의 가능성과 직면해야 한다. 환대 공간 내부에서 발생하는 권력 문제에 대한 비판적 고찰은 환대를 포기하게 하는 것이 아니라, 환대의 이념을 지속하게 하는 힘이다. 절대적 환대의 이념은 어려움에도 불구하고 포기될 수 없는 지향으로 남는다. 환대의 주인이 절대적 환대의 이념으로 밖에서 다가오는 이방인뿐 아니라 내부의 타자들

---

* '남성적 주체'는 그대로 레비나스의 표현이다. 레비나스는 주체를 남성성, 남성적인 힘(virility)의 소유자로 정의했다. 남성적 힘의 소유자인 주체의 자리를 마련해 주는 것은 거주 공간 내의 친밀한 타인인 여성의 조력이다. 레비나스(1996), 『시간과 타자』 강영안 옮김, 문예출판사, 50쪽, 51쪽, 78쪽, 79쪽을 보라.

** 김애령(2008a), 「'여성', 타자의 은유: 레비나스의 경우」, 『한국여성철학』 제9권, 86~88쪽 참조. 신옥희는 레비나스에게 '여성적인 것'은 "인간의 윤리적 삶을 기초 짓는 근원적인 전 윤리적(pre-ethical) 원리로 등장할 뿐"이라고 지적한다. 신옥희(1996), 「여성학적 시각에서 본 레비나스: 타자성의 윤리학」, 『철학과 현실』 29호, 244쪽.

(소수자들)을 성찰할 때, 주체가 자신의 언어로 타자를 규정하지도 자신의 언어를 강요하지도 않고 다른 언어로 들려오는 소리들과 침묵까지도 듣고자 노력할 때, 절대적 환대의 어려운 지향은 유지된다. 그것은 매번의 실천 안에서 성찰적 지침으로, 포기할 수 없는 원리로 일관적이어야 할 뿐 아니라, 언어와 젠더를 둘러싼 권력에 대한 민감성을 가지고 유지해야 한다.

절대적 환대의 어려움은 그것이 늘 주체의 능력 밖에서 이루어져 한다는 사실, 따라서 주체가 통제할 수 없는 위험과 함께한다는 사실에서 기인한다. 또한 절대적 환대가 불가능해 보이는 이유는 서로 양립할 수 없는 요구를 동시에 충족시켜야 하기 때문이다. 환대를 제공하는 주인이 되기 위해서 주체가 확고히 자기 거점 위에 확립되어 있는 동시에, 손님을 맞이하기 위해 주체는 강한 자기주장을 버려야 한다. 그러나 이 아포리아가 만들어 내는 긴장이 바로 절대적 환대를 끊임없이 성찰하게 만드는 동력이다. 긴장과 위험에도 불구하고 절대적 환대가 아무런 조건 없이, 물음도 없이, 한계 없이 타자를 수용해야 하는 것이라면, 또한 그렇게 불가능해 보이는 이념이 환대의 실천과 관용의 제도화에 동반되어야 하는 것이라면, 무엇이 이 절대적 환대의 이념을 지탱해 줄 수 있을까?

6. 정의의 환대

법에서 정의로, 또는 정의의 권리에 대하여

실행으로서의 절대적 환대는 불가능한 윤리적 요구에 직면할 것을 요청한다. 데리다에게 이 절대적 환대의 불가능성은, 그럼에도 불구하고 포기될 수 없는 것이다. 데리다는 무조건적인 환대를 '정의의 환대'라고 부른다. "무조건적인 환대는 법적이지도 정치적이지도 않지만, 그럼에도 불구하고 정치적인 것과 법적인 것의 조건"이다.(보라도리, 2004: 235) 정의의 환대란, 제도화되고 적용되기 위해 법적 실행에 의존해야 하는 조건부 환대를 지탱하는 이념으로서의 절대적 환대를 의미한다.

데리다는 "정의는 우리가 경험할 수 없는 어떤 것의 경험"이라고 말하지만자크 데리다(2004b), 『법의 힘』, 진태원 옮김, 문학과지성사, 37쪽, 우리는 경험세계 안에서 구현된 정의를 확인할 수 있기를 기대한다. 그래서 우리는 '법'에서 그 가능성을 찾는다. 정의로운 법이 정의로운 사회의 토대가 되기를 바란다. 법은 불가능해 보이는 정의의 '대리 보충'(supplement)이다.(데리다, 2004b: 29) 현실적으로, "법은 정의가 아니다". 우리는 법이 정의가 아니라는 사실을 알고 있다. 법은 때로 정의롭지 않다. 실정법은 정의의 이름으로 그것을 제정하고 집행하는 집단의 이익에 봉사한다. 실정법의 체계가 법적 보호와 권리의 경계를 가르고, 법 제정이 합법성과 불법성을 경계 짓는다. 법의 개입이 없는 상태에서 개별 행위는 법적 판단의 외부에 놓이고, 반면 행위의 정당성은 법에 의존해서 판단된다. 그것은 때로 공정함이나 정당성과 무관해 보이기도 한다. 그러나 바로 그렇기 때문에, 우리는 법이 정의로워야 한다고 요청한다. 그리고 또한 바로 그렇기 때문에 우리는 정의의 관점에서, 정의의 이름으로, 법을 바꿀 수 있다고, 바꾸어야 한다고 생각한다.

원론적으로도 "법은 정의가 아니다". 데리다에 따르면, 법은 계산 가능해야 하고 공평무사해야 하고 언제나 동일하게 적용될 수 있어야 하지만, 정의는 계산 불가능하고 결정되어 있지 않은 상태에서 늘 새롭게 물어져야 한다. 법에 의거해서 동일한 행위에 대한 공정한 판결이 내려지기 위해서는 정교한 계산적 판단이 이루어져야 한다. 그러나 정의는 그보다 훨씬 섬세하게 개별 경우들을 향해야 한다. 맥락과 역사, 사회적인 것과 내밀한 것, 구체적인 상황과 시대적 요인까지, 모든 요소들을 다 고려하지 않고는 '정의롭다'고 말하기 어렵다. 법은 모든 경우에 적용될 수 있을 하나의 동일한 표준을 만들고자 하지만, 정의는 매번의 다른 경우들에 담겨 있는 세밀한 차이들에 민감해야 한다. 법의 공정성은 그것의 공평무사함에 있지만, 그것이 적용될 때에는 매번의 사정에 맞게 정의롭게 판단되어야 한다. 그렇게 때문에, 정의는 법이 적용되어야 하는 모든 순간에, 법적인 판단과 해석을 성찰하게 한다.

「법에서 정의로」*는 1989년 미국의 카도조 법대 대학원에서 행해진 '해체와 정의의 가능성'이라는 콜로키엄의 기조 강연이었다. 정의와 해체의 관계에 대해 다루는 이 강연에서 데리다는, 법은 해체될 수 있는 반면 정의는 해체 불가능한데, 그것은 해체가 곧 정의이기 때문이라고 주장한다. 법을 해체할 수 있게 하는 것은 정의의 이념이다. 정의의 이념 위에서, 법은 해체되어야 한다. 그러나 정의는 법을 매개로, 법적 실천 안에서 드러나야 한다. "법은 정의의 이름으로 실행된다고 주장하고, 정의는 작동되어야(구성되고 적용되어야, 곧 힘에 의해 '강제되어야') 하는 법 안에서 자신을 설립할 것을 요구받고 있다. 해체는 항상 이 양자 사이에 놓여 있으며, 이 사이에서 자신을 전위시킨다."(데리다, 2004b: 48)

정의의 아포리아

법은 정의가 아니다. 법과 정의는 다르다. 그러나 법은 정의로워야 하고, 정의는 법 안에 자리 잡아야 한다. 법적 판단은 언제나 분명하게 가늠될 수 있어야 하고 누구나 그것을 볼 수 있어야 한다. 그러나 정의는 언제나 감추어져 있고, 선명히 드러나지 않으며, 분명하게 가늠되지 않는다. 불가능하면서도 불가피하게 요청되는 법과 정의의 관계 맺기에서 아포리아가 발생한다.

첫번째 아포리아는 법이 정의롭기 위해서는 규칙을 따라야 하

---

* 강연 제목 "Du droit à la justice"는 '법에서 정의로' 또는 '정의의 권리에 대하여'로 번역될 수 있는 이중적 의미를 지닌다. (데리다, 2004b: 11)

면서도, 그 규칙으로부터 자유로워야 한다는 것에 있다. "예컨대 어떤 판사의 결정이 정당하기 위해서는 단지 법이나 일반적인 법의 규칙을 따라서는 안 되고, […] 마치 판사 자신이 매 경우마다 이를 발명한 것처럼, 재창설적인 해석의 행위에 의해 이를 책임지고 인정하고 그 가치를 확증해야 한다."(데리다, 2004b: 49) 데리다에 따르면, 어떤 법적 결정이 정당하고 책임감 있기 위해서는, 법을 보존하면서도 법을 재발명할 수 있어야 한다. "매 경우가 각각 다른 것인 만큼, 각각의 결정은 상이할 뿐 아니라, 기존의 법전화된 어떤 규칙도 보증할 수 없고 보증해서도 안 되는, 절대적으로 특유한 해석을 요구한다."(데리다, 2004b: 50) 만일 그렇지 않고 단지 규칙을 따르는 것에 머문다면, 판사는 법의 규칙을 적용하는 계산 기계에 불과할 것이며, 그를 정당하고 자유롭고 책임감 있다고 말할 수 없을 것이다. 그러나 이 재창설적 법 해석은 규칙을 지키면서도 그것을 뛰어넘어야 하는 위험하고 어려운 일이다. "이러한 역설로부터 우리는 어떤 순간에도 어떤 결정이 정당하며 순수하게 정당하다고(곧 자유롭고 책임감 있다고), 그리고 어느 누가 정당**하다**든가, 더욱이 '나는 정당하다'고 **현전적으로** 말할 수 없다는 결론이 따라 나온다."[강조는 원저자](데리다, 2004b: 50~51)

두번째 아포리아는, 결정 불가능성을 피할 수 없다는 데 있다. 이 아포리아는, 보편성, 법, 공정함에 대한 존중과 "포섭 불가능한 사례의 항상 이질적이고 특유한 독특성" 사이의 동요이자(데리다, 2004b: 51), 결정 불가능하지만 결정해야 한다는, 결정 불가능성을 통과하면서 결정해야 한다는 사실에 근거한다. "결정 불가능한 것의 시험을 통과하지 않는 결정은 자유로운 결정이 아니며, 이것은 프로그래밍될 수 있는 적용이거나 계산 가능한 과정의 연속일 뿐이다. 이는 적법할 수는 있겠지만, 정당하지는 않을 것이다."(데리다, 2004b: 42) 이 결정 불가능성의 아포리아는 쉽게 극복되지 않는다. 그것은 결정을 내리고 난 이후에도 지양되지 않는다. 결정 불가능성은 결정을 언제나 따라다닌다. 그것은 정당하다고 확증하고자 하는 결정을 내부로부터 해체하는 힘이다.

데리다가 정의와 해체를 연결하는 지점은 바로 여기이다. 해체는 '정의의 이념'으로부터 작동한다. 정의의 이념이란, 무한한 것, 환원 불가능한 것, 타자, 모든 계약에 앞선 독특성에 응답하는 것이다. "해체는 이러한 정의에, 정의에 대한 이러한 욕망에 미쳐 있다. 법이 아닌 이러한 정의는, [⋯] 법 안에서, 법의 역사에서, 정치적 역사와 역사 일반 안에서 작동 중인 해체의 운동 자체이다."(데리다, 2004b: 54)

세번째 아포리아는, 정의는 현전하지 않지만, 늘 긴박하게, 당장, 직접적으로, 가장 빠르게 결정 내릴 것을 요구한다는 데 있다. "정의는 현전 불가능한 것이긴 하지만 기다리지 않는다."(데리다, 2004b: 56) 데리다에 따르면, 정의는 지금 여기에 있는 것도, 미래의 전망도 아니지만, '도래하는 것'이다. "정의는 도래할 것으로 남아 있으며, 도래함을 **지니고** 있고[도래**해야** 하고], 도래함**이며**[도래하는 **중이며**](elle est à-venir), 환원될 수 없는 도래할 사건들의 차원 자체를 전개시킨다."[강조는 원저자](데리다, 2004b: 58~59) 그것은 미래를 말하는 것이 아니다. "미래는 항상 현재를 재생산할 수 있으며, 현재의 변형된 형태 속에서 현재적인 미래(présent futur)로 스스로를 예고하거나 스스로를 현재화(se présenter)할 수 있다."(데리다, 2004b: 58) 그것은 지금 여기에 벌어지는 사건으로서의, 사건 안에서의 도래다. 데리다는 이 불가능한 경험의 경험을 '아마도'라는 부사로 표현한다.

아마도, "절대적 타자성의 경험으로서 정의는 현전 불가능하지만 이는 사건의 기회이며, 역사의 조건이다".(데리다, 2004b: 59) 정의가 현재 환원 불가능하고 계산 불가능한 것으로 있다 해도, 그것은 법의 구체적인 실현과 작동에 언제나 개입해야 한다. 이것이 데리다가 말하는 정의로서의 해체이다. 매번 새롭게, 매번 긴박하게, 한 번의 결정을 통해, 스스로 정당하다고 말하지 못하면서, 그럼에도 불구하고 도래할 정의에 비추어 매번의 개별적이고 독특한 타자성을 고려하는 것, 그것이 바로 정의로서의 해체의 작업이다. 그것은 규칙과 약속으로서의 법을 포기하는 것이 아니라, 그것을 정의 안에 위치 짓기 위해 끊임없이 성찰하며, "책임의 실행이 독단적인 잠에 빠져들지 않고, 따라서 스스로를 배반하지 않게 하기 위해" 고뇌하는 것이다. "하지만 누가 감히 고뇌를 생략한 채 정의롭게 되고자 할 수 있겠는가?"(데리다, 2004b: 45)

듣기의 윤리와 정의의 환대

정의는 불가능한 경험이고, 모든 법적·제도적 실행에 동반하는 물음이다. 정의는 불가능하면서도 가능해야 하고, 현전하지 않으면서 도래해야 하고, 경험할 수 없는 경험으로 경험되어야 한다. 그것은 규칙을 따라야 하면서도 자유로워야 하고, 규칙을 매번 새롭게 창설해야 한다. 그것은 늘 긴박하게, 매 순간에, 지금 바로 결정 내리고, 그 불가능한 결정을 감수할 것을 요구한다. 다가오는 모든 이방인-타자들에게 묻지도 판단하지도 않고 온전히 피난처를 개방해야 한다고 요구하는 절대적 환대라는 윤리적 요청은 생존을 내어놓을 만큼 위험해 보이고 또 그래서 불가능해 보인다. 그러나 환대의 행위가 자기 배반에 빠지지 않게 하기 위해, 모든 만남의 장소에서, 모든 관용의 공간에서 절대적 환대는 살아 있어야 한다. 절대적 환대는 불가능하면서도 가능해야 하고, 현전하지 않으면서 도래해야 하고, 경험할 수 없는 경험으로 경험되어야 한다. 그리고 바로 그렇기 때문에, 절대적 환대의 이념은 곧 정의이다.

다가오는 타자를 정의의 이념으로 환대해야 한다. 이념으로서의 정의가 매번의 환대의 실행에 동반할 수 있어야 한다. 그리고 그것이 타자의 고유한 독특함, 그의 유일무이한 단수성에 귀 기울이면서, 그의 존재를 듣는 것을 요청한다. 듣기의 윤리는 정의의 환대 안에서만 스스로를 반성할 수 있다. 윤리적 듣기는 환대여야 한다. 그것을 정의의 이념이 동반한다.

3부

'떠도는 말'을 따라

—

응답하기

1장
취약성에 응답하는
한 줌의 도덕

아마도 이 마지막 장은,
평생 동안 이어지던 논쟁의 매듭을 의미했겠지.
폭력으로부터는 아무것도 얻지 못하고, 또 결코 그럴 수 없으리란 것.
성난 별 아래에서 태어난 모든 이들이,
우리가 얼마나 부서지기 쉬운지(how fragile we are)를
잊지 않도록 하기 위해서
— 스팅(Sting)의 노래 「부서지기 쉬운」(Fragile) 중에서

1. 관계적 정체성

윤리적 경청의 조건

아렌트가 공적 공간에서의 행위와 말을 인간적인 삶(bíos)의 조건으로 제시할 때, 그 공간에서의 말하기와 듣기는 대등한 자격과 권리를 가진 개인들 간의 상호 작용을 의미한다. 그러나 이미 스피박에 의해 제기된 회의적인 물음——"서발턴은 말할 수 있는가?"——을 통해, 공적 공간의 발화가 모든 개인들에게 대등한 자격과 권리로 허용되는 것은 아니라는 사실을 확인할 수 있다. 서발턴은 말할 수 없고, 그들의 말은 들리지 않는다. 누구든 존엄을 잃지 않을 수 있는 정의로운 공적 세계를 상상할 수 있다면, 그곳은 모든

이가 대등하게 말할 수 있고 들릴 수 있는 상호 존중과 동등한 참여가 보장되는 그런 공간일 것이다. 그렇다고 모든 발화가 다 허용되지는 않을 것이다. 말하기에도 에토스가 필요하다. 모욕과 혐오, 불관용이나 폭력이 관용될 수 없고, 거짓이나 허위가 용인될 수는 없다.

어렵게 말을 시작하면서 존재를 드러내며 등장하는 소수자의 '그림자 드리워진 말'을 '잘' 듣기 위해서는 '듣기의 윤리'가 필요하다. 듣는다는 것은, 잘 듣는다는 것은 무엇인가? 듣기는 무엇을 향해야 하는가? 이야기된 내용의 진위를 판별하는 것? 말하는 사람의 의도를 이해하는 것? 말하는 사람에 대한 진심 어린 공감? 이 모든 태도들이 윤리적 듣기에 수반되어야 할 것이다. 왜곡하지 않고, 공감하면서, 이해하기 위해 노력하면서…. 그런데 과연 이것으로 윤리적 듣기의 지침은 충분한가?

청각은 시각과 달리 자의로 닫을 수 있는 감각이 아니다. 그것은 외부 자극에 열려 있고, 이 감각을 통해 외부의 자극은 주체의 내면으로 직접 전달된다. 따라서 전통적으로 시각은 주체적 인식의 감각으로, 청각은 수동적이고 내면적인 감각으로 분류되었다.마크 스미스(2010), 『감각의 역사』, 김상훈 옮김, 성균관대학교출판부, 83~113쪽. 이런 맥락에서, 말하기는 적극적이고 의식적인 주체적인 외향적 행위인 반면, 듣기는 수동적이고 반응적인 내향적 응대인 것처럼 보인다. 과연 그러한가? 발화자를 떠난 말은 듣기에 의해 취사선택되고 재단된다. 듣는 사람이 들을 만한 내용과 그렇지 않은 내용을 가를 수 있다. 그리고 듣는 사람은 그 말을 해석할 수 있는 힘을 갖는다.

전통적으로 권위적인 지배 권력은 말하여 명령하는 권력이었다. 그때의 권력은 '나는 말한다'고 선언하는 권력, 그래서 지배받는 자들에게 그 명령을 듣도록 강요하는 권력이었다. 푸코는 근대 들어 권력은 듣는 위치로 자리를 바꾸었다는 것을 지적한다. 이제 권력은 듣고 해석한다. 근대 들어 "사람은 고백의 동물이 되었다". "우리는 유달리 고백을 좋아하는 사회가 되었다. 고백의 효력은 재판·의학·교육·가족 관계·연인 관계 그리고 더 나아가 가장 일상적인 영역과 가장 엄숙한 의식 속으로 폭넓게 확산되었다."[미셸 푸코(1997), 『성의 역사 1: 앎의 의지』, 이규현 옮김, 나남출판, 76쪽.] 진리를 드러내기 위해 내면의 가장 비밀스러운 것까지 드러내기를 요구하며, 근대 지식 권력은 의사, 교육자, 재판관의 자리에서 '고백'을 요구한다. 이제 권력은 '나는 듣는다'고 선언한다. 고백은 권력에 의해 해석되고 평가된다. 근대 권력은 말하도록 요구하고 침묵하면서 듣고 해석한다. 그리고 권력은 그 말을 해석하는 힘으로, 해석을 통해 규정하는 힘으로 작동한다. 그렇게 권력은 개인의 진실을 강탈한다. 고백하는 자는 자기가 뱉은 말을 통제할 수 없는 반면, 그것을 듣고 해석하는 지식 권력은 그 말을 전유하여 규정한다.

어떻게 들어야 하는가? 고백을 강요하지 않으면서, 우리는 무엇을 어떻게, 어디까지, 어떤 방식으로 들어야 하는가? '침묵까지 헤아려' 듣기 위해서, 무엇이 필요한가? '앎에의 의지'에 작동하는 폭력을 회피하고자 하는 듣기의 윤리가 빠지기 쉬운 또 다른 함정은, 개입하지 않고, 판단하지 않고, 평가하지 않고, 해석을 하지 않으면서 듣는 것이다. 오로지 듣는 것, 들어 주는 것, 판단하지도 평가하지도 말고 그저 듣는 것…. 그러나 이런 수동적인 듣기로는 윤리적 경청을 완성할 수 없다. 이런 유보적이고 소극적인 태도는 적극적인 응답과 대화를 회피하기 때문이다.

　　푸코는 고대인의 '파레시아'(pharhesia), 진실 말하기의 윤리적 전통을 다루는 자리에서, 파레시아의 기술에는 "말하는 기술이 있고, 듣는 능력이 있다"고 지적한다. 이에 따르면, 파레시아에는 '경청하는 능력'이 중요한 문제가 된다.미셸 푸코(2017), 『담론과 진실』, 심세광·전혜리 옮김, 동녘, 65쪽. 청자는 훌륭하게 들을 수 있기 위해서, 경청의 능력을 보여 주어야 한다. 그것은 결코 침묵 속에서 동의하는 것에 머물지 않는다. 그것은 화자에게 진실을 말하도록 독려하는 듣기여야 한다. 그러나 어떻게 강요하지 않고, 규정하지 않고, '정의'의 이념에 입각하여, 능동적으로 환대하면서, 그의 고유성을 적극적으로 경청할 수 있을까?

　　이제 다루게 될 버틀러의 '불투명한 주체', 주체화에 개입하는 타자성의 논증은, 윤리적 경청은 주체의 또렷한 자의식이 아니라, 주체의 무능을 인정하는 데서 시작될 수 있다는 것을 보여 준다. 주체가 자기 자신을 온전히 투명하게 알 수 없다는 것, 주체 내부에는 스스로 통제하지 못하는 타자성의 계기들이 내포되어 있다는 것을 인정하는 데에서, 윤리적 경청은 시작된다. 내가 타자의 말을 다 알 수 있다고, 판단할 수 있다고 생각할 수 없다. 나 자신도 나의 이야기를 다 알 수 없고 다 할 수는 없기 때문이다. 그러나 바로 그 부족함을 근거로, 나는 타인의 말을 경청할 수 있고, 응답할 수 있다. 진정성을 담은 말하기와 윤리적 경청의 전제는 투명한 자기의식을 지닌 주체들의 동등한 상호 인정이 아니라, 주체화에 개입하는 타자성을 인식하는 것이다. 우리는 버틀러에게서, 주체의 불투명성에서 출발하여 타자의 취약성에 응답하는 윤리적 실천의 가능성을 발견할 수 있다.

주체화에 개입하는 타자성

전통적인 서구철학의 주체화 모델에 따르면, 주체는 타자와의 관계를 통해 자기의식에 도달한다. 나 아닌 것과 마주치면서 주체는 자기의 한계를 인식한다. 그것을 통해 자아는 다시금 반성적으로 객관화된 자기를 의식하게 된다. 그런데 이렇게 도달된 주체의 자기의식은 나와는 '다른' 의식 주관, 즉 그의 편에서는 그도 자기의식의 주인인 '다른' 의식과의 만남에서, 상호경쟁적인 관계를 맺는다. 나는 나의 주관적 관점에서 타자를 내 의식의 대상으로 인식하고, 타자는 또한 그의 편에서 나를 자기의 주관적 의식의 대상으로 삼을 것이기 때문이다.김애령(2012), 『주체와 타자 사이: 여성, 타자의 은유』, 그린비, 14~28쪽.

상호경쟁적인 관계 안에서 각 의식 주관들은 독립적이고 자율적인 개체로 존립하기 위해 상호적인 인정을 필요로 한다. 나를 동등한 개체로 인정해 줄 수 있는 관계 안에서만 나는 사회적 주체가 된다. 그렇다면, 인정은 어떻게 주어지는가? "헤겔(Georg Wilhelm Friedrich Hegel)의 상호 인정 개념에서는 결국, 항상 거울이 암묵적으로 작동하는데, 이는 나는 타자가 나와 비슷하다는 것을 어느 만큼은 알아야 하고, 타자가 우리 둘의 비슷함을 똑같이 인정하고 있다는 것을 알아야"한다.주디스 버틀러(2013), 『윤리적 폭력비판: 자기 자신을 설명하기』, 양효실 옮김, 인간사랑, 74~75쪽. 이때 타자와 나의 관계는 유비적 대등성에 입각해 있다. "이런 식으로 인정을 이해한다면 되풀이하는 (recursive) 미메시스의 악무한에 저항하는 외재성은 만날 일이 없다."(버틀러, 2013: 75) 주체는 타자에게서 자기와 유사한 자기의 반영을 만날 뿐 그 밖으로 나가지 못하고, '다름'을 만나지 못한다.

외재성을 만나지 못하는 의식은 자기의식의 반영을 초월하지 못하고 그 유아론적 전체성 안에 갇히게 된다. 레비나스는 성공한 귀환으로 마무리되는 『오뒷세이아』를, 타자를 경유하면서도 결국 동일성으로 회귀하는 '전체성 서사'의 전형으로 읽는다. 그에 의하면, 서양철학에서 타자는 주체에 의해 파악된 바의 것으로만 나타나면서, 그것이 지닌 고유한 타자성을 박탈당했다. 타자의 고유한 타자성을 박탈하는 전체성 서사의 주인공은 "모든 항해 후에 자신의 고향으로 되돌아오는 오뒷세우스처럼 모든 모험을 거치고 나서도 자기 자신을 되찾는 의식, 귀환하는 의식이다."* 레비나스에 따르면, 그것은 동일화하는 의식이고, 그 동일화에 전체성의 폭력이 있다.

---

* Emmanuel Levinas(1999), *Die Spur des Anderen*, Freiburg·München: Verlag Karl Alber, S. 211. 레비나스는 동일성으로 귀환하는 주체 모델인 오뒷세우스의 서사를 아브라함의 서사와 비교한다. 미지의 땅으로 나서기 위해 아버지의 집을 떠나면서, 자신은 물론 아들조차도 다시는 이 출발한 곳, 고향으로 되돌아오지 않기를 기도하는 아브라함의 '귀환하지 않는 정신'을 오뒷세우스의 동일성 의식과 대비시킨다.(Levinas, 1999: 215~216)

그러나 "인정은 타자가 나와 똑같은 방식으로 구조화된다는 것을 내가 인정하게 만드는 상호적 행위인 걸까?"(버틀러, 2013: 50) 대등성에 입각한 상호 인정의 관계는 때로 '투쟁'으로 묘사된다. 상호 관계 안에서 대등하고 주체적인 개별자로 존립하기 위해, 때로 생사를 건 투쟁이 벌어지는 이유는 개체의 의식을 총체성으로 이해하기 때문이다. 이 구도하에서 개별 소유물이나 부분을 둘러싼 갈등이 전체를 둘러싼 갈등이 되고, 부분의 문제가 전체의 문제가 되면서, 타자와의 갈등은 '생사를 건 투쟁'이 된다.

"인정투쟁은 한마디로 모순적인 소유를 둘러싸고 총체적 의식을 지닌 자립적 개체가 벌이는 첨예한 갈등이다. […] 각 개체는 자신의 미미한 소유물일지라도 침해당한다면 의식 이론상 필연적으로 생사를 건 투쟁을 감행한다."남기호(2009), 「헤겔 인정이론의 구조」, 『사회와 철학』 제18권, 233쪽. 이와 같은 상호인정의 모델이 주체와 타자 사이의 관계에 대한 일반적인 그림이 되고, 그런 그림의 바탕 위에서 '말하는 주체'의 등장을 상상해 왔다.

그러나 버틀러는 헤겔의 인정이론을 다르게 읽는다. 레비나스와 같은 "몇몇 헤겔 비평가들은 헤겔적인 주체를 외적인 것을 자신에게 내적인 일군의 특질들로 전면적으로 동화시키는 변화를 초래한다고, 즉 헤겔식의 주체의 특징적인 제스처는 전유의 제스처이고 이는 제국주의의 스타일이라고 결론을 내렸다".(버틀러, 2013: 51) 그러나 버틀러는 주체의 자기의식을 가능하게 하는 바깥의 타자가 주체를 변형한다는 사실에 주목한다. 버틀러는 타자와의 관계는 '탈아적'(ecstatic)이라는 점을 강조하면서, 헤겔의 인정이론을 다르게 읽는다. "'나'는 반복적으로 자신을 자기 밖에서 발견하게 된다." 버틀러에 따르면, "나는 언제나 나 자신에게 타자이고, 나 자신으로의 나의 귀환이 일어나는 어떤 최종적인 순간도 존재하지 않는다". 타자와의 만남을 통해 주체는 항상 변형된다. "인정의 과정을 통해서 나는 과거의 나와는 다른 타자가 되고, 그렇게 해서 과거의 나 자신으로 회귀할 수 있는 가능성이 정지된다."(버틀러, 2013: 51) *

또한 인정은 2자적 관계가 아니다. 서로를 인정할 수 있기 위해서는 두 당사자 외에 인정의 준거가 될 제도의 영역, 규범이 필요하다. 버틀러는 인정에는 언제나 이미 '규범'이라는 제3의 영역이 전제되어 있음을 지적한다. 상호적인 인정이 일어나기 위해서는 언제나 규범적 틀에 의존해야 한다. 그것은 양자가 결정할 수 있는 것을 초과한다. 그것은 선행하는 언어 규범의 문제이고 또한 권력의 문제이기도 하다. "만남의 틀을 이루는 언어가 [먼저] 존재한다."(버틀러, 2013: 55) 그리고 그 언어는 강제되는 것이다.

버틀러는 주체화 과정에는 언어 규범, 신체, 그리고 나의 말을 듣고 답하는 타인이라는 타자성의 계기들이 필수적으로 개입하며, 어떤 주체도 이 타자성의 계기들 없이 등장할 수 없다고 주장한다. 주체는 온전하게 투명한 총체적 동일성으로 존재하지 않는다. 주체

* "이런 점에서 인정은 나를 확인하는 행위라기보다는 나를 확인하는 것에 실패하면서 새로운 나를 구성하는 행위이다. 인정을 수행하면서 우리는 할 수 없이 자기 밖에 있어야 하고 자기 밖에서 행동한다. 인정 행위는 내가 타자에 노출되어 있다는 사실을 끊임없이 상기시키는 행위이자, 자신에 대한 완전한 이해나 확인은 불가능하다는 것을 보여 주는 행위이다."(이현재[2015], 「도시민을 위한 인정윤리의 모색: 헤겔, 호네트, 버틀러를 중심으로」『한국여성철학』제23권, 24쪽.)

화의 과정에 개입하는, 극복되지 않는 타자성의 계기들을 밝히는 일은, 주체와 타자의 관계 맺기를 정초하는 윤리적 출발점이 된다.

오뒷세우스의 역설 — 타자와의 관계에 위탁된 나의 이야기

자기 자신을 설명하기 위해서, 주체에게는 이야기를 시작할 수 있게 하는 타인의 존재가 필요하다. 아드리아나 카바레로(Adriana Cavarero)는 한나 아렌트의 서사 정체성 개념을 수정하면서, 말하는 주체의 등장에 반드시 요청되는 타인들과의 관계에 주목한다. 우리는 언제나 사람들 사이에서 '누군가'로 나타남으로써 사회적으로 존재하게 된다. 드러나지 않는 것은, 사회적으로 존재하지 않는 것이다. 사회적으로 존재한다는 것은, 모든 사람들이 서로서로에게 출현함으로써 개체로 드러나는 것, 즉 다수성의 장면 안에 스스로를 개방하는 것을 의미한다. 우리는 타인들 앞에 '출현'함으로써 사회적으로 '존재'하게 된다. 그 출현은 일차적으로는 신체적인 것이지만, 다른 한편, '너는 누구인가?'라는 물음에 답하여 자기 존재를 해명하기 위해 이야기를 시작한다는 면에서 언어적인 것이기도 하다.

파이아케스의 궁정에서 낯선 방랑자 오뒷세우스가 자기 이야기를 시작하게 된 직접적인 계기는, '당신은 누구인가?'라는 물음이었다. 오뒷세우스는 가인의 노래를 듣고 자기 삶의 의미를 이해했고, 알키노오스의 '당신은 누구인가?'라는 물음에 답하며 이야기를 시작했다.

바로 이 장면에서 카바레로는 '오뒷세우스의 역설'(paradox of Odysseus)을 발견한다. 오뒷세우스는 타인의 입을 통해 자기 이야기를 들었고, 그리고 눈물을 터뜨렸다. 그렇게 자기 인식은 자기 삶의 이야기를 타인으로부터 들을 때 비로소 발생한다. 자기 자신에 대한 인식은 자동적으로 주어지는 것이 아니다. 아렌트가 지적한 대로, 경험하고 고통 받으며 살아가는 동안에 오뒷세우스는 한 번도 그렇게 눈물 흘린 적이 없었다. 가인이 부르는 노래, 타인이 하는 이야기, 그 이야기를 듣기 전까지, 오뒷세우스는 자신이 누구인지, 자기 삶의 의미에 대해 '아직' 알지 못했다.Adriana Cavarero(2000), *Relating Narratives: Storytelling and Selfhood*, London · New York: Routledge, p. 18.

데모도코스의 노래를 듣고 비통하게 우는 낯선 이방인을 보고 파이아케스의 왕 알키노오스가 '당신은 누구인가?'라고 묻는다. 그리고 이 물음에 답하기 위해 오뒷세우스는 자기 이야기를 시작했고, 자기 자신에 대해 설명하기 시작했다. 여기서 익명의 이방인은 이름과 유래를 가진 '이야기하는 주체'가 된다. 이 장면을 카바레로가 역설이라고 부른 이유는, 정체성의 의미는 언제나 타인에게 위탁되어 있다는 사실을 이 장면이 보여 주기 때문이다. 오뒷세우스의 정체성 서사는 타인에게서 들은 자기 삶의 이야기로 일깨워졌고, 그에게 누구인지 묻는 타인의 물음에 의해 시작되었다.

주체화를 촉발하는 '말 걸기'의 장면은 이미 다른 철학자들에게서도 제시된 바 있다. 니체는 '도덕의 계보학'을 통해 규범의 부름에 의한 죄의식 또는 양심의 가책이 개별화된 주체를 생산하는 과정을 추적했고, 알튀세르는 불러 세우는 '호명'의 구조 안에서 주체의 출현을 읽었다. 그러나 카바레로는 이들과 달리, 말 걸기를 한 고유한 개별자에게 자기 이야기를 전달할 기회를, 그리고 자기를 설명할 계기를 제공하는 요청으로 읽는다.

카바레로의 "첫번째 논지는 우리가 타자에게 말을 걸지 않고서는, 또한 타자가 우리에게 말을 걸지 않고서는 존재할 수 없다는 사실"이다.(버틀러, 2013: 61) 카바레로는 이야기를 촉발하는, 묻고 경청하는 타자의 존재를 강조한다. 아무도 아닌 무명의 이방인은 '너는 누구인가?'라는 물음을 계기로 자기 이야기를 시작할 수 있게 되고, 이름과 역사를 지닌, 존중 받을 수 있는 개인, 고유하고 개별적인 존재자로 사람들 '사이', 공적 공간에 등장할 수 있게 된다.

카바레로에 의하면 서사 정체성의 구성에 타인의 존재는 필수적이다. 그러나 그것은 추상적이고 권위적인 대타자도 아니고, 주체에 의해 대상화되어 결국은 주체의 동일성 체계에 전유되는 계기로서의 타자도 아니다. 그것은 나와 '관계 맺는 타인'이다. '너는 누구인가?'를 물음으로써 내 이야기를 촉발하고 내 이야기를 경청하는 타인의 존재가 정체성 구성에 필수적이다. "한 인격의 정체성 범주는 타인을 필연적으로 상정한다."(Cavarero, 2000: 20) 주체의 서사는 타인의 존재를 필연적으로 요청하며, 타인과 함께할 때에만 가능한 것이다. "우리는 오직 다른 이에게만 자서전을 이야기할 수 있고, 오직 '너'와 연관해서만 '나'를 지시할 수 있다. '너'가 없다면, 나 자신의 이야기는 불가능해진다."(버틀러, 2013: 58) 그런 의미에서 서사 정체성은 '관계적'이다.

독특한 고유성에 닿기 위한 물음, '너는 누구인가?'

카바레로의 두번째 논지는 타인과 관계 맺으며 묻고 답하는 과정에서 그 개인은 환원 불가능한 개별자, 고유하고 독특한 단수의 존재자로 등장하게 된다는 것이다. 카바레로는 아렌트와 더불어 '너는 **누구**인가?'(Who are you?)라는 물음은 '너는 **무엇**인가?'(What are you?)라는 물음과 같지 않음을 지적한다. '무엇'과 달리 '누구'는 구체적이고 특수한 개인의 고유성을 겨냥한다. "우리가 누군가를 '누구이다'라고 말하고 싶은 순간 우리의 어휘는 혼란되어 그가 '무엇이다'라고 말하고 만다. 우리는 자기와 유사한 타인과 필수적으로 공유하는 성질들을 애써 묘사하게 된다. 그 결과 우리는 그의 특별한 유일성을 놓쳐 버린다."(아렌트, 1996: 242)

'너는 무엇인가?'라는 물음이 보편적 본질 규정 또는 집단 정체성에 대한 물음이라면, '너는 누구인가?'라는 물음을 통해 우리는 보편적 규정으로는 충족되지 않는 구체적이고 개별적이며 유일무이한 경험과 삶의 결을 묻는다. '무엇'으로 시작되는 물음과 '누구'로 시작하는 물음 사이의 본질적 차이를, 카바레로는 오이디푸스 이야기를 통해 입증한다. 오이디푸스는 스핑크스의 수수께끼 ──"아침에는 네 발, 점심에는 두 발, 저녁에는 세 발로 걷는 동물은 무엇인가?"──에 대해, '인간'(Man)이라고 답했다. 카바레로는, 오이디푸스는 인간이 '무엇'인지 알고 있었지만, 그 자신이 '누구'인지는 알지 못했다는 점을 지적한다. 오이디푸스는 알고 있다고 착각했다. 스핑크스의 수수께끼를 풀 수 있다고 자만했지만 그는 자신이 '누구'인지, 자신의 역사와 유래에 대해 알지 못했고, 그것이 곧 그의 비극적 숙명의 내용이 되었다.(Cavarero, 2000: 13)

다른 한편, '누구'라는 물음에 답하는 개인 삶의 고유한 이야기가 지닌 유일무이성은 '인간'이라는 보편본질뿐 아니라, '우리'라는 집단 정체성으로도 환원되지 않는다. 카바레로는 우리가 들려 주는 각자의 고유한 이야기들이 "우리들 각각의 존재의 환원 불가능성"을, "완전히 집단적인 '우리'와 동일시하려는 모든 노력은 반드시 실패할 우리 모두의 환원 불가능성"을 보여 준다.(버틀러, 2013: 62)

"우리가 관계의 이타적 윤리(an altruistic ethics of relation)라고 불렀던 것은, 공감, 동일성, 혼동을 옹호하지 않는다. 오히려 이 윤리는 참으로 다른, 그 자신의 독특성과 차이 안에 있는 너를 욕망한다. 네가 [나와] 아무리 유사하고 일치한다고 해도, 이 윤리는 결코 네 이야기는 내 이야기가 아니라고 말한다. 우리 삶의 이야기들이 더 넓은 특징들에서 아무리 유사하다 할지라고, 나는 여전히 네 안에서, 심지어는 집단적인 **우리** 안에서도 나 자신을 알아보지 못한다."[강조는 원저자](Cavarero, 2000: 92)

* * *

'남성적' 인식주체 모델은 '무엇' 질문에 답할 수 있다는, 본질을 '안다'는, 또는 '알 수 있다'는 인식능력에 대한 강한 믿음, 혹은 '앎에의 의지' 위에서 맹목에 빠진다. 카바레로는 '알고 있다'고 믿음으로써 비극적 숙명에 빠진 오이디푸스의 두번째 '착각'을 지적하는 자리에서, 뮤리엘 루카이저(Muriel Rukeyser)의 시(詩) 「신화」

(Myth)를 인용한다.(Cavarero, 2000: 49)

Myth

Muriel Rukeyser

Long after, Oedipus, old and blinded,
walked the roads. He smelled a
familiar smell. It was the Sphinx.

  Oedipus said, "I want to ask one
question. Why didn't I recognize my
mother?"

  "You gave the wrong answer," said
the Sphinx.

  "But that was what made
everything possible," said Oedipus.

  "No," she said. "When I asked,
What walks on four legs in the
morning, two at noon, and three
in the evening, you answered,
Man. You didn't say anything about
woman."

  "When you say Man," said Oedipus,
"you include women too. Everyone
knows that."

  She said, "That's what you think."

신화

뮤리엘 루카이저

오랜 시간이 흐른 후에, 늙고 눈 먼 오이
디푸스가 길을 걷고 있었다. 그는 익숙한
냄새를 맡았다. 그것은 스핑크스였다.

  오이디푸스가 말했다. "묻고 싶은 게
있어. 왜 나는 내 어머니를 알아보지 못했
지?"

  "너는 틀린 답을 했어." 스핑크스가 말
했다.

  "하지만 그게 이 모든 걸 가능하게 만
들었어." 오이디푸스가 말했다.

  "아니", 그녀가 말했다. "내가, 아침에
는 네 발로, 점심에는 두 발로, 그리고 저
녁에는 세 발로 걷는 것이 무엇이냐고 물
었을 때, 너는 Man이라고 대답했어. 너는
woman에 대해서는 한 마디도 하지 않
았어."

  "우리가 Man이라고 말할 때는," 오이
디푸스가 말했다. "거기엔 여자들도 포함
된 거야. 모든 사람이 그걸 알아."

  그녀가 말했다. "그건 네 생각이고."

'남성적' 인식주체가 가진 보편개념에 대한 '앎에의 의지'는
개별적 차이들을 무화하면서 맹목적 무지에 빠지고, 개별자들을
보편자로 환원하면서 거기 포함되지 않은 다수의 타자들을 배제
한다.

2. 불투명한 주체

언어 규범

"너는 누구인가?"라는 물음을 건네받고 자기 이야기를 시작하면서, 나는 나를 어떻게 설명할 수 있을까? 나는 던져진 물음에 답하여 자기를 설명하기 위해서, 타인들이 이해할 수 있는 '언어'를 쓸 수 있어야 한다. 나의 이야기가 아무리 고유하고 유일무이한 것이라 해도, 나는 내 이야기를 들어 줄 타인과 언어를 공유할 수 있어야 한다. 버틀러는 서사가 구성되어 공유되어야 하는 곳에 '만남의 틀이 되는 언어'가 있다는 것, 그리고 그 설명의 언어는 나만의 것이 아니라는 것을 지적한다. "내가 인정을 수여하기 위해 사용하는 용어들이 나만의 것이 아니며, 내가 그 용어들을 단독으로 고안해 내거나 정교하게 만들지 않았다는 것을 깨닫는 순간, 나는 말하자면 내가 제공한 언어에 탈취당한다."(버틀러, 2013: 48) 그 언어는 이미 규범을 배태하고 있다.

"그 언어에 배태되어(embedded) 있는 것은, 무엇이 인정 가능성을 구성하고 무엇이 구성하지 않는가와 연관된 일군의 규범들이다."(버틀러, 2013: 55) 언어는 규범적이고, 언어에 배태된 권력은 포함시키거나 배제할 담론을 구분한다. 이야기의 상호 교환, 묻고 답하는 자 또는 이야기하고 경청하는 자 사이에 개입하는 언어와 관습과 규범은 이 두 당사자의 관점을 초과하는 '사회적 성격을 가진 규범들의 침전물'이다.

"나를 인정할 만한 사람으로 만드는 데 내가 사용하는 규범들은 전적으로 나의 것이 아니다. 그것들은 나와 함께 태어나지 않았다. 규범들이 출현한 시간성은 나 자신의 삶의 시간성과 일치하지 않는다."(버틀러, 2013: 64) 그 규범들은 나의 삶과 죽음에 무관심하다. 그럼에도 내 이야기를 전달하기 위해서 나는 그 규범에 따라야 한다. 내가 나 자신을 설명하기 위해 선택해야 하는 규범으로서의 언어는 살아 움직이는 나의 자아를 전적으로 표현하거나 전달하는 데 충분하지 않다.

이 거리와 차이로 인해 내가 사용하는 언어로는 나를 투명하게 설명할 수 없다는 것이 드러난다. 내가 선택하지 않은 언어의 규범적 틀 안에서 내가 나를 설명해야 한다는 이 불일치는, 서사에서 피할 수 없는 것이다. 자기 이야기를 시작하기 위해 내가 사용해야 하는 언어의 통제할 수 없는 타자성에도 불구하고, 나는 내 이야기를 전달하기 위해서 그 언어의 규범을 수용할 수밖에 없다.

주체화의 거점이자 한계인 신체

주체화에 개입하는 불가피한 타자성의 두번째 계기는, 내가 몸이라는 사실이다. 내가 이 세계에 등장하는 방식은 내가 바로 "이 몸이라는 것"(being *this* body)에 근거한다. 그런데 서사는 스스로가 가리키는 '이' 몸을 포착하지 못한다. 몸의 역사를 완전히 서술하는 것은 불가능하다. "서사가 가리키는 단수의 몸(singular body)은 충

만한(full) 서사로는 포착할 수 없다."(버틀러, 2013: 39)

우리는 서로에게 '몸'으로 드러난다. '나'는 일차적으로 신체로 노출되고 가시화된다. "나 자신인 바의 이 노출이 말하자면 나의 단수성을 구성한다."[강조는 원저자](버틀러, 2013: 60) 나는 이 몸으로 개체화되고, 개체적 역사를 지니게 된다. 그런데 "이야기들은 스스로가 가리키고 있는 이 몸을 포착하지 못한다". 이 몸의 역사를 완전하게 서술하는 것이 불가능한 이유는, 몸이라는 것에는 "내가 전혀 회상할 수 없는 그런 나의 몸에 정향된 역사(a history to my body)가 존재"하기 때문이다.(버틀러, 2013: 70) 나는 내 몸의 경험을 온전히 말할 수 없다. 그것은 내게도 낯설다. 그럼에도 내가 온전히 알지 못하고 투명하게 파악하지 못하는 이 몸의 역사가 바로 이 구체적이고 개별적인 나이다. 그렇게 완전히 포착되지 않지만, '나의' 이야기의 조건을 이루는 경험의 부분들이 존재한다는 사실을 인정해야 한다.

나에게 말을 걸고 내가 누구인지 묻는 타인을 향해, 나에게 강요된 규범에 맞춰 관습에 의해 조율된 언어로 나 자신을 설명해야 한다는 사실, 그리고 나를 이루는 가장 구체적이고 개별적인 존재 양식을 나 자신도 완전히 알지 못하고 말할 수 없다는 사실이, 주체화의 과정에 동반한다. 버틀러에 따르면 이 알 수 없음(unknowing)이 주체화 과정에 필수적인 부분이다.

서사의 한계와 주체의 불투명성

주체는 이야기를 통해 자기를 설명하고자 한다. 그러나 주체는 자신을 다 투명하게 알지 못한다. 또한 어떤 이야기도 삶을 온전히 포착하지 못한다. 삶은 늘 이야기보다 넘친다. "내가 담론으로 제시하는 나 자신에 대한 설명은 이 살아 움직이는 자아를 표현하거나 전달하지 못한다. 나의 말들은 내가 그 말을 할 때, 탈취되어, 나의 삶의 시간과 같지 않은 담론의 시간에 의해 차단당한다."(버틀러, 2013: 65) 버틀러는, 서사가 삶의 파편성과 불연속성을 일관적인 구조로 재구성할 때, 삶의 구체성이 사라지게 되는 것을 의식한다. 구조화 안에서, 그 일관성에 포함되지 않는 사건들은 서사 안에서 자리를 잃는다.

자기를 설명하기 위해 이야기를 시작할 때, 우리는 인정 규범에 따라 이야기한다. "이 서사는 나의 것이 아닌 것, 꼭 나의 것은 아닌 것에 의해 방향을 상실하게 된다." "나는 나를 인정할 만한 사람으로 만들기 위해 어느 정도는 나 자신을 대체가능한 사람으로 만들어야 할 것"이기 때문이다.(버틀러, 2013: 67) 그러나 그렇다고 해서 주체가 규범의 필연적 결과로 생산되는 것은 아니다. 규범을 무시할 수 있을 만큼 완전히 자유롭지는 않지만, 그렇다고 주체가 규범에 완전히 종속되지는 않는다. "우리는 우리 스스로 선택할 수 없었던 삶의 조건들과 늘 갈등한다."(버틀러, 2013: 36) 그리고 이 갈등 속에서 우리는 이야기한다. 이 갈등은 기존의 규범을 비판적으로 변화시킬 수 있는 출발점이기도 하다.*

온전히 내 것이 아닌 나의 이야기, 나의 서사에 포함된 타자성의 계기들은, 내가 온전히 자기 정초적인 주체가 될 수 없음을 인정하게 한다. 어떤 주체도 "자기 자신에 대한 설명이 깨지고 훼손된 잠재성"(버틀러, 2013: 69)을 가지고 있다. 버틀러는 이 주체의 불투명성에 대한 자기 인식이 일정한 윤리적 함의를 갖는다고 주장한다.

3. 취약성에 응답하기

윤리적 폭력 비판

주체의 불투명성을 인정하는 것으로부터 우리는 무엇을 배울 수 있을까? 버틀러는 주체화를 위해서는 타자성이 필수적으로 개입하며, 어떤 주체도 이 타자성의 계기를 무화할 수 없다고, 따라서 주체의 총체성이나 자기의식의 투명성은 불가능하다고 밝힌다. 이를 통해 "우리 자신에 대한 우리의 항상적이고 부분적인 맹목

---

* 지배적이던 규범, '집단적 에토스'가 지배력을 상실하기 시작할 때, 시대착오로 밝혀진 과거의 집단적 에토스가 여전히 현재적 상황에 끼어들어 힘을 발휘하고자 할 때, 도덕적 질문이 발생한다. 개별자들은 규범의 산물이기도 하지만, 그것과 불화하기도 한다. 우리는 보편적으로 강요되는 윤리적 에토스의 시대착오적 폭력을 비판할 수 있으며, 실제로 그렇게 한다. "아도르노는 삶의 방식을 제공하지 못하는 윤리적 규범이나, 지금의 사회적 조건들에서는 전유할 수 없는 것으로 밝혀질 윤리적 규범은 반드시 비판적 개정이 필요하다고 주장한다. 현재의 사회적 조건들을 무시하는 윤리적 에토스는 폭력적이게 된다."(버틀러, 2013: 15)

(blindness), 우리 모두가 공유하는 맹목에 기초한 윤리"를 제시하고자 한다. 버틀러는 주체의 불투명성, 다시 말해 주체의 '총체화 또는 완전한 자기 인식의 실패'의 조건에서만 우리는 인정을 주고 받을 수 있다는 것을 보여 주려고 한다.**

버틀러에게는, 이 주체의 불투명성과 주체화에 개입하는 타자성의 계기들은 윤리적 행위성과 사회적 책임감 개념에 중요한 함의를 지닌다. 버틀러의 물음은 "자기-지식의 한계를 시인하는 주체 형성이론이 어떻게 윤리와 책임을 개념화하는 데 봉사할 수 있는가"이다.(버틀러, 2013: 38) 그리고 이 물음에 답하는 과정에서, 윤리적 폭력에 맞서는 힘, 그리고 서로의 취약성에 적극적으로 응답할 가능성을 발견한다.

주체의 불투명성을 인정하는 것으로부터, 우리는 무엇을 배울 수 있을까? 버틀러는 이 '부족함, 실패, 맹목, 불투명성'의 인정으로부터 타자의 윤리를 정초할 수 있다고 본다. 그리고 이러한 관점에서 집단적 에토스의 형태로 강요되는 윤리적 폭력에 저항할 수 있

** 이현재는 버틀러가 헤겔의 인정이론에 대한 재해석을 바탕으로 새로운 '인정의 윤리'를 정초하려 한다고 읽는다. "이런 점에서 인정은 나를 확인하는 행위라기보다는 나를 확인하는 것에 실패하면서 새로운 나를 구성하는 행위이다. 인정을 수행하면서 우리는 할 수 없이 자기 밖에 있어야 하고 자기 밖에서 행동한다. 인정 행위는 내가 타자에 노출되어 있다는 사실을 끊임없이 상기시키는 행위이자, 자신에 대한 완전한 이해나 확인은 불가능하다는 것을 보여 주는 행위이다. 따라서 인정 행위는 결국 나, 나아가 우리의 타자성, 불확실성, 자기-이해의 한계를 시인하는 윤리와 결합될 수밖에 없다."(이현재, 2015: 24) 버틀러와 인정이론을 연결하는 이 선명하고 탁월한 분석에 대해, 그러나 나는 완전히 동의하지는 못한다. 버틀러에게 인정은 주체(화)에 선행한다. 인정이라는 규범적 전제 위에서 우리의 사회적 등장 가능성이 가늠된다. 버틀러에게 윤리적 판단이 작동하기 위해서는 인정이 유지되어야 한다. 그러나 그녀가 지향하는 바는, 그 위에서 타자의 윤리를 수립하는 일이다.

다고 본다. 버틀러가 말하는 윤리적 폭력은 '동일성의 폭력'이다. 시대착오적임에도 집단적 에토스의 형태로 강요되는 추상적 보편성은 폭력이다. 보편성 그 자체가 문제인 것은 아니다.* 그러나 "문화적 특수성에 반응하는 데 실패한 보편성, 자신의 적용가능성의 영역 안에 포함된 사회적이고 문화적인 조건에 반응하면서 재정식화되지 못하는 보편성의 작동방식"은 폭력이 된다.(버틀러, 2013: 16)

　　나아가 윤리가 우리에게 항상 자기 동일성을 표명하고 유지할 것을 요구하고, 타자에게도 그래야 한다고 강요한다면, 그것은 폭력이 된다. 자기 동일성, 완벽한 일관성에 대한 요구는, 불가능한 것이다. 주체화의 과정은 타자성의 계기를 필연적으로 내포한다. 그리고 또한 주체는 시간 지평 안에서 늘 변화하고 유동한다. 이러한 사실을 외면하면서 스스로에게 그리고 타인들에게 자기 동일성을 표명하고 유지해야만 한다고 강요하는 것은 윤리적 폭력이다.

　　윤리적 에토스가 폭력이 되지 않게 하기 위해서는, 과잉과 불투명성, 앎의 한계를 인정하는 것, 그리고 그것에 근거한 겸손함과 관대함이 요구된다. 주체가 자기를 완전히 투명하게 설명하려는 노력은 실패한다. 삶은 우리의 설명과 이야기에 온전히 담기지 않는다. 따라서 누군가에게 '너는 누구인가?'라는 질문을 던질 때, 우리는 "완전한 대답이나 최종적인 대답을 기대하지 않고" 계속 물을

---

* 버틀러는 나름의 '보편적인 인간 개념'을 제시한다. 그녀에 따르면, 인간은 '보편적으로' 취약한 존재다. "그 개념 안에서 우리는 처음부터 타인에게 맡겨진 존재이며, 심지어 개체화되기 이전부터 육체적인 요구조건 때문에 일단의 일차적 타인에게 내맡겨진 존재이다."(주디스 버틀러[2018], 『위태로운 삶: 애도의 힘과 폭력』, 윤조원 옮김, 필로소픽, 62쪽.)

수 있어야 한다. 버틀러는 여기에서 쉽게 단 한 번의 대답에 만족하지 않는 태도, 그리고 나아가 만족할 만한 대답을 기대하지 않는 태도를 요구한다. "만족을 구하지 않고 질문을 열어 놓으면서, 심지어질문을 계속 견디면서, 우리는 타자를 살려두는데, 왜냐하면 삶은우리가 하려고 하는 모든 설명을 초과하는 것으로 이해될 수 있기때문이다."(버틀러, 2013: 77) 반면, '네가 누구인지 알겠다'라고 멈추는순간, 우리는 타자에 대한 말 걸기를 중단하고 그가 보내는 메시지를 차단하게 된다.

사법적이거나 윤리적인 판단이 요청되는 순간들이 있다. 어떤행위나 발언은 반드시 처벌되어야 하고 도덕적으로 비난받아야 마땅하다. 그러나 어떤 행위에 대한 유무죄의 판단과 사회적 인정은같지 않다. "인정은 다른 사람을 판단하고 그 판단을 전하는 것으로 환원될 수 없다." 버틀러는 윤리적 태도와 판단하는 태도는 서로 다르다는 점을 강조한다. "윤리적 관계를 판단 행위로 환원할수 없다."(버틀러, 2013: 82) 타인을 판단하기에 앞서 우리는 그들과 어떤 관계를 맺고 있어야 한다. 그리고 우리가 내리는 윤리적 판단은이 관계에서 출발하는 것이어야 한다. 이 관계가 윤리적 판단의 특성을 결정한다.

버틀러는 특정한 말이나 행동에 대한 도덕적이거나 사법적인판단이 그 사람의 전체적인 인격이나 총체적 삶에 대한 판단으로확장될 수 있는가를 묻는다. 자기 자신에 대해서조차 자아의 총체성을 투명하게 인식하지 못하는 우리가, 타자에 대해 그와 같은 동일성이나 불변성을 요구할 수 있는가? 그럴 수 없다면, 우리는 판단의 한계를 인정해야 한다. 그리고 그 판단의 한계로부터 윤리적 성찰이 시작되어야 한다.

> 비난, 탄핵, 통렬한 고발은 심판하는 자와 심판당하는 자 사이의 존재론적 차이를 단언하고, 심지어 자신에게서 다른 이를 재빨리 몰아내는 방식으로 작동한다. […] 비난은 심판당하는 자와의 공통성을 부인함으로써 자기를 도덕화하는 만큼, 자기-지식에 어긋나게 작동할 수 있다.(버틀러, 2013: 83)

이는 자신의 불투명성, 자신의 한계와 실패를 인정하지 못하고 외면하는 태도이다. 그리고 그런 포기와 무지에 기반하는 타인에 대한 폭력이다.

버틀러는 윤리적 판단이 생산적으로 작동하기 위해서는, 인정이 유지되어야 한다고 주장한다. 그 말은, 미래를 향해서, 미래에 다르게 행동할 기회를 줄 수 있도록, 그런 변화에 도달할 수 있도록 영향을 미쳐야 한다는 뜻이다. 그리고 그럴 수 있기 위해서, 윤리적 판단은 "윤리적 심사숙고, 판단, 행위의 지속적 조건을 제공할 수 있도록", 내려져야 한다. 버틀러는 스피노자를 인용하여, 다음과 같이 결론 짓는다. "[스피노자의 말처럼] 살고자 하는 욕망이 있을 경우에만 올바르게 삶을 살아가려고 욕망할 수 있는 것이라면, 삶에 대한 욕망을 죽음에 대한 욕망으로 바꾸려는 처벌의 시나리오는 윤리 자체의 조건을 침식한다."(버틀러, 2013: 89)

취약성(vulnerability)이라는 공통의 현실

나 자신을 설명하려는 노력의 실패로부터, 그리고 주체의 불투명성으로부터, 타인의 취약성에 응답하는 나의 윤리적 태도가 결정된다. 버틀러는 우리가 취약하다는 것, 상처받을 수 있다는 조건으로 인해 서로 연결되어 있음에 주목한다. "나 자신도 나를 온전히 알지 못한다. 나의 실체 중 일부가 타인의 불가사의한 흔적이기 때문이다."(버틀러, 2018: 81쪽) 내 안에, 그리고 나의 이야기 안에 존재하는 구성적 타자성은 나의 한계를 인식하게 한다. 그러나 바로 이와 같은 인식 위에서, 다시 말해 이 불완전성 안에서, 우리는 서로의 단독성과 취약성을 돌볼 수 있다.

타인의 취약성에 답할 수 있는 가능성은, 나의 취약성을 인정하는 데서 출발한다. 버틀러가 우리가 지닌 공통의 취약성을 윤리와 책임의 출발점으로 삼는 것은 두 가지 근거에서이다. 하나는 우리는 모두 몸을 가진 존재로, 몸으로 세계에 출현한다는 사실이다.

몸은 삶의 유한성, 취약성, 행위주체성을 암시한다. 피부와 살때문에 우리는 타인의 시선에 노출되고, 접촉과 폭력에도 노출된다. 몸은 또한 시선, 접촉, 폭력의 행위주체이자 도구가 되는 위험을 무릅쓰게 만든다. 우리는 몸에 대한 권리를 위해 분투하지만, 정작 분투의 목적인 몸은 우리 자신만의 것이 아니다. 몸에는 변함없는 공적인 차원이 있다. 공적 영역에서 구성되는 사회적 현상인 내 몸은 내 것인 동시에 내 것이 아니다. 처음부터 타인의 세계에 넘겨지는 몸에는 그 세계의 흔적이 각인되어 있고, 몸은 사회적 삶의 용광로에서 형성된다.(버틀러, 2018: 55)

몸은 취약성의 장소이고, 외부적 폭력에 노출된 유약함의 장소이다. 그러나 모든 몸이 아니라, 여성 또는 소수자들이 공동체 안에서 더 쉽게 폭력의 대상이 되거나 또는 더 많은 폭력의 가능성에 노출되어 있다. 그러한 사실은, 사회적 취약성이 정치적으로 구성된다는 것을 보여 준다. 그 취약성이 폭력을 야기한다. 거기에는 사회적으로 '더 취약한' 존재자들을 가르는 일정한 구분선이 작동한다. 버틀러는 이들의 '더 취약한 삶'에 다가갈 가능성은, 우리 스스로도 폭력에 취약하다는 것, "통제권을 잃고 타인에 의지에 내맡겨지"거나, "타인의 의도적 행위로 인해 삶 자체가 말소될 수 있는" 위험을 피할 수 없다는 것, "어떤 면에서 우리는 모두가 이런 특수한 취약성을 지닌 채 살아간다"는 것을 인식하는 데서 시작될 수 있다고 본다.(버틀러, 2018: 59) 우리는 모두 통제할 수 없는, "우리가 미리 손쓸 수 없는 다른 어떤 곳으로부터의 갑작스러운 부름"에 무방비로 노출되어 있다.

버틀러에게서 주체의 취약성을 발견하게 되는 두번째 지점은, 사랑하는 사람을 잃는 상실이 우리에게 남기는 상처이다. 타인과 맺는 유대관계는 독립적인 한 개체인 내가 나의 바깥에서 다른 개체와 관계 맺음을 소유하는 것이 아니다. 그 관계는 나의 일부로, 내 안에 침투해 있고 그렇게 흔적을 남긴다. 따라서 그 타인의 상실은 나라는 주체의 일부를 되돌릴 수 없이 상실하는 것이며, 주체 자체를 변화시키는 것이다. "우리를 구성하는 이런 유대관계 중 일부를 잃으면, 우리는 누구인지, 어떻게 대처해야 하는지 알지 못하게 된다."(버틀러, 2018: 50) 상실한 그와 더불어 나의 일부도 사라지게 되기 때문이다. 따라서 "애도는, 상실로 인해 우리가 어쩌면 영원히 변하게 된다는 것을 받아들일 때 이루어진다".(버틀러, 2018: 48)* 상실은 우리에게 불가사의한, 알 수 없는 것, 우리의 이해 가능성을 넘어서는 경험을 야기한다. 상실로 인한 슬픔은 내가 완전히 통제하지 못하는 속박의 상태를 드러낸다. "슬픔은 우리가 꼭 묘사하거나 설명할 수 없는 방식으로, 자의식을 가지고 우리가 자아를 설명하려는 시도를 종종 방해하는 방식으로, 또 우리가 자율적이고 통제권을 갖는 존재라고 생각하기 어렵게 만드는 방식으로 그 속박의 상태를 드러낸다."(버틀러, 2018: 51) 상실로 인한 슬픔은, 나를 나의 온전한 정신 밖으로 내몰고, 내 정신의 질서를 망가뜨린다.

우리는 타인에 취약하고, 또 폭력에 취약하다. "인간 공통의 취약성, 생명 자체와 더불어 등장하는 취약성", 우리는 이 취약성의 근원을 찾아낼 수 없다. "그것은 '나'의 형성에 선행한다."(버틀러, 2018: 62) 버틀러는 우리가 지닌 상실과 취약성이라는 부정적이고 연약한 조건으로부터 공동체의 가능성을 다시 구상해 보려고 한다. 그럴 수 있을까? 폭력에 노출되어 있는 무방비적이고 연약한 육체

---

* 한편, 사회적 공간에서 모든 상실이 동등한 애도의 권리를 갖지 못한다. "어떤 생명은 애도 가능하고 또 어떤 생명은 그렇지 않다. 어떤 주체는 애도의 대상이 되어야 하고 다른 주체들은 애도의 대상이 될 수 없다고 결정하는 애도 가능성의 차등적 배분은, 누가 규범에 맞는 인간인가에 대해 특정한 배타적 관념을 생산하고 유지하는 작용을 한다."(버틀러, 2018: 12~13)

에 대해서, 애도하지 못하는 상실에 대해서, 취약한 생명 또는 위태
로운 삶에 대해서 생각하고 이해하는 것으로부터 우리는 어떤 윤
리를 숙고할 수 있을까? 버틀러에 따르면, 인간 공통의 취약성은
집단적 책임에 대한 이론을 이해하기 위해 필수적인 전제이다.

2장
정의로운
응답하기

정의에 관한 합리적 성찰은 [···] 듣는 것에서부터,
어떤 외침에 주의를 기울이는 것에서부터 시작한다.
– 아이리스 매리언 영[*]

1. 정의에 대하여

부정의에 대한 비판적 성찰

데리다는 정의를 '불가능한 경험'이라고 말했다. 정의의 아포리아
는 강렬한 이념과 불가능한 실천 사이에서 우리를 당혹에 빠뜨린
다. 정의는 이념으로 지향되고, 법적·제도적 실천의 방향타로 매번
새롭게 요청되지만, 구체적으로 그려지지는 않는다. 이념으로서의
정의는 어떤 구체적 형상으로도 규정될 수 없다. 그러나 우리는 정
의를 부르고, 정의를 찾는다.

---

[*] 아이리스 매리언 영(2017), 『차이의 정치와 정의』, 김도균·조국 옮김, 모티브북, 29쪽.

현실에서 정의가 물어질 때는, 부정의를 발견할 때이다. 부정의한 현실이 정의를 일깨운다. 구체적으로 그 형태를 그릴 수는 없지만, '이럴 수는 없다'고, '무언가 잘못되고 있다'고 느끼는 순간, 우리는 정의를 부른다. 이때 정의는 비판의 척도이거나, 해체의 동력이다. 적극적인 규정이 불가능하다 해도, 우리는 부정적 규정을 통해 정의를 찾아간다. 아이리스 매리언 영(Iris Marion Young)은 비판이론*의 전통과 연결하여, 구체적이고 맥락적인 사회역사적 상황 속의 부정의를 비판하면서 정의의 문제를 성찰한다. "규범적 성찰은 고통이나 엄청난 곤경에 처한 사람들의 울음소리를 들을 때, 또는 자기 스스로가 엄청난 곤경에 처해 있다고 느낄 때 생겨난다."(영. 2017: 31) 그 고통과 곤경에 어떻게 답할 것인가? 우리는 정의의 이념에 입각해서 현실의 지배적 원리를 부정하고 거부하면서, 현실에 비판적 거리를 만들어 낼 수 있다. 영은, "실제로 존재하고 있는 것에 대한 경험을 그와는 달리 존재할 수 있을 가능성의 구체화로 전환하는 역량, 사유를 자유롭게 해서 이상적 규범을 형성할 수 있도록 하는 역량"(영. 2017: 32)을 믿는다. 규범과 이상, 그것을 그려 낼 상상력이 우리에게 '다른 현실'을 꿈꿀 자유를 허용하고, 억압적 현실을 비판적으로 성찰할 수 있는 가능성을 열어 준다. 그렇게 부정의의 부정(negation)을 통해 우리는 사회정의에 다가갈 수 있다.

영은 사회정의를 부정적 규정의 방식으로 "제도화된 지배와

---

* "구체적인 사회적 현실에서 실현되지는 않았지만 느껴지기는 하는 규범적 가능성들을 명확하게 제시하는 담론 양식이 바로 비판이론이다."(아이리스 매리언 영[2017], 『차이의 정치와 정의』, 김도균·조국 옮김, 모티브북, 31쪽.)

억압의 제거"로 정의(定義)한다.(영, 2017: 51) 그녀에게 정의는 사회 구성원 모두에게 지배 없는 상태, 그리고 억압 없는 상태가 실현되기 위한 사회적·제도적 조건이 마련되는 상태를 의미한다. 영은 정의 혹은 부정의를 구조적 차원의 문제로 접근한다. "현대의 철학적 정의론들은 정의 개념을 그렇게 넓게 파악하지 않고, 사회정의의 의미를 **사회 구성원들 사이에서 혜택과 부담이 도덕적 관점에서 적절하게 배분되는 것**으로 국한해서 보려고 한다."[강조는 인용자](영, 2017: 51) 롤스(John Rawls)의 정의론에 기초한 이 개념에는 해명되어야 할 많은 쟁점들이 남아 있다. "도대체 배분되어야 할 혜택과 부담은 무엇이고 어떻게 정해지는가, 분배의 기준은 무엇인가, 도덕적 관점이란 무엇인가, 적절한 배분은 무엇인가, 사회적 구성원은 누구를 말하는가, 내가 제시한 해석이 타당하다는 것을 어떻게 정당화할 수 있는가" 등등의 비판적 쟁점들은 이 개념 정의에서는 다루어지지 않는다.(영, 2017: 25)

정의의 분배 패러다임

정의를 '혜택과 부담의 적절한 분배'의 문제로 보았던 롤스의 정의론은 윤리적이다.존 롤스(2003), 『정의론』, 황경식 옮김, 이학사. 그것은 개인과 시장의 자유를 옹호한다는 의미에서 자유주의적이지만, 스스로에게 책임이 없는 어떤 이유로 개인이 처하게 되는 불평등이나 불행을 사회적으로 해결하고 개선해야 한다고 주장한다는 면에서 사회 윤리적 관점을 유지한다.

공정(fairness)으로서의 정의를 배분의 문제로 보는 롤스의 관점은, 행운이나 우연으로 인해 얻게 된 이익이나 혜택은 사회적으로 재분배해야 한다는 것을 전제한다. 누군가 더 좋은 교육을 받거나 더 높은 연봉을 받는 것은, 좋은 가정환경, 타고난 자질, 주어진 사회적 조건, 시대적 우연 등과 같은 우연적 행운들이 없이는 가능하지 않다. 그가 받게 된 혜택이 개인적 노력의 결과라고 하더라도 마찬가지이다. 노력에 합당한 결과를 얻을 수 있는 조건조차도 노력만으로는 해결되지 않는, 우연히 주어진 좋은 태생적·사회적 행운들과 무관하지 않다.* 그렇다면 그 결과물들을 사회적으로 환원해서 나누어야 한다는 것이다.

정의의 분배 패러다임은 사회적 불평등을 해소하고, '혜택과 부담의 적절한 배분'을 제도적으로 보장한다는 점에서 사회정의 실현의 중요한 출발점이다. 그러나 영은 분배 패러다임에 내재적 문제가 있음을 지적한다. "첫째, 분배 패러다임은 사회정의를 물(物), 자원, 소득, 부와 같은 물질적 재화의 할당의 문제로, 아니면 사회적 지위, 특히 일자리의 배분 문제에 초점을 맞추어 생각하는 경향이 있다."(영, 2017: 52) 정의 혹은 부정의를 구조적 문제로 접근하는 영은, 분배적 정의론은 부정의가 발생하는 사회적 과정에 주목

---

* "롤스는 노력도 혜택받은 양육 환경의 결과일 수 있다고 대답한다. '노력하고, 도전하고, 소위 높은 자격을 누릴 만한 사람이 되려는 의지조차 행복한 가정과 사회적 환경에 좌우된다.' 성공의 다른 요소들처럼 노력 역시 자신의 공이라 할 수 없는 우연적 요소의 영향을 받는다."(마이클 샌델[2015], 『정의란 무엇인가』, 김명철 옮김, 와이즈베리, 238쪽.)

하기보다, 권리와 기회를 소유와 배분의 문제로 환원한다고 비판한다. 분배 패러다임에 근거한 정의론은 분배로는 해결되지 않는 구조적 권력의 문제, 즉 사회구조, 제도적 맥락, 의사결정 구조와 절차, 노동 분업, 문화 등의 문제를 간과할 위험이 있다.

분배 패러다임이 물질적 재화나 사회적 지위 또는 일자리의 배분 문제에만 초점을 맞추어 사회구조적 문제를 도외시한다는 비판에 대해, 분배 패러다임을 고수하는 입장에서는 분배가 물질적 재화나 자원에 국한될 필요가 없다고 강조한다. "권력, 기회, 자존감과 같은 비물질적 재화의 분배와 같은 쟁점을 검토하는 이론가들도 있다." 그러나 이러한 확장된 분배 패러다임의 관점은, 더 위험하다. 그것은 영이 지적하는 두번째 문제와 연결된다. 영에 따르면, 분배를 사회적 재화에까지 확장하게 되면 "분배의 개념은 비물질적인 재화들을 사회적 관계와 사회적 과정의 함수가 아니라 정태적인 사물인 것처럼 재현하게 된다."(영, 2017: 52)

재화의 분배는 사회정의의 중요한 조건이며, 사회적 불평등을 해소하기 위한 중요한 첫걸음이다. 그러나 영은 재화의 소유 여부를 넘어, "행동과 행동의 결정을 포함하고, 나아가 역량을 계발하고 행사할 수 있게 하는 수단들의 제공도 포함하는 보다 넓은 맥락의 정의 담론", 제도적 규칙과 제도적 관계들의 모든 측면을 포괄하는 정의 담론을 고민하는 일이 필요하다고 본다.(영, 2017: 53)

분배 패러다임 비판

재화의 분배는 사회정의의 필요조건이다. 극심한 빈곤으로 고통 받는 사람에게 기본적인 물질적 재화를 즉각 배분하고 제공하는 일은 사회의 책임이고, 사회를 정의롭게 만들기 위한 최우선의, 최소한의 과제이다. 또한 원초적인 사회적 불평등을 조정하기 위해, 그리고 누구에게나 공정하게 기회를 제공하고 다양성을 존중하는 사회를 만들기 위해, 사회적 지위나 일자리를 할당하는 일도 반드시 필요하다. 그러나 실상 정의가 문제 삼아지는 많은 지점들은 단지 물질적·비물질적 재화나 분배 문제로 환원되지 않는다.

우리는 일상적으로 물질적·비물질적 재화 배분 이외의 많은 다른 부분들에서 정의를 문제 삼는다. 당사자들 모두가 의사결정 절차에 동등하게 참여하고 있는지, 어떤 소수자 집단에 대한 문화적 재현 이미지가 편견과 차별을 반영하고 있지 않은지, 안전하고 건강한 노동권이 보장되고 있는지 등등의 문제에서 우리는 부정의를 고발하고, 정의의 실현을 요구한다. 이러한 구체적 경험들이 "우리 사회에는 일차적으로 소득, 자원, 지위 등의 분배에 관한 것이 아닌 정의와 부정의의 주장들이 상당수 존재한다"는 사실을 증명한다.(영, 2017: 62) 분배 패러다임은 실천 영역들에서 발생하는 많은 부정의의 문제들을 다루지 못한다. 또한 분배 패러다임은 부정의가 발생하는 관행, 관습, 규범, 문화, 상호작용 등과 같은 제도적 맥락*을 자신의 이론 안에 포함하지 못한다.

분배 패러다임의 더 큰 문제는, 분배 논리의 한계를 인정하지 않은 채 정의의 범위를 곧 분배로 한정하는 관점을 일반화할 때 발생한다. 일반화된 분배 패러다임은 물질적 재화뿐 아니라, 사회적 재화까지도 분배의 대상으로 다루려고 한다. 영은, 사회적 재화까지 분배 논리로 다루게 되면 정의에 대한 그릇된 관점이 확산될 위험이 발생한다고 지적한다. "그런 잘못된 정의관은 사물로서가 아니라 규칙과 관계의 함수라고 이해해야 더 적합한 사회생활의 측면들을 물화(reify)한다. 게다가 그런 정의관은 사회적 과정에 주목하기보다는 주로 분배의 최종 상태의 정형들에 의거하여 사회정의를 고찰한다."(영, 2017: 71)

　　사회적 재화로까지 확장된 분배적 정의론은 권리와 기회도 소유와 배분의 대상처럼 다룬다. 분배 패러다임에 근거한 '적극적 차별시정조치'(affirmative action)는 분명 지위와 권리, 기회의 불평등을 해소하는 데 기여하지만, 구조적으로 발생하는 억압을 근원적으로 시정하는 데는 한계적이다. 그 이유는 '적극적 차별시정조치'가 배분을 통해 문제가 되는 부정의를 이미 해결했다는 환상을 낳고, 그 정책의 가능적 수혜자들 간에 피해자 경쟁을 유발할 수 있기 때문이다. 또한 사회구조적 조건과 행위자들 사이의 관계, 권력 구조의 문제 등이 해결되지 않은 상태에서, 적극적 차별시정조치가

---

* "제도적 맥락은 국가, 가족, 시민사회, 직장과 같은 제도들에 존재하는 구조들과 행동들을 포함하며, 이 구조와 행동들을 향도하는 규칙들과 규범들도 포함하고, 나아가서는 그 속에서 이루어지는 사회적 상호작용을 매개하는 언어와 상징들까지도 포함한다. 행동결정에 참여할 수 있는 사람들의 역량, 또 이 참여의 역량을 개발하고 행사할 수 있는 사람들의 역량 형성의 조건들이 이런 제도적 맥락의 요소들로 이루어지는 한에서는, 제도적 맥락의 그 구성요소들은 정의와 부정의 판단에 적실성이 있다."(영, 2017: 65~66)

정의로운 구조화에 기여하는 효과는 한정적이다.

또한 "분배적 정의론은 부정의가 발생하는 사회적 과정에 주목하기보다 권리와 기회의 소유와 배분의 문제로 이해하기 때문에 권력의 관계적 속성을 무시할 위험이 있다." 김애령(2019), 「책임의 연대: '#미투' 이후의 과제」, 『여성학연구』 29권. 영은 권리를 분배 가능한 소유물처럼 파악하는 것은 정의의 문제를 숙고하는 데 무익하다고 지적한다. 권리를 배분한다는 것은 무엇인가? 도대체 권리가 배분할 수 있는 것인가?

> 권리는 관계이지, 사물이 아니다. 권리는 타인과의 관계 속에서 사람들이 할 수 있는 바를 명시하는, 제도적으로 규정된 규칙이다. 권리는 무엇인가를 소유하는 이상의 것, 즉 무엇인가를 하는 것, 다시 말하면 사람들의 행위를 가능하게 하거나 또는 못하게 제약하는 사회적 관계를 의미한다.(영, 2017: 73)

그럼에도 불구하고 권리를 배분의 문제로 표상하게 되면, 권리의 양은 일정하게 한정되어 있고, 그것을 사회 내의 서로 다른 정체성 집단들이 나누어 가져야 할 재화처럼 생각하게 된다. 그러면서 정치적으로 당연히 보장되어야 할 기본적인 권리를 허락해 주거나 박탈할 수 있는 무언가처럼 생각한다.

기회의 분배 담론도 동일한 문제를 야기한다. 분배 담론은 기회를 마치 나누어 주거나 박탈함으로써 증대되거나 감소할 수 있는, 주체와 분리 가능한 재화인 양 여긴다. 그러나 영은 기회

(opportunity)는 찬스(chance)*가 아니라고 강조한다. 기회는 "어떤 것을 가능하게 하는 조건"이다. "기회는 무엇인가를 소유함보다는 무엇인가를 할 수 있는 역량을 갖추게 함(enablement)을 나타내는 개념이다."(영, 2017: 74) 따라서 기회를 갖게 한다는 것은 무엇인가를 할 수 있는 역량을 갖출 수 있는 조건을 제공하는 것이다.

영에 따르면, 정의로운 권리나 기회는 분배보다 더 넓은 범위를 갖는다. 기회를 가질 수 있는지 여부에 대한 판단은 단지 분배의 결과를 평가하는 것이 아니라, 개인들이 행동할 수 있게 하거나 행동할 수 없게 만드는 사회구조를 평가해야 하는 일이다.

그럼에도 불구하고 정의의 분배 패러다임에 기대어 권리와 기회를 소유하고 주고받고 나눌 수 있는 대상으로 이해하게 되면, 그것을 개인과 분리되고 사회적 과정이나 권력구조, 관계들과도 독립된, 정태적인 재화처럼 인식하게 된다. 이러한 패러다임은 사회정의를 각자가 소유할 수 있는 권리 및 기회에로의 접근 가능성으로만 인식한다. 배분으로서의 정의는 사회적 재화들을 대상으로 생각하고, 개인적 정체성과 분리되어 독립적으로 존재하는 것처럼 생각한다. 그러나 사회적 재화는 개인의 역량과 행위성과 관련해서만 의미가 있다. 분배에만 정향된 정의관은, 권리와 기회를 서로 다른 집단들 사이에서 자기 '몫'을 확보하기 위해 서로 빼앗고 빼앗기는 어떤 것처럼 표상하게 한다. 그러나 영은, 정의는 궁극적으로

* "내가 유원지에 가서 인형을 쓰러트릴 수 있는 세 번의 찬스를 구입할 수 있고 내 친구는 여섯 번의 찬스를 구입할 수 있으면, 그녀는 나보다 더 많은 찬스를 가질 것이다. 하지만 찬스와는 다른 성격의 기회들의 경우에는 상황이 달라진다."(영, 2017: 73)

사람들 사이의 상호 관계의 함수이며, 구조와 제도적 조건의 차원에서 숙고해야 할 문제라는 점을 강조한다.

억압과 지배

아이리스 매리언 영은 기존의 분배적 정의론이 지닌 한계를 비판하면서, 정의를 제도와 구조의 문제로 인식한다. 그녀에 따르면, 권력의 문제는 결국 지배와 억압의 관계 안에 있으며, 따라서 정의와 부정의의 문제는 분배가 아닌 '지배와 억압의 구조'를 통해 규정해야 한다. 정의 개념을 공정한 분배의 문제에서 지배와 억압의 제거 문제로 초점 이동하게 되면, "의사결정, 노동 분업, 문화와 같은 쟁점들이 드러나게 된다". 그리고 "사회관계와 억압을 구조화할 때, 사회집단 간의 차이들이 얼마나 지대한 영향을 미치는지도 명백하게 드러난다".(영, 2017: 26)

영에게 정의란 억압과 지배가 없는 상태에서 개인들이 자신의 역량을 발휘·행사하고 사회적 결정에 참여하는 것을 의미한다. 따라서 부정의한 사회는 억압(oppression)을 통해 개인의 역량 발휘를 막고, 지배(domination)를 통해 개인이 사회적 결정에 참여할 수 없게 만드는 사회이다. 여기서 지배란, "사람들이 어떤 행동을 할지 결정하는 데 또는 행동의 조건들을 결정하는 데 참여하지 못하도록 막는 구조적 현상 또는 시스템적 현상을 의미한다".(영, 2017: 86) 그리고 억압이란 개인의 자기 발전을 저해하는 제도적 제약을 의미한다. 그런데 여기서 억압은 지배자에 의한 가시적으로 강압적인 것만이 아니다. 오히려 억압은 공공연하면서도 은밀하게 구조적이다.

확장된 의미에서의 억압이란 일상적 상호작용 속에서, 미디어와 문화의 상투적 관념 속에서, 관료제 위계 체제와 시장질서 속에서—즉, 보통의 일상생활 과정에서— 선한 의도를 가진 사람들이 종종 무의식적으로 지니는 이런저런 생각과 반응에서 야기된 결과물 때문에 일부 사람들이 겪는 극심한 부정의를 말한다. [따라서 이런 경우] 지배자를 축출하거나 새로운 입법을 한다거나 하는 방식으로는 그런 구조적 부정의를 제거할 수는 없다. 억압들은 경제적, 정치적, 문화적 주요 제도들 속에서 체계적으로 재생산되기 때문이다.(영, 2017: 108)

영은 억압을 다섯 가지 양상으로 나누어 고찰한다. 착취, 주변화, 무력함, 문화제국주의, 폭력이 그것이다. 억압은 "좋은 의도를 가진 자유 사회에서 매일매일 행해지는 실천들 때문에 사회 구성원 중 일부가 겪는 차별과 부정의를 지칭"한다.(영, 2017: 107) 억압은 구조적이다. 구조적 억압은 관행적으로 당연시되고, 규범들, 습속들, 상징들에 의해 재생산된다. 따라서 구조적 억압은 정책만으로 개선되기 어렵다. 기묘하게도 "억압당하는 집단이 있다고 해서 반드시 억압하는 집단이 그에 대항해서 존재할 필요는 없다". 지배나 억압은 의식적이거나 의도적이 아니어도 발생할 수 있기 때문이다.

영에 따르면, 폭력에 대한 취약성도 억압의 한 양상이다. "그 집단에 속하는 정체성을 가지고 있다는 이유만으로 언제든지 침해 당할 위치에 있다고 매일매일 공통으로 느끼는 인식에 폭력의 억압이 존재한다."(영, 2017: 148~149) 이때의 폭력은 물리적 폭력과 상징적 폭력 모두를 포함한다. 영은, 폭력을 억압의 한 측면으로 만드는 것은 폭력 행위 그 자체가 아니라, 그것을 가능하게 하고, 그것을 받아들일 수 있는 것으로 만드는 사회적 환경과 맥락이라고 주장한다. 즉 특정 집단에 속한다는 이유만으로 폭력이 행사되거나, 혹은 행사될 것을 두려워하게 되는 구조가 있다면, 그것이 곧 사회적 부정의를 드러낸다는 것이다.

폭력의 억압은 직접적인 피해를 당하는 것에만 있지 않다. 아이리스 매리언 영은, "폭력은 사회적 실천"이지 결코 우발적이지 않다는 것, 오히려 '규칙 의존적'(rule-bound)이며, 사회적이고 사전에 계획된 성격을 가진다는 점을 강조한다. 그녀에 따르면, 정의를 분배 차원에서 파악할 때 포착하지 못하는 부정의의 대표적 형태가 바로 '폭력'이다.

영이 생각하는 정의로운 사회는 그 사회의 구성원들이 억압과 지배 없이 권리와 기회를 누리는 사회이다. 그리고 그렇게 누리게 될 권리와 기회는 배분되는 재화가 아니라, 구조적으로 관계 안에서 보장되는 것이어야 한다. 즉 제도와 시스템의 정의뿐 아니라, 그것의 실행방식에 있어서도 정의가 있어야 한다. 부정의한 사회 시스템에 대해 의식하고 그것을 개선하는 것, 부정의를 용인하거나 강화하는 태도나 실천을 거부하는 것이 요청된다. 그리고 바로 그런 의미에서 정의의 실천, 정의에 대한 책임감은 윤리적인 것이다.

2. 정의에 대한 책임

구조적 부정의

개인에게서 역량을 발휘할 기회를 박탈하고, 사회적 결정에 동등하게 참여할 권리를 제한하는 지배와 억압이 언제나 공공연하게 가시적인 것은 아니다. 많은 경우 지배와 억압은 은밀하게 구조적이다. 그것은 일상 속에서, 문화적 관행 안에서, 관료적 위계 체제나 시장질서 안에서, 무의식적이고 무의도적 행위들, 태도들, 생각들, 언어사용들, 감정적 반응들로 실천되고 용인되고 강화된다. 따라서 입법이나 정책의 도입만으로 이러한 문제를 완전히 제거할 수는 없다. 아이리스 매리언 영은 이러한 문제를 '구조적 부정의'로 개념화한다.

구조적 부정의는 특정 집단에 속한 사람이 자기 역량을 계발하거나 발휘하지 못하게 제약을 받는 조직적 위협 아래 놓일 때 발생한다. 반면, 이 과정에서 다른 집단에 속한 사람은 주어진 역량을 발달시키고 훈련하는 데 필요한 광범위한 기회 거의 대부분을 독점하거나 마음껏 누린다. 구조적 부정의는 개별 행위자의 잘못된 행위나 국가의 억압적 정책과 구분되는 도덕적 잘못으로, 보통 허용된 규칙과 규범의 범위 안에서 특정한 목적과 이익을 추구하는 많은 개인의 행위와 제도가 상호작용한 결과로 발생한다. 아이리스 매리언 영(2013), 『정치적 책임에 관하여』, 허라금·김양희·천수정 옮김, 이후, 106쪽.

구조는 우리를 제약하기도 하지만 "개인이 그것을 차지하고 이익을 취할 수 있는 행위 가능성을 구성[하기도]한다".(영, 2013: 108) 구조는 관성을 가지고 있어서, "우리가 구조와 관계를 변화시키려 할 때조차 현재의 행위 가능성에 계속 영향을 미친다".(영, 2013: 110) 구조의 제약이 자유를 완전히 봉쇄하는 것은 아니지만, 구조의 압력 아래에서 개인은 선택지의 제약을 받는다. 따라서 어떤 행위에 대해 "선택의 여지가 없었다"고 말하는 흔한 합리화는, 이 구조적 제약을 대변한다. 영은 우리가 여기서 주의를 기울여야 할 부분은 바로 이 구조 차원에서 유지되는 관행과 관습의 부정의라고 강조한다.

구조의 관점에서 정의 혹은 부정의의 문제를 성찰하게 되면, 우리는 관계에 대해 더 많은 관심을 갖게 되고, 구조적인 불평등에 대한 민감성을 가지게 된다. 사회적으로 계급, 계층, 인종, 젠더, 장애, 종족성 등의 범주화를 통해 불평등이 구조화된다. "특권과 불이익의 관계는 각각 이러한 범주들을 구조화한다."(영, 2013: 115) 이러한 구조화된 불평등이 일상적인 지배와 억압의 기제로 작동한다.

영이 말하는 구조적 부정의는 많은 경우 비의도적이고, 특정한 인과적 행위로 환원되지 않는다. 구조적 부정의는 조건과 일상적 삶의 규범에 배태되어 있기 때문에 인식하기 어렵다. 구조적 부정의는 관행적으로, 별다른 의식 없이, 악의 없는 방조자들의 묵인 하에 유지된다. 제도와 별개로 행해질 수 있는 관행들과 실천들 안에 구조적 부정의가 자리잡고 있다. 좋은 제도들 안에서, 흠잡을 데 없이 상식적으로 행동하는 사람들이, 그들의 사회적 위치나 지위에서 관행적으로 취하는 행동들이 구조적 부정의를 생산하거나 재생산할 수 있다.(영, 2013: 135) 일상적 관행과 관습적 태도, 무반성적인 언어 사용 등이 구조적 부정의를 지속시키고, 의도치 않은 결과를 만들어 낼 수 있다는 것이다.

이 '무고한' 행위자들의 부정의한 관행이 온존하는 한, 특정한 범죄 행위와 연루되어 처벌을 받아야 할 특정 행위자를 찾아내어 처벌하는 것만으로 이 구조적 부정의를 해결할 수 없다. 영은, 구조적 부정의가 유지되는 한, 그 사회 공동체의 구성원들에게, 직접적인 도덕적이거나 법적인 개인의 책임(accountability)은 아니더라도, 그로 인해 고통받는 타인들에 대한 사회적 책임(responsibility)이 있다고 생각한다. 그리고 그것을 보여 주기 위해 새로운 책임 모델을 제시한다.

책임의 사회적 연결

영은, 구조적 부정의에 대해 우리에게 사회적 책임이 있다고 본다. 여기서 말하는 책임은 포괄적인 것이다. "부정의가 존재한다는 그 판단이 일종의 책임을 수반한다."(영, 2013: 171) 어떤 상황이 부정의하다고 판단하는 것은, 그러한 부정의에 '인간적인 원인'이 있으며, 그 '인간적인 원인'을 해결하기 위해 무엇인가를 할 수 있다는 것,

해야 한다는 것을 알고 있다는 의미이다.

　구조적 부정의는 그 인간적 원인을 제공한 책임자가 명확하지 않은 경우에 해당한다. 법이나 도덕의 차원에서 어떤 부정의한 행위를 책임질 구체적인 행위자를 밝혀내어 처벌하고 비난하는 것은 반드시 필요하다. 그러나 그것만으로 구조적 부정의의 문제를 해결할 수는 없다. 구조적 부정의가 발생하는 경우에, 특정한 행위자의 특정한 행위가 개입하지 않더라도, 많은 사람들이 간접적으로, 그리고 집단적·누적적으로 부정의에 가담할 수 있다. 영은 이러한 사정에 대한 이해를 바탕으로, "우리는 부정의가 발생하는 사회의 지속적인 작동에 참여하는 만큼 책임을 져야 한다"고 주장한다.(영, 2013: 183) 그것은 우리에게 죄가 있다거나 도덕적 비난을 받을 만한 직접적 귀속적 책임이 있다는 뜻은 아니다. 또한 모든 사람이 구조적 부정의에 대한 죄책감을 갖거나 그것을 해결할 의무감을 가져야 한다는 뜻도 아니다. 영이 말하는 책임은 법적 책임이나 죄가 아니라 도덕적인 책임 의식을 말한다.

　우리는 일반적으로 '법적 책임 모델'에 근거하여, 해악을 유발한 과실이나 죄를 법적으로 추론하고자 한다. 이런 경우, 우리는 책임소재를 파악하여 인과적으로 연결되는 특정 행위자에게 책임을 부여한다.(영, 2013: 173) 특정 행위자에게 그의 과실이나 죄에 대한 책임을 묻기 위해서는, 몇 가지 전제가 필요하다. 그의 행위가 책임을 물어야 하는 상황과 인과적으로 연결되어 있어야 하고, 그의 행위가 자발적인 것이어야 하며, 무지에 의한 것이 아니어야 한다. 도덕적 책임에 대해서도 마찬가지이다. "우리는 행위자들의 행위가 실제로 해악을 낳았는지 질문을 던지며 행위자들이 자발적으로, 결과에 대한 충분한 지식을 가지고 행위했는지 입증하려 한다."(영, 2013: 175)

영은 구조적 부정의와 관련된 책임을 묻기에는 법적 책임 모델이 불충분하고, 부적절하다고 생각한다. 왜냐하면 구조적 부정의는 복잡한 구조와 규범과 제도의 얽힘 안에서 발생하고, 문화와 관행으로 용인되거나 실천되는 것이기 때문이다. 따라서 구조적 부정의에 대한 책임을 법적 책임 모델로 적용할 때 실질적으로 부적절할 수 있는데, "법적 책임 모델은 사람들을 방어적으로 만들고 '비난을 전가'하게 만들기 때문이다".(영, 2013: 178)

다른 한편, 복잡하고 중층적인 발생의 구조를 도외시하고 특정 행위자에게 법적 책임을 묻는 것에만 집중하게 되면, 오히려 이 뿌리 깊은 구조적인 문제나 문화적이고 관행적인 실천의 태도를 도외시하고 무시할 수 있다. 특정한 행위자에게 법적 책임을 묻고 처벌이 행해지고 나면 정의가 구현된 것처럼 생각하고 종결짓는다. 그러나 그것만으로 구조적 부정의를 해결할 수 없다. 부정의한 구조는 그 이후로도 규제와 관행에 따라 행위하는 많은 사람들에 의해 생산되고 재생산될 수 있다.

영이 책임의 사회적 연결 모델로 법적 책임 모델을 대체하려는 것은 아니다. 그보다는 이 새로운 책임 모델을 통해, 자신의 행위를 통해 구조적 과정에 영향을 미친 모든 사람들이 그 구조적 부정의를 함께 해결해야 한다는 것을 촉구하고자 한다. 책임에 관한 사회적 연결 모델의 핵심 주장은, "개인은 행위를 통해 부정의한 결과를 만들어 내는 과정에 기여했기 때문에 사회적 부정의에 책임이 있다"는 것, 따라서 "그 부정의를 치유할 책임을 진다"는 것이다.(영, 2013: 184~185)

영이 제시하는 책임의 사회적 연결 모델은 다음과 같은 특징을 갖는다. 첫째, 사회적 연결 모델에서는 가해자, 범죄자를 찾았다고 해서 다른 모든 사람의 책임이 면제되지 않는다. 다른 방식으로 책임을 져야 한다. 대부분의 사람들이 규범과 규칙 안에서 행동하고 특별한 잘못을 저지르지 않았다 해도, 구조적 부정의가 잔존하는 한, 그리고 그것을 묵인하는 한, 그 부정의한 결과에 대한 책임을 회피할 수 없다.

둘째, 법적 책임 모델은 법적 책임을 묻기 위해 해악이 되는 행위에 집중하는 반면, 책임의 사회적 연결 모델은 행위의 배경 조건에 주목한다. 해악이 되는 행위는 단지 규범으로부터의 일탈이 아니라, 수용가능한 관행의 결과일 수 있다. 영은 성찰하거나 숙고하지 않고 억압과 지배를 내포한 관습과 실천을 습관적으로 실행한다면, 우리는 그 부정의에 대한 책임을 회피할 수 없다고 주장한다. 그에 대해 법적이거나 도덕적인 비난을 할 수는 없지만, 더 장기적이고 성찰적인 관점을 요구할 수는 있다는 것이다.

셋째, 책임의 사회적 연결 모델은 '미래지향적'이다. 이것은 단지 과거 사건의 죄과를 묻고 단죄하는 것에 만족하지 않는다. 이 모델은 구조적 부정의에 대한 책임을 묻는데, "부정의는 사회과정이 바뀌지 않는 한 계속될 것"이기 때문이다.(영, 2013: 190) 따라서 이 책임의 방점은 부정의가 극복된 미래에 있다. 책임을 묻는 이유는 과거의 부정의를 단죄하는 데 머무는 게 아니라, 미래의 변화를 기대하는 데 있다는 것이다.

넷째, 이 모델은 공유된 책임을 이야기한다. "공유된 책임은 내가 개인적으로 지는 책임이지만 나 혼자서만 지는 것은 아니다. 다른 사람도 나와 함께 그 책임을 진다는 걸 자각하고서 지는 책임이다."(영, 2013: 191)

공유된 책임은 행동으로 연결되어야 한다. 그래서 이 모델의 마지막 특징은 '정치적' 행동을 요구한다는 것에 있다. 영은 책임의 사회적 연결 모델을 통해, 부정의한 구조를 바꿀 미래지향적인 공동의 정치적 책임을 불러낸다.

3. 우정과 연대

응답하기

구조적 부정의에 대해 공동의 정치적 책임을 지기 위해 우리에게 무엇이 필요한가? 우리는 특정한 행위에 대해서는 그것이 만들어 내는 결과에 대한 책임(accountability)을 져야 한다. 법적으로나 도덕적으로 우리가 만들어 낸 사회적 해악에 대해서, 타인에게 행한 잘못에 대해 응분의 책임을 질 수 있어야 한다. 특정한 행위와 그 행위의 결과는 행위자인 주체에게 인과적으로 귀속시킬 수 있는 방식의 '책임'이 있다.

그러나 구조적 부정의에 대해서, 여러 행위자들이 의도도, 지식도, 의식도 없이 제도적·문화적·규범적으로 행하고 있는 일상적 행위들로 인해 유지되는 부정의한 관행들에 대해서는 그 책임을 누구에게 귀속시킬 수 있을까? 아이리스 매리언 영이 지적하는 대로, 이 경우에 그 구조적 부정의를 특정 행위자의 책임으로 돌리기는 어렵다. 혹은 특정 행위자에게 책임을 귀속시켜 처벌한다 해도 그것만으로 구조적 부정의의 문제가 해소되지는 않는다. 이런 경우 우리는 공동의, 서로 연결된 책임(responsibility)을 의식해야 한다. 이때의 공동 책임은 구조적 부정의를 함께 개선할 책임이다. 그래서 이 책임은 미래지향적이며, 정치적인 것이다.

데리다는 책임(responsibility)의 근원적 의미는 '응답하기'에 있음을 강조한다.Jacques Derrida(1988), "The Politics of Friendship", *The Journal of Philosophy*, Vol. 85, No. 11. 책임은 말하고 있는 것에 반응하는 것(respond for)에서 시작한다. 책임은 응답할 수 있음을 의미한다. 책임지고 (answer for), 대답하고(answer to), 응대하는(answer before) 것, "이 세 가지 양상들은 병치될 수 없다. 이들은 겹치고 서로를 함축한다". "우리는 자기 자신에 대해 혹은 무엇인가(어떤 사람, 행위, 생각, 담화)에 대해, 다른 사람 앞에서, 타인들의 공동체 앞에서, 제도 앞에서 혹은 법정, 법 앞에서 책임을 진다."(Derrida, 1988b: 683) 응답하면서 책임을 지거나 누구 앞에 응대한다. 데리다는 책임의 근원적 의미에서 타자와의 관계는 나 자신보다 우선하며, 타자에 대한 반응이 나 자신에 대한 대답보다 더 근원적이라고 강조한다.

이 타자에 대한 책임이 나와 나 자신 사이의 관계보다 우선한다는 것을 보여 주는 예를, 데리다는 우정에서 발견한다. 친구는 나와 나 자신 사이 관계가 고립과 독단에 빠지는 것을 막아 줄 제3의 영역이다.* 그 관계는 타자의 가장 독특한 고유성을 향하는 동시에, 보편성과 객관성을 매개해 준다. 따라서 타자에 대한 응답하기의 가장 이상적인 형태를 우리는 우정에서 발견할 수 있다.

우정과 연대

"오 친구여, 친구란 없다네." 데리다는 우정에 대한 자신의 숙고를 몽테뉴가 인용하는 아리스토텔레스의 이 말로부터 시작한다. 이 상호 충돌하는 두 문구는, 우정의 이상과 현실의 관계 사이의 거리를 보여 준다. 몽테뉴가 이 말을 인용한 것은, 진정한 우정과 통상적 우정을 나누는 자리에서이다. 통상적 우정은 우연히 맺어지는 친교와 친밀성에 불과하지만, 진정한 우정은 운명적이다. 그래서 진정한 우정은 드물고, 진정한 친구는 갖기 어렵다.미셸 에켐 드 몽테뉴 (2007), 『수상록』, 손우성 옮김, 동서문화사.

---

* 친구는 나의 또 다른 자아(alter ego)가 아니다. "나는 언제나 또 다른 나와의 대화에 너무나도 열성적이다. 만약 한 사람의 벗도 없다면 그것을 어떻게 견뎌 낼 것인가? 은자에게 벗은 언제나 제3의 인물이다. 이 제3의 인물은 마치 코르크와 같아서 나 자신과 나누는 나의 대화가 너무 깊은 심연으로 가라앉지 않도록 막아 준다."(프리드리히 니체[2000], 「벗에 대하여」, 『차라투스트라는 이렇게 말했다』, 정동호 옮김, 책세상, 89쪽.)

그런 의미에서 우정의 담화는 기원(祈願)의 담화이다. 그것은 욕망, 요청, 약속, 그리고 기도이다. 그 약속과 기원 안에서, 현재 친구가 없다 해도 가장 완전한 우정이 가능하도록 만드는 것, 부르고 답하는 여기에 상호적인 '응답 가능성, 책임'이 있다. "우정은 결코 현재 안에 주어진 것이 아니다. 그것은 기다림, 약속, 또는 헌신(commitment)의 경험이다. 우정의 담화는 기도의 담화이다. 그리고 거기에서 문제가 되는 것은 책임이 미래를 연다는 것이다."(Derrida, 1988b: 635)

책임(responsibility)은 타인의 물음, 요구에 응답하는 것이다. 부정의한 현실의 구조를 인식하고, 그것이 요구하는 정의를 향해 공동의 정치적 책임으로 응답하기 위해서, 공동의 책임이 필요하다. 미래에 대한 책임은 모든 이들이 홀로, 그리고/또는 다른 이들과 함께 갖는 책임이다.(영, 2013: 204) 책임의 연대는 미래의 정의를 추구한다.

"상호성을 통해 우정은 정의와 인접한다." 그러나 리쾨르는 "우정은 정의가 아니다"라고 단언했다. "왜냐하면 정의는 제도들을 지배하고, 우정은 개인 상호간의 관계를 지배하기 때문이다."(리쾨르, 2006a: 248) 우정은 소수의 친밀한 관계에 한정되고, 정의는 많은 사회 구성원들 간의 익명성에 기초하는 것처럼 보이기 때문이다. 또한 리쾨르에 따르면, "우정은 평등을 전제하는 반면, 도시국가에서 평등은 도달해야 할 목표로 남아 있다"는 점에서도 이 둘 사이에는 차이가 있다. 우정은 내밀함에 기초하는 반면, 사회정의는 구조적이고 제도적인 상호작용의 결과이다. 리쾨르의 구분은 우정이 정의와 동등하게 취급될 때 발생하는 문제를 경고한다.* 그러나 우정의 모델이 사회적 정의를 위한 책임의 토대가 될 수 있는 것은, 우정은 동질성이 아닌 차이를 인정하는 것에서만 시작할 수 있기 때문이다.

데리다는 서구의 전통적인 정치체가 사회 구성원들 사이의 유대를 표현하기 위해 사용했던 '형제애'라는 개념을 비판한다. "형제애에 대한 호소에서 야기된 정치적 우정은 동질성을 강조하고 차이, 특히 성적인 차이를 거부한다. 그것이 함의하는 것은 정치적 동료애를 추구하는 사람들 간에 서로 다른 비대칭적 경험을 생산하는 모든 개인적·사회적 차이에 대한 거부/부인을 암시하는 것이다."(영, 2013: 205) 동질적 형제애의 유대에 반대하여, 우리는 약속과 기원으로서의 우정의 정치에 기대어 '연대'(solidarity)를 말할 수 있다.

아이리스 매리언 영은, 연대는 사람들 사이의 동질성이나 대칭성을 함축할 필요가 없다는 점을 강조한다. "연대는 입장을 함께하기로 한, 개별적이고 비슷하지 않은 행위자들 사이의 관계다. 더욱이 침묵하는 어머니라는 자연적 기원에 호소하는 형제애와 달리, 연대는 늘 구축과 재구축 과정에 있다. 연대는 굳건하지만 깨지기 쉽다. 연대는 항상 새로워야 하기 때문에 미래를 바라본다."(영, 2013: 205) 차이와 다양성 위에 맺어지는 유연한 연대는 늘 변화에 열

---

* 리쾨르는 (아렌트도 동의할 방식으로) 사적 친밀성과 공적 공정성을 구분하고 있다. 우정이라는 이름으로, 사적인 친밀성을 공적 관계에 개입시키면서 생겨나는 많은 공적인 부정의의 행태들을 생각해 보면, 이러한 구분은 반드시 필요하다.

려 있다. 그것은 만나고 헤어진다.

데리다에 따르면, 이 미래를 향한 책임은 '아마도'(perhaps)라는 부사적 의미를 갖는다. 그것은 어떤 확실성도 보증하지 못하지만, 미래를 향한 약속이자 기도로 다가오는 것이다. 영은, 연대로 이해되는 정치적 우정은 '아마도'의 개념을 갖는다고 말한다. 구조적 부정의에 대한 우리의 공동 책임은, '아마도' 그 부정의를 해소할 수 있는 '가능성'을 향해 열릴 것이다. "'아마도'에 의해 격려 받고 촉발된 연대는 따라서 책임을 필요로 한다."(영, 2013: 206) 가능한 연대는 사회제도나 관행의 부정의에 대해 공동의 책임을 인정하고 그 책임을 함께 지려는 사람들 사이의 관계이다. 제도와 관행을 정의롭게 바꾸고, 구조 안에서 고통 받는 사람들의 호소에 귀 기울이고, 함께 말하고 묻고 응답하려는 사람들 사이의 관계, "이런 연대는 이상이고 언약이며 약속이다."(영, 2013: 207) 그리고 그 끝에서 우리는 보다 정의로운 타자와의 관계를 향해 나아갈 수 있을 것이다. 아마도….

맺는 말

사회적 인정과 존중을 주고받기 위해서는, 공적 공간 안에서 동등한 권리, 자격, 지위가 보장되어야 한다. 인간다운 삶의 자리는 사람들 '사이'에 있고, 그곳에서 공동의 세계를 만드는 데 동등하게 참여함으로써만 가치 있는 삶을 인정받을 수 있다. 로고스의 언어로 말을 할 수 있다는 것은 공적 공간 안에서 권력을 가질 수 있다는 것을 의미한다. 사람들 사이에 등장하기 위해, 동등한 권리를 가지고 함께 참여하기 위해, 우리는 말할 수 있어야 한다.

그러나 누구나 말할 수 있는 것은 아니다. 누구의 말이나 들리는 것도 아니다. 공적 공간에서 인정받을 수 있는 말은 특정한 담론 권력의 지배를 받는다. 말을 할 수 없는 사람들, 그들의 말이 들리지 않는 집단, 이들은 '서발턴', '이방인', '타자', '소수자'로 불린다. 그러나 스피박이 분석했던 '서발턴'의 문제가 데리다가 다루는 '이방인'의 문제와 같지는 않다.

스피박에게 서발턴은 사회적 패권이 없는, 한 사회 안에서 비가시화되고 낙인 찍힌, 자기 언어를 갖지 못한, 들리지 않는, 주변화된 집단을 의미했다. 스피박은 이 집단을 탈식민 시대 남부 아시아에서 발견했지만, 어느 사회에나 서발턴은 있다. '서발턴은 말할 수 있는가?'라는 물음을 통해 스피박이 숙고하고자 했던 문제는 이 비가시화된, 패권이 없는 집단의 말을 듣기 위한 윤리, 즉 중층 결정된 언어 사이에서 말하거나 말하지 못하는 그들의 존재에 귀 기울이는 일이었다.

데리다가 '이방인에 대한 환대'를 이야기하기 시작할 때, 그 논의의 맥락에는 지구화 시대, (특히 9. 11 이후) 이방인 혐오가 만연한 세계에서 경계를 넘나드는 이주민들과 난민들이 있다. 데리다가 레비나스로부터 넘겨받은 윤리적 이념인 '환대'는 '타자의 윤리'의 맥락에 놓인 것이다. 레비나스에게서 윤리학의 출발점은 주체 중심에서 타자 중심으로 이동한다. 나에게 다가오는 타자의 방문에, 나의 공간, 주인의 자리를 내어주는 것, 그것이 레비나스가 말하는 '환대의 윤리'다. 타자의 얼굴을 대면하고, 그의 취약함이 우리에게 던지는 '죽이지 말라'는 명령을 새기면서, 주체는 타자를 중심에 세운다. 그리고 이제 데리다에게 환대는 역사적이고 사회적인 구체성을 띤 윤리적 요청이 되었다. 더 나은 삶의 기회를 찾아 경계를 넘는 이주민들, 자기의 터전에서 추방당한 난민들, 국적을 박탈당한 무국적의 망명자들, 그리고 이미 한 사회 안에 도착해 있으나 동화되지 못해 여전히 이방성의 표식을 단 채 일상적으로 배제를 경험하고 있는 내부의 이방인들…. 그들과 평화롭고 존엄하게 공존하기 위해 무엇이 필요한가? 최소한의 조건은 관용의 제도화다. 그러나 신자유주의적 다문화주의의 자기배반적인 관용 정책으로는 부족하다. 데리다는 여기에서, 관용의 법을 해체할 절대적 환대의 윤리적 이념을 불러낸다.

그리고 소수자(minority)가 있다. 소수자는 누구인가? 그것은 특정 개인 또는 특정 집단에 대한 절대적 명명(命名)이 아니다. 그것은 오히려 위치에 민감한 상대적 명명이다. 들뢰즈(Gilles Deleuze)와 가타리(Félix Guattari)는 소수성을 다음과 같이 정의했다.

소수성과 다수성은 단지 양적인 차원에서 대립되는 것은 아니다. 다수성은 표현이나 내용을 재는 표준적 척도로서 그것들의 상수를 내포한다. 상수 내지 척도가 어떤 표준어를 쓰는-유럽의-이성애적 언어를 말하는-도시에 사는-백인-성인-남성-인간의 그것이라고 가정하자(조이스나 에즈라 파운드의 율리시즈에서처럼). '남자'는, 그가 모기나 어린이나 여성이나 흑인이나 농민이나 동성애자 등등보다 수가 적은 때조차도 다수자임이 분명하다. 이는 그가 두 번 나타나기 때문인데, 한 번은 항상적인 것 속에서, 그리고 항상적인 것이 도출되어 나오는 가변적인 것 속에서 다시 한 번 나타난다. […] 다수자는, 그것이 추상적 척도 안에서 분석적으로 포착되는 한에서, 결코 어떤 누구도 아니며, 언제나 아무도 아니다. 반면에 소수자는 만인이 되는 것이며, 사람이 모델로부터 벗어나는 한에서 잠재적으로 만인이 되는 것이다. 다수적 '사실'이 존재하지만, [그것은] 해당자가 아무도 없는 분석적 사실이며, 이는 사람의 소수화 되기에 대립된다. 질

들뢰즈·펠릭스 가타리(2000), 『천의 고원 1』, 이진경 외 옮김, 수유+너머, 111~112쪽.

이 정의는 중층적 정체성 안에서, 다수성의 표준에 의해 늘 외부로 평가되는 주체 내부의 소수성을 감지한다. 우리는 모두 어떤 의미에서든 존재하지 않는 다수성의 표준에 도달하지 못한다는 의미에서, 어떤 면에서는 소수자이다. 그러나 또한 바로 그렇기 때문에, 우리는 모두 다른 층위의 정체성 규정 안에서 다수성의 표준을 갖고 있으며, 그렇게 다수자에 속한다. 소수성과 다수성은 한 개인 안에 공존하며, 상황과 조건에 따라 각기 다른 방식으로 경계를 짓는다.

서발턴, 이방인, 소수자는 각기 다른 의미를 지니고 있고, 우리에게 각기 다른 물음으로 다가온다. 서발턴, 이방인, 소수자는 본질 규정이 아니다. 그것은 상황과 조건에 따라 움직이는 경계 짓기의 산물이다. 이 경계들 사이에서 개인들은 이 집단적 명명들 사이를 넘나든다. 그러면서 누군가는 더 취약하고, 더 주변화된 위치에 처하기도 한다.

이들과 어떻게 조우할 것인가? 왜 이 들리지 않는 존재들이 우리에게 뿌리칠 수 없는 윤리적 물음으로 다가오는가? 이 윤리적 물음에, 이들의 존재가 던지는 부름에 어떻게 응답할 것인가? 주변화된 타자들과의 조우가 평온한 일상에 안주하며 부조리한 현실에서 눈을 돌리는 우리에게 '우리는 과연 어떤 세계에서 살기를 원하는

가?'를 묻고 성찰하게 한다. 진정 우리는 어떤 세계에서 살고자 하는가?

이 책에서 우리는, 이제까지 주체의 불투명성으로부터, 인간 실존의 취약성으로부터, 타자의 부름에 응답하고자 하는 '듣기의 윤리'를 숙고했다. 듣기의 윤리는 말하는 것 바깥에서 말하지 않는 것, 말하지 못한 것, 차마 말하지 못하는 것, 그 침묵까지 함께 들을 수 있기를, 그러기 위해 쉽게 예단하지 않으며 물음과 대답을 지속하기를 요청한다. 이 윤리가 지향하는 바는, 우리가 함께 보다 정의로운 세계로 나아가는 것이다. 그것은 절대적인 환대, 정의의 이념이라는 경험을 뛰어넘는 지평을 바라보지만, 추상에만 머물지는 않는다. 이념적 지향을 상실하지 않는 한편, 구체적 현실에서의 억압과 지배, 구조적 부정의에 대한 책임을 공유하면서, 정치적 실천으로 발을 내딛는다. 그러기 위해서 서로 각기 다르지만 구조적 부정의에 대한 책임을 공감하고, 그것의 점진적 해결이라는 미래지향을 함께 꿈꾸는 사람들 사이의 '연대'를 상상하고 실험한다.

* * *

우정과 환대, 응답으로서의 책임, 이 모든 것들은 우리에게 선의(善意)를 요구한다. 예단하지 않으면서 서발턴의 이중구속된 말과 침묵을 헤아리기 위해서, 소수자의 정치적 요구를 듣기 위해서, 그들을 이해하고 그들의 요구에 공감할 수 있어야 하는 게 아닐까? 이방인을 환대하기 위해서, 그들에게 자리를 마련해 주고 피난처를 제공하기 위해서, 그들의 선의를 믿을 만큼 견고한 휴머니즘으로 무장되어 있어야 하는 게 아닐까? 취약성에 공명하는 것이든 고통에 공감하는 것이든, 타인의 처지와 상황을 이해할 수 있기 위해 우리에게 어떤 도덕 감정이 필요할까?

선의를 가지고 상식적으로 일상을 살아가는 사람들의 관행과 관습의 용인, 무감각한 언어사용에 의해서도 구조적 부정의는 재생산된다. 그런 정의롭지 못한 일상적 실천 관행에서 벗어나기 위해, 우리는 얼마나 더 성찰적이어야 할까? '선량한 차별주의자'가 되지 않기 위해서, 의도치 않게 소수자에게 상처가 될 말이나 행동을 하지 않기 위해서, 우리는 얼마나 민감하고 섬세한 의식으로 벼려져야 할까? 정치적 올바름, 소수자 감수성, 타인에 대한 공감능력 같은 것들이 필요하다고 한다. 그렇다 해도 구체적인 상황에서 이 모든 위험을 온전히 피할 수 있을까? 어떻게 말해야 하나? 무엇을 물어야 하나? 어떻게 답해야 하나? 오로지 들어야 할까?

그러나 응답으로서의 정의에 기초한 듣기의 윤리는 도덕 감정으로 환원되지 않는다. 그것은 단지 공감의 문제도, 단지 선의의 실천도, 단지 감수성의 훈련도, 단지 예민한 성찰도 아니다. 그것은 최소한의 합리성에서 출발하는 정치적 실천이어야 한다.

공감, 선의, 감수성, 성찰로 환원되면, 듣기의 윤리, 환대의 실천, 타자에 대한 책임은 과도한 조심성과 죄책감을 키우게 될 수 있다. 끊임없이 자기 안으로 파고들어 스스로의 태도를 점검하는 것으로는 타자에게 나아갈 수 없다. 불가피한 오해, 충돌, 갈등조차도 이해, 책임, 환대를 향한 과정이 되어야 하지 않을까? 잘 듣기 위해서는 수동적이고 정적인 듣기에 머물 수 없다. 타인의 존재에 다가

가기 위해서, 그의 말을 경청하기 위해서, 그리고 그것에 응답하기 위해서, 우리는 물을 수 있어야 하고 기꺼이 물어야 한다. 생각을 나누고, 의견을 보태고, 때로 이견과 충돌까지 감수하지 않는 한, 우리가 듣고 응답했다고 할 수 있을까?

*   *   *

절대적 환대나 정의와 같은 듣기의 윤리가 제시하는 이념들은 어려운 것이다. 그것들은 '불가능한 경험'으로 제시된다. 인정투쟁, 경쟁, 불공정, 부정의한 관행들, 불평등한 구조, 그리고 그로 인한 억눌린 분노, 그것이 격발한, 넘쳐나는 타자에 대한 폭력, 혐오, 모욕… 이 같은 현실에서 절대적 환대, 정의, 연대와 책임 같은 아름다운 이념들은 너무 멀고, 너무 무력한 것이 아닐까?

그러나 정의, 책임, 연대는 더 이상은 우리의 세계가 이렇게 지속될 수는 없다는 최소한의 합리성에 근거한, 그래서 공동의 해결을 모색하는 현실적이고 구조적인 관점이자 실천이다. 그 출발점이 최소한의 합리성이고 구조적인 실천의 모색인 이유는, 우리가 물을 수 있기 때문이며 또한 묻고 있기 때문이다. 우리는 어떤 세계에서 살고자 하는가? "우리가 원할 수밖에 없는 게 정의로운 세상이라면, 어느 것도 타자 없이는 생존할 수 없다." 가야트리 스피박(2011), 『다른 여러 아시아』, 태혜숙 옮김, 울력, 50쪽. 그리고 그것이 불가능해 보일 만큼 어렵다 한들, "누가 감히 고뇌를 생략한 채 정의롭게 되고자 할 수 있겠는가?"

참고문헌

게바우어, 군터·크리스토프 불프(2015), 『미메시스』, 최성만 옮김, 글항아리.

기어츠, 클리퍼드(1998), 『문화의 해석』, 문옥표 옮김, 까치.

김애령(2002a), 「시간의 이해, 이해의 시간: 리쾨르의 시간의 재형상화 논의」, 『해석학연구』 제9집.

_____ (2002b), 「이야기로 구성된 인간의 시간: 리쾨르의 서사 이론」, 『보살핌의 현상학』, 한국현상학회 편, 철학과현실사.

_____ (2008a), 「'여성', 타자의 은유: 레비나스의 경우」, 『한국여성철학』 9집.

_____ (2008b), 「이방인과 환대의 윤리」, 『철학과 현상학 연구』, 39집.

_____ (2012), 『주체와 타자 사이: 여성, 타자의 은유』, 그린비.

_____ (2012), 「다른 목소리 듣기: 말하는 주체와 들리지 않는 이방성」, 『한국여성철학』, 17집.

_____ (2015), 「서사 정체성의 구성적 타자성」, 『해석학연구』 36집.

_____ (2019), 「책임의 연대: '#미투' 이후의 과제」, 『여성학연구』 29권, 139~165쪽.

김은실(2016), 「4·3 홀어멍의 "말하기"와 몸의 정치」, 『한국문화인류학』, 49-3.

김택현(2003), 『서발턴과 역사학 비판』, 박종철출판사.

김현경(2018), 『사람, 장소, 환대』, 문학과지성사.

노성숙(2008), 『사이렌의 침묵과 노래』, 여이연.

데리다, 자크(2001), 「폭력과 형이상학」, 『글쓰기와 차이』, 남수인 옮김, 동문선.

_____ (2004a), 『환대에 대하여』, 남수인 옮김, 동문선.

_____ (2004b), 『법의 힘』, 진태원 옮김, 문학과지성사.

_____ (2009), 「바벨탑으로부터」, 『번역이론』, 이재성 옮김, 동인.

_____ (2019), 『거짓말의 역사』, 배지선 옮김, 이숲.

데카르트, 르네(2001), 『방법서설·정신의 지도를 위한 규칙들』, 이현복 옮김, 문예출
　　판사.

드 만, 폴(2008), 『이론에 대한 저항』, 황성필 옮김, 동문선.

레비, 프리모(2010), 『이것이 인간인가』, 이현경 옮김, 돌베개.

_____ (2018), 『가라앉은 자와 구조된 자』, 이소영 옮김, 돌베개.

레비나스, 에마뉘엘(1996), 『시간과 타자』, 강영안 옮김, 문예출판사.

_____ (2000), 『윤리와 무한: 필립 네모와의 대화』, 양명수 옮김, 다산글방.

_____ (2003), 『존재에서 존재자로』, 서동욱 옮김, 민음사.

롤스, 존(2003), 『정의론』, 황경식 옮김, 이학사.

리쾨르, 폴(1999), 『시간과 이야기 1: 줄거리와 역사 이야기』, 김한식·이경래 옮김, 문
　　학과지성사.

_____ (2001), 『해석의 갈등』, 양명수 옮김, 아카넷.

_____ (2002), 『텍스트에서 행동으로』, 박명수·남기영 편역, 아카넷.

_____ (2006a), 『타자로서 자기 자신』, 김웅권 옮김, 동문선.

_____ (2006b), 『번역론』, 윤성우·이향 옮김, 철학과현실사.

마르코스(2002), 『우리의 말이 우리의 무기입니다.』, 윤길순 옮김, 해냄.

마슈레, 피에르(2014), 『문학생산의 이론을 위하여』, 윤진 옮김, 그린비.

망구엘, 알베르토(2005), 『독서의 역사』, 정명진 옮김, 세종서적.

모리스, 로절린드 C. 엮음(2013), 『서발턴은 말할 수 있는가?: 서발턴 개념의 역사에
　　관한 성찰들』, 태혜숙 옮김, 그린비.

모튼, 스티븐(2005), 『스피박 넘기』, 이운경 옮김, 앨피.

몽테뉴, 미셸 에켐 드(2007), 『수상록』, 송우성 옮김, 동서문화사.

무어-길버트, 바트(2001), 『탈식민주의: 저항에서 유희로』, 이경원 옮김, 한길사.

문광훈(2009), 「언어채무: 벤야민 번역론에 대한 데리다의 시각」, 『번역비평』 3호.

뮐러, 헤르타(2019), 『숨그네』, 박경희 옮김, 문학동네.

바디우, 알랭(2001), 『윤리학』, 이종영 옮김, 동문선.

버틀러, 주디스(2013), 『윤리적 폭력비판: 자기 자신을 설명하기』, 양효실 옮김, 인간
　사랑.

＿＿＿ (2016), 「프리모 레비와 현재」, 『지상에서 함께 산다는 것』, 양효실 옮김, 시대
　의 창.

＿＿＿ (2018), 『위태로운 삶: 애도의 힘과 폭력』, 윤조원 옮김, 필로소픽.

버틀러, 주디스·가야트리 스피박(2008), 『누가 민족국가를 노래하는가』, 주해연 옮
　김, 산책자.

벤야민, 발터(2008a), 「번역자의 과제(1923)」, 『언어 일반과 인간의 언어에 대하여/번
　역자의 과제 외』, 최성만 옮김, 길.

＿＿＿ (2008b), 「언어 일반과 인간의 언어에 대하여(1916)」, 『언어 일반과 인간의 언
　어에 대하여/번역자의 과제 외』, 최성만 옮김, 길.

＿＿＿ (2009), 『일방통행로, 사유이미지』, 김영옥·윤미애·최성만 옮김, 길.

벤하비브, 세일라(2008), 『타자의 권리』, 이상훈 옮김, 철학과현실사.

보라도리, 지오반나(2006), 『테러 시대의 철학: 하버마스, 데리다와의 대화』, 손철성·
　김은주·김준선 옮김, 문학과지성사.

보르헤스, 호르헤 루이스(1996), 「아베로에스의 추적」, 『알렙』, 황병하 옮김, 민음사.

부르디외, 피에르(2000), 『남성지배』, 김용숙·주경미 옮김, 동문선.

브라운, 웬디(2010), 『관용: 다문화제국의 새로운 통치전략』, 이승철 옮김, 갈무리.

브로더젠, 몸메(2007), 『발터 벤야민』, 이순예 옮김, 인물과사상사.

블랑쇼, 모리스(1993), 「상상적인 것과의 만남」, 『미래의 책』, 최윤정 옮김, 세계사.

색스, 올리버(2016), 『아내를 모자로 착각한 남자』, 조석현 옮김, 알마.

샌델, 마이클(2015), 『정의란 무엇인가』, 김명철 옮김, 김선욱 감수, 와이즈베리.

서경식(2011), 『언어의 감옥에서』, 권혁태 옮김, 돌베개.

소포클레스(2001a), 『소포클레스 비극』, 천병희 옮김, 단국대학교출판부.

_____ (2001b), 「안티고네」, 『오이디푸스 왕, 안티고네』, 천병희 옮김, 문예출판사.

스미스, 마크(2010), 『감각의 역사』, 김상훈 옮김, 성균관대학교출판부.

스피박, 가야트리(2005), 『포스트식민 이성비판』, 태혜숙·박미선 옮김, 갈무리.

_____ (2008), 『다른 세상에서: 문화정치학 에세이』, 태혜숙 옮김, 여이연.

_____ (2011), 『다른 여러 아시아』, 태혜숙 옮김, 울력.

신옥희(1996), 「여성학적 시각에서 본 레비나스」, 『철학과 현실』 29호.

아감벤, 조르조(2008), 『호모 사케르』, 박진우 옮김, 새물결.

_____ (2010), 『유아기와 역사: 경험의 파괴와 역사의 근원』, 조효원 옮김, 새물결.

아도르노, 테오도르 W.·막스 호르크하이머(2001), 『계몽의 변증법』, 김유동 옮김, 문학과지성사.

아렌트, 한나(1996), 『인간의 조건』, 이진우·태정호 옮김, 한길사.

_____ (2004), 『정신의 삶 1』, 홍원표 옮김, 푸른숲.

_____ (2005), 『과거와 미래 사이』, 서유경 옮김, 푸른숲.

_____ (2006), 『전체주의의 기원 1』, 이진우·박미애 옮김, 한길사.

_____ (2012), 『이해의 에세이 1930~1954』, 홍원표 외 옮김, 텍스트.

아리스토텔레스(1996), 『시학』, 천병희 옮김, 문예출판사.

_____ (2012), 『정치학』, 천병희 옮김, 숲.

아메리, 장(2012), 『죄와 속죄의 저편: 정복당한 사람의 극복을 위한 시도』, 안미현 옮김, 길.

아우구스티누스(2015), 『고백록』, 김희보·강경애 옮김, 동서문화사.

야콥슨, 로만(2009), 「번역의 언어학적 측면들에 관하여」, 『번역이론』, 이재성 옮김, 동인.

영, 로버트 J. C.(2008), 『백색 신화: 서양이론과 유럽중심주의 비판』, 김용규 옮김, 경성대학교출판부.

영, 아이리스 매리언(2013), 『정치적 책임에 관하여』, 허라금·김양희·천수정 옮김, 이후.

_____ (2017), 『차이의 정치와 정의』, 김도균·조국 옮김, 모티브북.

오스터, 폴(1999), 『굶기의 예술』, 최승자 옮김, 문학동네.

오카 마리(2003), 『기억·서사』, 김병구 옮김, 소명출판.

왈저, 마이클(2004), 『관용에 대하여』, 송재우 옮김, 미토.

울프, 버지니아(2007), 『3기니』, 태혜숙 옮김, 이후.

이진경(2007), 「소수자와 반역사적 돌발: 소수적인 역사는 어떻게 가능한가?」, 『소수성의 정치학』, 그린비.

_____ (2010), 『역사의 공간: 소수성, 타자성, 외부성의 사건적 사유』, 휴머니스트.

이현재(2015), 「도시민을 위한 인정윤리의 모색: 헤겔, 호네트, 버틀러를 중심으로」, 『한국여성철학』 제23권.

진은영(2011), 「소통, 그 불가능성의 가능성」, 『소통을 위한 인문적 상상』, 이화여자대학교출판부.

짐멜, 게오르그(2005), 「이방인」, 『짐멜의 모더니티 읽기』, 김덕영·윤미애 옮김, 새물결.

카프카, 프란츠(2003), 「세이렌의 침묵」, 『변신·시골의사』, 전영애 옮김, 민음사.

칸트, 임마누엘(2008), 『영구 평화론』, 이한구 옮김, 서광사.

커니, 리처드(1998), 「폴 리쾨르: 언어의 창조성」, 『현대 사상가들과의 대화』, 김재인 외 옮김, 한나래.

_____ (2004), 『이방인, 신, 괴물: 타자성 개념에 대한 고찰』, 이지영 옮김, 개마고원.

코넬, 드루실라(2013), 「인권의 윤리적 긍정」, 『서발턴은 말할 수 있는가? : 서발턴 개념의 역사에 관한 성찰들』, 로절린드 C. 모리스 엮음, 태혜숙 옮김, 그린비.

토도로프, 츠베탕(1995), 『산문의 시학』, 신동욱 옮김, 문예출판사.

파농, 프란츠(1998), 『검은 피부, 하얀 가면』, 이석호 옮김, 인간사랑.

푸코, 미셸(1997), 『성의 역사 1: 앎의 의지』, 이규현 옮김, 나남출판.

_____ (2004), 「지식인과 권력: 푸코와 들뢰즈의 대화」, 『푸코의 맑스: 둣치오 뜨롬바도리와의 대담』, 이승철 옮김, 갈무리.

_____ (2017), 『담론과 진실』, 심세광·전혜리 옮김, 동녘.

프라카쉬, 기얀(1998), 「포스트 식민주의적 비판으로서의 서발턴 연구」, 정윤경·이찬행 옮김, 『역사연구』 6권.

플라톤(2004), 『파이드로스』, 박대호 옮김, 문예출판사.

_____ (2017), 『소크라테스의 변론·크리톤·파이돈』, 천병희 옮김, 숲.

함순, 크누트(2011), 『굶주림』, 우종길 옮김, 창.

호메로스(2007), 『오뒷세이아』, 천병희 옮김, 숲.

Brody, Donna(2001), "Levinas's Maternal Method from "Time and the Other" through *Otherwise than Being*: No Woman's Land?", *Feminist Interpretations of Emmanuel Levinas*, ed. by Tina Chanter, Pennsylvania: Pennsylvania State University Press, pp. 53~77.

Cavarero, Adriana(2000), *Relating Narratives: Storytelling and Selfhood*, London·New York: Routledge.

Derrida, Jacques(1988a), "Otobiographies. The Teaching of Nietzsche and the Politics of the Proper Name", *The Ear of the Other: Otobiography, Transference, Translation*, ed. by Christie McDonald, Lincoln·London: University of Nebraska Press, pp. 3~38.

_____ (1988b), "The Politics of Friendship", *The Journal of Philosophy*, Vol. 85, No. 11, pp. 632~644.

_____ (1997), *Die Sprache der Anderen*, hg. von Anselm Haverkamp, F/M: Fischer.

di Cesare, Donatella Ester(2012), *Utopia of Understanding: Between Babel and Auschwitz*, Albany: State University of New York Press.

Guha, Ranajit(1982), "Preface", *Subaltern Studies*, vol. 1, Oxford: Oxford

University Press.

Kearney, Richard·Kascha Semonovitch(2011), "At the Threshold",
Phenomenologies of the Stranger: Between Hostility and Hospitality, ed. by
Kearney and Semonovitch, New York: Fordham University Press, pp. 3~29.

Kristeva, Julia(2000), *Hannah Arendt: Life is a Narrative*, Toronto: University of
Toronto Press.

Levinas, Emmanuel(1999), *Die Spur des Anderen*, Freiburg·München: Verlag
Karl Alber.

Ricœur, Paul(1986), *Die lebendige Metapher*, München: Wilhelm Fink Verlag.

_____ (1987), "Narrative Funktion und menschliche Zeiterfahrung", *Romantik.
Literatur und Philosophie*. Internationale Beiträge zur Poetik, hg. von Volker
Bohn, F/M: Suhrkamp.

Schütz, Alfred(1972), "Der Fremde", *Gesammelte Aufsätze*, Bd. 2, Den Haag:
Martinas Nijhoff, S. 53~69.

Spivak, Gayatri Chakravorty(1985), "The Rani of Sirmur: An Essay in Reading the
Archives", *History and Theory*, vol. 24, no. 3. pp. 243~261.

_____ (1988), "Subaltern Studies: Deconstructing Historiography", *Selected
Subaltern Studies*, ed. by Ranajit Guha and Gayatri Chakravorty Spivak,
Oxford: Oxford University Press, pp. 3~34.

_____ (1996), *The Spivak Reader: Selected Works of Gayatri Chakravorty Spivak*,
ed. by Donna Landry and Gerald MacLean, London·New York: Routledge.

White, Hayden(2004), "Figural Realism in Witness Literature", *Parallax*, vol. 10,
no. 1, pp. 113~124.

Young, Robert J. C.(2012), "Cultural Translation as Hybridisation", *Trans-
Humanities*, vol. 5, no. 1, pp. 155~175.

찾아보기